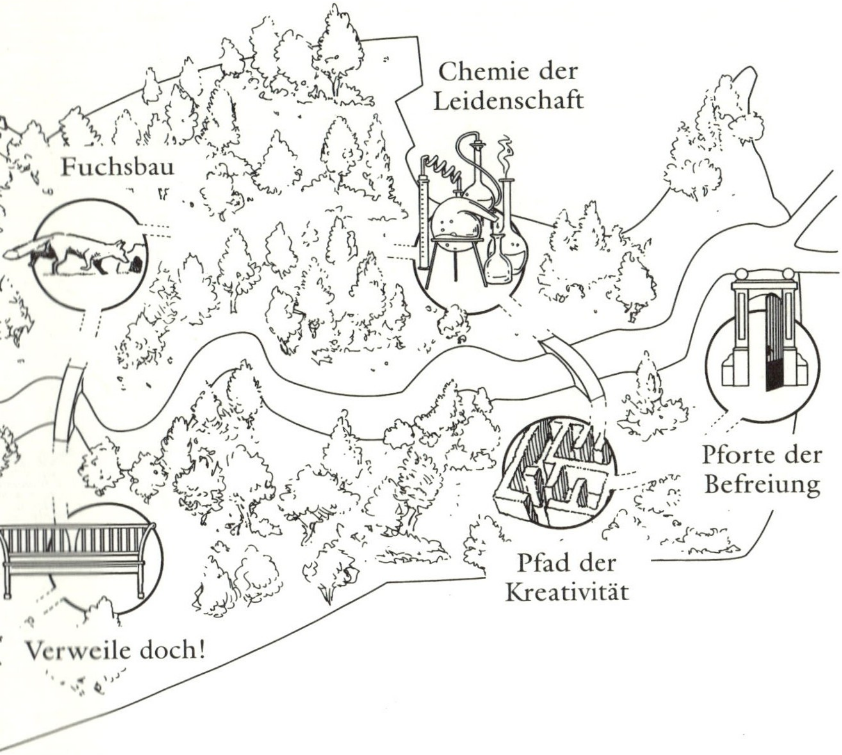
Chemie der
Leidenschaft
Fuchsbau
Pforte der
Befreiung
Pfad der
Kreativität
Verweile doch!

STEFAN BOLLMANN

WARUM EIN LEBEN OHNE GOETHE SINNLOS IST

Deutsche Verlags-Anstalt

Für Max, Leon und Felix,
meine geheimen Räte

»Goethes Leben ist wie
ein postum der Öffentlichkeit übergebener Park.
Man kann jederzeit von allen Seiten in ihn eintreten.«

ALBERT VON SCHIRNDING

»Go have a life!«

BOB DYLANS WIEDERHOLTER RAT AN
DIEJENIGEN SEINER FANS, DIE DIE BESCHÄFTIGUNG
MIT IHM ZUM LEBENSINHALT MACHEN.

INHALT

ZUGANG: KOMM IN DEN GOETHE-PARK UND SCHAU …

Dass ein Leben ohne Mops sinnlos ist, wissen wir. Aber ohne Goethe?

Eine Freundin berichtete von ihrer Großmutter, einer bekannten, mittlerweile verstorbenen Goethe-Forscherin. Kein Besuch bei der an und für sich umgänglichen alten Dame verging, ohne dass den Enkeln Goethe nahegebracht wurde, in der Regel durch Vorlesen und Rezitieren der Originaltexte, von Gedichten, Dramen und Prosa: Die Nachmittage waren gefürchtet. So oder so ähnlich haben sich einst lebenslange Goethe-Phobien entwickelt. Für die Betroffenen galt: Ein Leben ohne Goethe mag sinnlos sein, aber lieber noch ohne Sinn leben als im Schatten von Großmutters Goethe.

Aus diesem Schatten sind wir herausgetreten. Goethe ist zwar weiterhin Goethe, der große Klassiker, der Autor des *Werthers* und des *Fausts*, der *Wahlverwandtschaften* und von *Dichtung und Wahrheit* sowie so vieler schöner Gedichte. Aber nicht mehr der große Sinn- und Taktgeber des Lebens, der uns allen vorgemacht hat, wie zu leben und was im Leben wichtig sei, das Leitbild, an dem wir uns orientieren und aufrichten. Und das ist gut so. Heute kann man Goethe wieder lesen, ohne sich zuvor durch Regalmeter von rühmender und interpretierender Literatur durchzuarbeiten, vor allem ohne Angst zu haben, vor dem Olympier nicht bestehen zu können, oder den inneren Zwang zu verspüren, Dynamit ans Denkmal zu legen.

Das gibt uns Gelegenheit, die Sache mit Goethe einigermaßen entspannt anzugehen. Wir müssen heute Goethe nicht mehr aus der Welt schaffen, wie Wilhelm Waiblinger, ein Stuttgarter Gymnasiast, 1821 in seinem Tagebuch meinte. Goethe lebte da noch, war Anfang siebzig und zog so viel Aufmerksamkeit auf sich, dass in den Augen Waiblingers für ihn als jungen Dichter nichts mehr übrigblieb. Es gibt aber auch keinen Grund mehr, den waghalsigen und kräftezehrenden, letztlich zum Scheitern verurteilten Versuch zu unternehmen, Goethe gleichen zu wollen, wie das der unausgesprochene Wunsch vieler Goetheaner und der versteckte Imperativ ihrer Goethe-Bücher war. Die Idee, mit der ich den Goethe-Park betreten und mir dort zwei Jahre lang meine Wege gebahnt habe, weicht von solchen Extremherausforderungen in entscheidender Weise ab.

Wenn wir von Goethe heute noch etwas lernen können, so meine ich, hat das einen einfachen Grund: Goethe hat ein eigenes Leben geführt, wie nur er es führen konnte. Es gleicht keinem anderen Leben, und genau das war auch seine Absicht. Goethe ist ein Pionier des eigenen Lebens, der erste und bemerkenswerteste, den Deutschland hervorgebracht hat. Der Clou seines exemplarischen und überaus erfolgreichen Lebens besteht nach dieser Überlegung nachgerade darin, dass wir es ihm nicht nachtun, Goethe nicht gleichen können und es deshalb auch gar nicht erst versuchen sollten. Was dabei herauskäme, wäre bestenfalls ein Goethe-Abklatsch und eben kein eigenes Leben mehr. Gewissermaßen ein Verrat an Goethes Idee, dass jeder sein eigenes Leben führen muss und dass genau darin – und in nichts anderem – der Sinn des menschlichen Lebens besteht.

Daraus folgt so schlicht wie nachdrücklich: Wollen wir Goethe nacheifern, dann müssen wir unseren eigenen Weg gehen. Dass wir uns dabei inspirieren lassen können von den Erfahrungen, die er gemacht, von den Widerständen, die er überwunden, und von den Einsichten, die er gehabt hat – wohlgemerkt zu einer anderen Zeit und in anderen Lebensverhältnissen –, steht außer Frage. Ansonsten wären die hier erprobten Wege ja gar nicht begehbar.

Ein eigenes Leben versteht sich nicht von selbst. Wer es führen will, bekommt es mit einer Welt voller Widerstände und Hindernisse zu tun. Beinahe unvermeidlich stellen sich Lebenskrisen ein. Die hier vorgeschlagenen Wege durch Goethes Leben beschreiben Möglichkeiten, wie man sie bewältigen kann. Auf ein eigenes Leben aus zu sein, muss nicht unbedingt heißen, es sich mit der Welt zu verderben. Goethes Leben steht geradezu für das Gegenteil: Dass es einem trotzdem, vielleicht sogar gerade deswegen gelingen kann, sich mit der Welt zu arrangieren und es zu etwas zu bringen. Dafür hat Goethe vieles ausprobiert und auch zu unorthodoxen Strategien gegriffen.

Goethe streitet für ein tätiges Leben. Zugleich zeigt er, dass es zwar kein Recht auf Glück gibt und Glück ohne Unglück nicht zu haben ist. Er öffnet uns die Augen für die Bedeutung des gegenwärtigen Augenblicks und fragt, wie er sich auskosten lässt. Durch ihn erfahren wir, wie stimulierend eine auf unsere Bedürfnisse und Vorlieben zugeschnittene Umgebung für unsere Produktivität sein kann, denn jeder Mensch ist zumindest ein halber Künstler. Goethe ermutigt uns, dem Pfad der eigenen Kreativität zu folgen. Und er gibt uns schließlich den Glauben daran zurück, dass wir uns von Ideen und Hindernissen befreien können, die einem eigenen Leben im Wege stehen.

Die Parkordnung, die das Betreten und Verlassen des Goethe-Parks regelt, ist extrem kurz. Eigentlich besteht sie nur aus einem einzigen Satz: Die Aufenthaltsdauer ist begrenzt. Ob der Besucher lediglich hereinschnuppert, sich über ganze Lebensstrecken hinweg darin aufhält oder immer wieder zu kürzeren Aufenthalten zurückkehrt, ist in sein Belieben gestellt. Nur verlassen muss er das Areal irgendwann wieder. Am besten, bevor sich das in Parks nie ganz zu vermeidende Gefühl von Klaustrophobie einstellt.

Wer mag, kann dieses Buch, das weder eine Biographie noch ein Goethe-Ratgeber sein will, vielmehr mit beiden Formen spielt, als einen Parkführer betrachten. Acht Spaziergänge durch und zwei Ausblicke auf Goethes Leben, jeweils verknüpft mit Goethe-Werken, deren Auswahl völlig subjektiv ist. Sollten sich hin und wieder Spaziergänger einstellen, die dabei einem Goethe begegnen, der nicht von gestern zu sein scheint und ihnen etwas zu sagen hat, würde sich der Autor glücklich schätzen.

I.

WIE MAN DIE JUGEND ÜBERSTEHT – UND EIN EIGENES LEBEN BEGINNT

»Ich bin anders, viel anders,
dafür danke ich …; dafür, dass ich nicht bin,
was ich sein sollte, dafür danke ich auch.«

GOETHE AN JOHANN CHRISTIAN LIMPRECHT,
DEN ZIMMERNACHBARN AUS DER LEIPZIGER STUDENTENZEIT,
AM 19. APRIL 1770

Kaum etwas wünschen sich die Menschen dringlicher als ein eigenes Leben. Liebe, Glück, Macht, Reichtum, Elternschaft und wie die gängigen Antworten auf die Frage, was im Leben zählt, sonst noch lauten mögen – sie alle ergeben nur Sinn im Licht des eigenen Lebens. Eine Liebe, die für mich selbst keinen Raum mehr lässt, ein Vermögen, dessen Vermehrung oder bloße Verwaltung mich auffrisst, ein phantastischer Job, der mich in den Burn-out treibt, ein Glück, das mich in die Knie zwingt – auf das alles verzichten wir dankend zugunsten eines Lebens, das uns die Chance zur Selbstentfaltung gibt. Nur ein solches Leben empfinden wir als sinnvoll. In jungen Jahren, wenn man das Leben noch vor sich hat, ist das eigene Leben das wichtigste Projekt, dem sich alles andere unterordnet. In späteren Jahren hingegen hat nichts mehr Macht, uns ins Unglück zu stürzen, als die Erkenntnis, im Leben immer nur den Erwartungen anderer entsprochen zu haben oder Sachzwängen gefolgt zu sein. Kurz gesagt: die Erkenntnis, dass das eigene Leben das Leben der anderen war.

Das war nicht immer so. Für den mittelalterlichen Menschen war ein eigenes Leben nicht nur etwas Unerreichbares, sondern etwas, das außerhalb seiner Vorstellungskraft lag. Faktisch führte er natürlich *sein* Leben und nicht das eines anderen Menschen. In seinem Bewusstsein jedoch hatte die Idee eines Lebens, dessen Zentrum das eigene, individuelle Tun und nicht die Erfüllung eines vorgegebenen Musters war, keinen Platz. Das galt auch und gerade für öffentliche Persönlichkeiten; mehr noch als andere ließen sie sich in ihrem Verhalten und Selbstverständnis von einem normativen Kodex leiten.

So richtig änderte sich das erst mit jenem geistigen Umbruch, den wir Aufklärung nennen. Doch auch hier bedeutete die Aufforderung, sich des eigenen Verstandes zu bedienen, statt weiterhin tradierten Mustern und den in ihnen niedergelegten Vorurteilen zu folgen, nicht schon, dass die Menschen von jetzt auf gleich damit begonnen hätten, die Idee der Selbstbestimmung auf ihr eigenes Leben anzuwenden. Nicht nur, dass die wenigsten wirklich Zugang zu der neuen Denkweise hatten und viele, die sie nur vom Hörensagen kannten, sie als Bedrohung alles dessen empfinden mussten, was ihnen Sicherheit versprach. Die Menschen sind auch ausgesprochen gut darin, die kühnsten Gedanken zu denken, ohne sich je einmal zu fragen, was dies denn für die eigene Person heißt. Neben den Mut, sich des eigenen Verstandes zu bedienen, muss deshalb der Mut treten, ein Leben abseits der ausgetretenen Pfade zu führen – und vielleicht nicht nur der Mut, sondern auch die Notwendigkeit dazu.

In Deutschland war die erste Generation, die den Mut dazu aufbrachte (und, wie gesagt, auch die Notwendigkeit dazu verspürte), die Generation um den jungen Goethe herum. Goethe war ein Avantgardist des eigenen Lebens. Auf ihn wollen wir uns im Folgenden konzentrieren, nicht ohne dann und wann auf Zeitgenossen von ihm zu überblenden, sofern sie etwas zur Sach- und Stimmungslage rund um die Geburt und das Heranwachsen der Idee des eigenen Lebens beitragen können.

DER LANGE WEG ZUM EIGENEN LEBEN

Mit fünfundzwanzig lebte Goethe noch im Elternhaus. Wieder im Elternhaus, um genau zu sein. Zweimal war er von dort aufgebrochen, und beide Male war er unter deprimierenden Umständen zurückgekehrt. Der erste Abschied erfolgte im Herbst 1765 nach Leipzig zum Jurastudium. Der Sechzehnjährige hätte es vorgezogen, Philologie und Geschichte in Göttingen zu studieren, und war deswegen mit seinem Vater aneinandergeraten. Der hatte darauf bestanden, dass in der Wahl von Studienfach und Studienort der Sohn es ihm gleichtat. Wie viele Väter war er der Überzeugung, dass für den Sohn das Beste sei, was auch für ihn gut genug gewesen war.

Johann Wolfgang hingegen hätte sich eher vorstellen können, Lehrer an einer höheren Mädchenschule zu werden als Advokat. Vater Goethe war ein sozialer Aufsteiger und hatte es durch Studium und Bildung zu Ansehen und einem guten, komfortablen, gänzlich unaufregenden Leben gebracht. Der Sohn sollte »denselben Weg gehen, aber bequemer und weiter«. Johann Wolfgang spürte das und wehrte sich dagegen. Es sei ein frommer Wunsch aller Väter, analysiert er im Nachhinein ihr angespanntes Verhältnis, was ihnen selbst abging, an den Söhnen realisiert zu sehen. »So ungefähr, als wenn man zum zweitenmal lebte und die Erfahrungen des ersten Lebenslaufes nun erst recht nutzen wollte.« Genau das aber kam für den Sohn nicht infrage. Er wollte keine optimierte Version seines Vaters werden. Er wollte kein Leben aus zweiter Hand führen, sondern das Leben in eigener Regie gestalten. »Man lebt nur einmal«, war einer seiner Lieblingssätze. Und das eine, eigene Leben sollte nicht bloß ein Abklatsch, eine Kopie nach der Vorgabe tradierter Blaupausen sein, es sollte ein selbst gestaltetes und selbst verantwortetes Leben sein.

Das Terrain, auf dem Goethe seine Selbstständigkeit erprobte und sie mit großer Unbekümmertheit und Spontaneität ausagierte, war die Literatur. Wie so häufig der Fall, entdeckte er die Begabung zum Schreiben und die Lust daran mit der Pubertät. Als Sechzigjähriger auf seine dichterischen Anfänge zurückblickend, leitet er die existenzielle Bedeutung, die die Literatur um diese Zeit herum für ihn gewann, aus der Erfahrung her, sich letztlich nur auf sich selbst verlassen zu können. »Wir mögen unter dem Schutz von Eltern und Verwandten emporkommen, wir mögen uns an Geschwister und Freunde anlehnen, durch Bekannte unterhalten, durch geliebte Personen beglückt werden, so ist doch immer das Final, dass der Mensch auf sich zurückgewiesen wird«, schreibt er im 15. Kapitel von *Dichtung und Wahrheit*, der Autobiographie seiner ersten fünfundzwanzig Lebensjahre. Sogar Gott erwidere Ehrfurcht, Zutrauen und Liebe nicht immer, zumal dann nicht, wenn wir sie besonders dringend gebrauchen können, fügt er ironisch hinzu. Sein »produktives Talent« habe ihn dagegen keinen Augenblick verlassen; auch dann nicht, wenn er in Phasen der Labilität und der negativen Stimmung darauf angewiesen war. »Wie ich nun über diese Naturgabe nachdachte und fand, dass sie mir ganz eigen angehöre und durch nichts Fremdes weder begünstigt noch gehindert werden könne, so mochte ich gern hierauf mein ganzes Dasein in Gedanken gründen.« Daher rührt es, dass bei Goethe, wenn er auf seine Eigenständigkeit zu sprechen kommt, immer von Literatur die Rede ist, und umgekehrt. Für ihn waren das in der Tat zwei Seiten einer Medaille.

Zwar gehorchte der Sechzehnjährige dem Vater, aber mit einer Haltung, die er in seiner Autobiographie »Impietät« nennt, was so viel wie Pflichtvergessenheit und Lieblosigkeit (auch Gottlosigkeit) meint. Die Studien, denen er in Leipzig nachging, hatten jedenfalls wenig mit der Rechtslehre zu tun, mehr galten sie den Sprachen, der Literatur – und den Mädchen. Die Leipziger Studenten sahen in Goethe ein Fashion-Victim, was man damals einen Stutzer nannte, der auch sonst recht aufgeblasen und von sich selbst eingenommen war. Intellektuell war er ein Überflieger. Damit macht man sich nicht viele Freunde. Drei Jahre später kam er ohne Studienabschluss, jedoch mit einer Tuberkulose und wegen einer unglücklichen Liebesgeschichte seelisch angeschlagen – »gleichsam als ein Schiffbrüchiger«, wie er schreibt – nach Frankfurt zurück. Die verschleppte Erkrankung, vieles deutet auf eine Depression hin, setzte sich zu Hause fort. Bis zu seiner vollständigen Genesung vergingen Monate.

Schon rasch muss der um Eigenständigkeit ringende junge Mann feststellen, dass das eigene Leben, das er zu führen sich vorgenommen hat, gar nicht so leicht das *eigene* Leben ist. Es hängt von lauter windigen Umständen und widrigen Voraussetzungen ab, die man nicht unter Kontrolle hat. Der Vater hingegen hält derlei Überlegungen für Ausreden. Er kann die Enttäuschung nicht verbergen, »anstatt eines rüstigen, tätigen Sohns, der nun promovieren und jene vorgeschriebene Laufbahn durchlaufen sollte, einen Kränkling vorzufinden, der noch mehr an der Seele als am Körper zu leiden schien«. So drängt er bei der Therapie auf Eile und verbittet sich in seiner Gegenwart »hypochondrische Äußerungen«. Statt Nachsicht zu üben und ihm Trost zu spenden, äußert er sich auf eine Weise über ihn, die Goethe noch

Jahrzehnte später als »grausam« erinnert. Als hinge das, »was in keines Menschen Hand lag«, nur vom Willen ab.

Der zweite Abschied von Frankfurt erfolgt Ende März 1770, nach Straßburg zur Wiederaufnahme des Studiums; der ursprüngliche Plan war sogar, nach der Promotion von dort nach Paris, in die große Welt, weiterzuziehen. Im Jahr darauf kehrt der junge Goethe nicht krank, aber gedemütigt nach Hause zurück. Seine Dissertation ist abgelehnt worden, zwar aus fragwürdigen Gründen, aber mit der Konsequenz, dass sich Goethe mit dem Grad eines Lizentiaten der Rechte begnügen muss. Dennoch nennt ihn alle Welt und insbesondere der Vater Doktor. Trotz des zweiten akademischen Dämpfers verläuft Goethes Zulassung zum Advokaten – zu einer Tätigkeit, die er verabscheut und sobald wie möglich wieder loswerden will – reibungslos. Als Fürsprecher und heimlicher Sozius geht ihm der Vater zur Hand und nimmt ihm das ungeliebte Aktenstudium ab. Dadurch verschafft er ihm freie Zeit zum Dichten, worin Goethe rasch erstaunliche Fertigkeiten entwickelt. Und natürlich hat der Vater den flatterhaften Sohn so auch besser unter Kontrolle.

EIN MENTOR STELLT SICH EIN

In Straßburg hatte Goethe den studierten Theologen Johann Gottfried Herder kennengelernt. Anders als der zwanzigjährige Goethe konnte der fünf Jahre ältere Herder bereits auf eine berufliche Vergangenheit zurückblicken: Er war Prediger und Lehrer in Riga, der livländischen Hauptstadt, gewesen. Doch obwohl man ihm dort Aussicht auf den Posten des Rektors und auf ein Pastorat gemacht hatte, hatte er

Riga am 23. Mai 1769 beinahe fluchtartig verlassen. Der Bruder eines Freundes begleitete eine Schiffsladung Roggen und Flachs nach Frankreich, und Herder nutzte die Gelegenheit, nach Mitteleuropa zu gelangen. So bot der zu diesen Zeiten prosperierende grenzüberschreitende Handel einem Intellektuellen die Chance, ein Leben neu zu beginnen, das dem eigenen Gefühl nach in eine Sackgasse geraten war.

Um seine Schulden zu begleichen hatte Herder in Riga neben seinen Möbeln sogar seine Bücher verkauft. Nun genoss er auf dem Schiff nach überstandener Seekrankheit das neue Gefühl der Freiheit. Studierstuhl, Kanzel und Katheder hatte er mit einem Platz »unter einem Maste auf dem weiten Ozean« vertauscht und fühlte sich in dieser Situation, »ohne Bücher und Instrumente«, eigentlich erst recht als Philosoph: »Alles gibt hier dem Gedanken Flügel und Bewegung und weiten Luftkreis! Das flatternde Segel, das immer wankende Schiff, der rauschende Wellenstrom, die fliegende Wolke …!«

So steht es in Herders *Journal meiner Reise im Jahr 1769*, das er auf dem Schiff beginnt und nach dem Landgang in Nantes fortsetzt. Veröffentlicht wird es erst Mitte des 19. Jahrhunderts. Goethe aber bekommt das Manuskript bereits im Spätsommer 1770 in Straßburg zu Gesicht. Vielleicht hat der neue Freund, den er trotz nicht ausbleibender Differenzen rasch als seinen Mentor akzeptiert, ihm aus seinen Aufzeichnungen vorgelesen, vielleicht hat er ihm die Kladde auch über Nacht zur Lektüre überlassen. »Die Kleinheit deiner Erziehung, die Sklaverei deines Geburtslandes, der Bagatellenkram deines Jahrhunderts … hat dich eingeschränkt, dich so herabgesenkt, dass du dich nicht erkennest«, konnte Goethe jedenfalls dort lesen. »Wann werde ich so weit sein, um alles, was ich gelernt, in mir zu zerstören, und nur selbst zu erfinden, was ich denke und lerne und glaube!«

Die Nachwelt hat in Herders Reisejournal von 1769 die Gründungsurkunde des »Sturm und Drang« gesehen, jener literarischen Bewegung, die mit Herders und Goethes Begegnung in Straßburg ihren Anfang nahm. Noch mehr als das Dokument eines literarischen Aufbruchs ist Herders Journal eine Magna Charta des eigenen Lebens. Hier rebelliert einer nicht nur gegen fremde Autoritäten, sondern vor allem gegen sich selbst. Gleich auf den ersten Seiten rechnet der soeben der provinziellen Enge Rigas entkommene Autor mit seiner dortigen Vergangenheit ab. Was, so fragt er sich etwa, wenn er statt Theologie leichtere Studien wie Französisch, Geschichte, Naturkenntnis, Zeichnung, Rhetorik gewählt hätte? Und gibt sich die Antwort gleich selbst: »Ich wäre nicht ein Tintenfass von gelehrter Schriftstellerei« geworden, sondern »hätte meine Jahre genießen« können. Herder hadert damit, dass das Leben, zu dem er sich entschieden hat, nicht das Leben geworden ist, das er eigentlich hat führen wollen. Und so ist er aufgebrochen, um an einem anderen Ort und unter anderen Umständen das Leben neu zu beginnen, in der Hoffnung, dass es nun jenes Leben wird, das wirklich ein eigenes Leben genannt zu werden verdient. Sein Journal ist randvoll mit Plänen und Skizzen, was er mit seinem neuen Leben anfangen, was er bewirken und welche Bücher er schreiben will.

Herder ist der Verkünder des eigenen Lebens geblieben – es in der erwünschten Weise zu führen gelang ihm nicht. Der fünf Jahre jüngere Goethe hingegen, dem er in Straßburg begegnet, lässt sich von ihm diese Idee einpflanzen und macht sie sich in den folgenden sechs Jahrzehnten auf eine Weise zu eigen, die uns noch heute das Staunen lehrt.

BESICHTIGUNG EINES BESCHÄDIGTEN BRUDERS

Wie ergeht es zur gleichen Zeit einem anderen, in mancher Hinsicht genauso begabten, aber nicht wie der junge Goethe privilegiert in einer wohlhabenden städtischen Familie aufgewachsenen jungen Mann? Einem wie Karl Philipp Moritz, in dessen Familie sich nicht alles um die optimale Entfaltung der Talente des Erstgeborenen dreht?

Auch die Begegnung mit dem 1756 geborenen Moritz hinterlässt bei den Zeitgenossen einen unauslöschlichen Eindruck. Doch in seinem Fall bewundern sie nicht wie bei Goethe die überbordende Eloquenz, verbunden mit einem charismatischen Auftreten und einem gefälligen Äußeren. Vielmehr beschäftigt sie, was dieser Moritz alles gemacht und durchgemacht und wie er das alles überstanden hat. »Dieser Mensch ist in zehn Jahren Hutmacher Bursche in Braunschweig, Schüler in Hannover, Student in Erfurt, Magister in Wittenberg, Lehrer am Philanthropinum in Dessau, am Waisenhause in Potsdam, Konrektor und Prediger in Berlin gewesen«, stellt etwa der Jurist und Schriftsteller Johann Anton Leisewitz fest, nachdem er mit der denkwürdigen Erscheinung des von einer schlimmen Kindheit und Jugend gezeichneten Magisters Moritz Bekanntschaft gemacht hat.

Im Elternhaus lebte der fünfundzwanzigjährige Moritz da längst nicht mehr. Von Kindheit an habe er »zu wenig eigene Existenz gehabt«, wird er später schreiben und dieser Aussage den nötigen Nachdruck verleihen, indem er sie kursiv setzt. Im Alter von zwölf Jahren gab ihn der Vater als Bursche in die Gerberei eines Hutmachers, wo er Kessel anheizen, die Werkstatt putzen und derlei ungelernte Arbeiten mehr verrichten musste. Der Hutmacher war wie der Vater auch Anhänger der Lehre des Quietismus, einer besonders rigorosen Form der Selbstauslöschung als dem einzig wahren Weg zu Gott. Die französische Mystikerin Jeanne Marie Guyon, auf die sich die Sektierer beriefen, hatte von »Austrocknung des Ichs« gesprochen, was Karl Philipp Moritz später zu einem Witz veranlasste: »Als man nach ihrem Tode ihren Kopf öffnete, fand man ihr Gehirn wie ausgetrocknet.«

Noch aber hat der kleine Karl Philipp nichts zu lachen – Armut, Ausbeutung und religiöser Wahn treiben den Zwölfjährigen in einen Suizidversuch. Danach gilt der mit knapper Not Gerettete als »ein gefährlicher Mensch« und wird aus dem Hause geschafft. Er kommt an einer Freischule unter, die die Eltern nichts kostet, weil der Unterricht von Lehrern bestritten wird, die sich noch in der Ausbildung befinden. Kurze Zeit später, als die Begabung des Jugendlichen offensichtlich wird, kann er mit einem Stipendium, aber gegen den Willen seiner Eltern die Stadtschule besuchen.

Damit beginnt eine wechselvolle Emanzipationsgeschichte, anfangs mit vielen Tiefen und wenigen Höhen. Moritz wird Teil des damaligen Schulsystems, das ihm allen Unzulänglichkeiten zum Trotz einen Ausweg aus der Misere seiner Herkunft und der religiösen Vertrocknung weist. Das Glück des Lernens schenkt ihm Selbstvertrauen, das die Zwänge des Schulalltags und seine demütigenden Lebensumstände aber gleich wieder untergraben. Stets aufs Neue ergreift er die Flucht, versucht sich umherziehenden Theatertruppen anzuschließen. Als das scheitert, lässt er sich zum Lehrer ausbilden. Sein erster Job ist der eines Informators, eines Hilfslehrers, am Militär-Waisenhaus in Potsdam. Die Zustände dort müssen grauenhaft gewesen sein. Schon bald aber kann er an ein Gymnasium wechseln. Nachträglich erwirbt er den Titel eines Magisters. Mit dreiundzwanzig ist er bereits Konrektor; der soziale Aufsteiger ist in der Gesellschaft angekommen. Jedenfalls dem äußeren, dem beruflichen Leben nach.

Das eigentlich Erregende an Moritz' Lebenslauf und der Darstellung, die er ihm in seinem psychologischen Roman *Anton Reiser* gegeben hat, ist die Empörung, die die Schilderung unterschwellig begleitet: Krude Formen der Behandlung von Kindern und Jugendlichen, die wenige Jahrzehnte zuvor noch kaum Anlass zum Protest gegeben hätten, werden nun als frühe Einschränkungen eines eigenen Lebens verurteilt. Hier entwickelt sich ein rebellischer Geist, der zu seiner eigenen Beschämung erleben muss, wie er sich sogleich in neue Abhängigkeiten verstrickt.

GENERATION GOETHE

Beide, Moritz wie Goethe, befanden sich in Situationen, wie sie für ihre Generationen durchaus typisch waren, nur am jeweils anderen Ende der sozialen Skala. Hier der Paria, der sich unter Qualen und Entbehrungen mithilfe von Begabung und Lerneifer zum Aufsteiger wandelt. Dort der wohlausstaffierte Bürgersohn, der nicht nur unter den Untiefen der eigenen Seele leidet, sondern auch an einer Gesellschaft, die für Leute wie ihn keine Zukunftschancen bietet. Bei Goethe führt die Ablehnung einer standesgemäßen Laufbahn, wie der Vater sie für ihn vorgesehen hat, zu einer grundsätzlichen Ablehnung der bürgerlichen Leitidee, ein junger Mann habe sich brauchbar zu machen für eine Gesellschaft, die in ihrem Fortbestand darauf angewiesen ist, dass die heranwachsenden Generationen Leistungsbereitschaft zeigen und ökonomisch erfolgreich sind. Nein, insistiert Goethe, mir geht es darum, »mich selbst, ganz wie ich da bin, auszubilden«, wie er es im *Wilhelm Meister* formulieren wird; auf das eigene Leben kommt es an, und dem widerspricht ein Denken in Nützlichkeitskategorien.

Goethe hat die Gemeinsamkeit mit Moritz über die Unterschiede der Herkunft hinweg erkannt. Als er ihm 1786 in Rom zum ersten Mal begegnet, erzählte dieser ihm sein Leben, und Goethe staunt über die Ähnlichkeit mit dem eigenen. »Er ist wie ein jüngerer Bruder von mir«, schreibt er nach Weimar an Charlotte von Stein, »von derselben Art, nur da vom Schicksal verwahrlost und beschädigt, wo ich begünstigt und vorgezogen bin. Das machte mir einen sonderbaren Rückblick in mich selbst.«

Die Generation Goethe, bleiben wir bei diesem Namen, war lange vor den Achtundsechzigern die erste Kriegsfolgen-Generation in Deutschland, die sich als solche verstand. 1756, als Goethe gerade sieben Jahre alt war, hatte durch den Überraschungsangriff Friedrichs II. auf Sachsen der Siebenjährige Krieg begonnen. Er sollte sich zu einem europäischen Krieg, in vieler Hinsicht sogar zu einem ersten Weltkrieg ausweiten. In Europa standen Preußen, England und Portugal einer Koalition von Österreich, Frankreich, Spanien, Russland und Schweden gegenüber. Doch die Konflikte um die Vorherrschaft in Europa sowie in Nordamerika und Indien wurden auch auf außereuropäischen Kriegsschauplätzen mit dortigen Verbündeten und Gegnern ausgefochten. Am Ende waren eine Million Tote, die Hälfte davon auf den Schlachtfeldern, und die Verwüstung großer Landstriche zu beklagen. Aber auch in den Köpfen der Menschen richtete der Krieg erhebliche Schäden an: Der Optimismus der Aufklärung machte einem Bewusstsein des Kontrollverlustes und der Unerheblichkeit allen menschlichen Tuns Platz.

Neu am Siebenjährigen Krieg war zudem das Ausmaß, in dem er die Öffentlichkeit mobilisierte. Er wurde nicht nur mit Kanonen und Gewehren, sondern auch mit den Waffen des Geistes, nicht zuletzt der Poesie geführt. Blutrünstige Verse feierten den Tod und das Verderben der Feinde, Flugschriften und Predigten trugen den Krieg in die Familien und Stände. Während die Soldaten auf den Schlachtfeldern über Hügel von Verwundeten und Toten hinwegstiegen, dabei Todesängste ausstanden, sich zeitweilig aber auch in regelrechte Gewalträusche hineinsteigerten, kämpften Autoren, Prediger und Pamphletisten an der Medienfront, wie es Steffen Martus in seiner Geschichte der Aufklärung formuliert hat. Das begann schon damit, dass Friedrich II. dem Überfall Sachsens statt der unterbliebenen Kriegserklärung ein »Manifest« folgen ließ, »welches die Ursachen enthielt, die ihn zu einem solchen ungeheuren Schritt bewogen und berechtigt«. So schildert es Goethe in *Dichtung und Wahrheit*. Und er fährt fort: »Die Welt, die sich nicht nur als Zuschauer, sondern auch als Richter aufgefordert fand, spaltete sich sogleich in zwei Parteien, und unsere Familie war ein Bild des großen Ganzen ... Man stritt, man überwarf sich, man schwieg, man brach los ... Alles andere Interesse musste diesem weichen, und wir brachten den Überrest des Jahres in beständiger Agitation zu.« Als dann 1759 die Franzosen Frankfurt besetzen und der französische Stadtgouverneur François de Théas Graf von Thoranc mit seiner Entourage für mehrere Jahre in Goethes Elternhaus Quartier bezieht, geht der Riss nun auch mitten durch die Kernfamilie.

Bereits im Vorwort seiner Autobiographie hat Goethe auf die Relevanz des Zeitpunkts der Geburt für das eigene Leben aufmerksam gemacht. Die Zeitverhältnisse, so heißt es dort, würden den Menschen mit sich fortreißen, ob er das nun will oder nicht, »dergestalt, dass man wohl sagen kann, ein Jeder, nur zehn Jahre früher oder später geboren, dürfte, was seine eigene Bildung und die Wirkung nach außen betrifft, ein ganz anderer geworden sein«. Das ist eine für damalige Begriffe ganz unerhörte Behauptung, zumal wenn man den engen Zeitrahmen von zehn Jahren in Betracht zieht, der laut Goethe über die prägenden Erfahrungen entscheiden soll. Ohne schon den Begriff zu verwenden, hat Goethe hier über das »Problem der Generationen« nachgedacht, nicht mehr angelehnt an die biologische Generationenfolge, sondern bereits im Sinn gemeinsamer Erfahrungen und Lebenskulissen, wie es heute unserer Redeweise entspricht, angefangen von der skeptischen Generation, den Halbstarken, den Achtundsechzigern bis hin zu den Generationen X und Y.

Goethes Überlegung bedeutet konkret: Wäre ich nicht 1749, sondern etwa schon Mitte der 1730erjahre auf die Welt gekommen, dann wäre ich ein ganz anderer geworden. Dann hätte ich, um seinen Gedanken fortzuführen, jener Generation von jungen Männern angehört, die 1756, bei Kriegsausbruch, schon alt genug waren, um als Soldaten oder engagierte Autoren am Kriegsgeschehen teilzunehmen und seine öffentliche Wahrnehmung mitzubestimmen. Das war die Generation etwa des Dichters und Juristen Johann Wilhelm Ludwig Gleim, des Verfassers preußischer Kriegslieder, des Schweizers Ulrich Bräker, genannt: der arme Mann aus dem Toggenburg, der die bis heute bekannteste Beschreibung des

Schlachtgeschehens lieferte, des Publizisten Thomas Abbt, der 1761 die Streitschrift *Vom Tode für das Vaterland* publizierte; aber auch von Gotthold Ephraim Lessing, der mit seinem Drama *Minna von Barnhelm oder das Soldatenglück* nach dem Urteil Goethes das erste Gegenwartsstück »von spezifisch temporärem Gehalt« geschaffen hat.

Goethe hingegen ist erst vierzehn, als der Krieg zu Ende ist. Die prägenden Erfahrungen der Adoleszenz, der Lehr- und Wanderjahre hat er wie seine späteren Schriftstellerkollegen Jakob Michael Reinhold Lenz, Karl Philipp Moritz oder Friedrich Maximilian Klinger in der unmittelbaren Nachkriegszeit gemacht. Der Einmarsch Preußens in Sachsen hatte dem von Goethe gepriesenen »glücklichen und gemächlichen Zustand« der Vorkriegszeit ein jähes Ende bereitet. Er sollte sich auch danach nicht wiederherstellen. Die Finanzkrise, in die er mündete, provozierte letztlich den Amerikanischen Unabhängigkeitskrieg genauso wie die Französische Revolution. Der Zeitgeist nach dem Siebenjährigen Krieg war einerseits durch ein großes Aufatmen und ausbrechende Geschäftigkeit bestimmt – von »Retablissement« sprach man seinerzeit –, andererseits aber durch extreme Verunsicherung und ein Gefühl der Abhängigkeit von Umständen, die selbst der Klügste und Mächtigste nicht in der Hand hat. »Jeder vernünftige Mensch«, so meinte kein Geringerer als Friedrich II. selbst, habe sich bei Beginn des Krieges seinen Ausgang »anders gedacht«. Das Projekt der Aufklärung, verlässliche Weltkenntnis zu erlangen, schien mit der Erfahrung der Unwägbarkeiten und Unfasslichkeiten dieses Krieges und seiner komplexen Umstände und Konsequenzen an eine Grenze gestoßen zu sein. »Scheint es nicht erstaunlich, dass alle List und Macht der Menschen so oft durch unerwartete Ereignisse oder Schicksalsschläge genarrt wird?«, fragt der Preußenkönig in seiner *Geschichte des Siebenjährigen Krieges.* »Scheint nicht eine unbekannte Macht verächtlich mit den Plänen der Menschen zu spielen?«

In mancher Hinsicht glich die damalige Nachkriegssituation derjenigen zweihundert Jahre später. Während die Kriegsheimkehrer sich erstaunlich schnell mit der neuen Lage arrangierten, vielleicht einfach deshalb, weil sie ausgebrannt waren, und künftig ohne Pathos, Programme und Parolen zu leben versuchten, wuchs unter den jüngeren Leuten die Unzufriedenheit und führte zu einer eigentümlichen Mischung aus Verletzlichkeit und Rebellentum. Goethe spricht von dieser Zeit als der »nullen Epoche«. Wer in ihr seine entscheidenden geistigen, literarischen und moralischen Prägungen erwarb, musste ohne Vorbilder auskommen und war ganz auf sich selbst und die eigene Erfahrung verwiesen. Die Traditionen, von denen das Selbstverständnis der Menschen zehren konnte, schienen aufgebraucht oder desavouiert.

Einen guten Eindruck vom Lebensgefühl der damaligen jungen Generation gibt das Theaterstück, das ihr auch den Namen gegeben hat. *Wirrwarr* sollte das von dem Soldaten, Vorleser und Dramaturgen Friedrich Maximilian Klinger verfasste Schauspiel ursprünglich heißen, als *Sturm und Drang* wurde es 1777 uraufgeführt. Noch im selben Jahr avancierte der Titel zum Codewort der jungen Generation. Die Handlung spielt in einem Gasthof in Nordamerika. Die drei Freunde, die dort ankommen, tragen sprechende Namen: Wild, La Feu und Blasius, und so sind sie auch: wild, brennend und irgendetwas zwischen blasiert und angeekelt – die Befindlichkeitsextreme der jungen Generation. In wildem Tumult fahren sie herum, »wie Dachfahnen im Sturm«, ohne je Boden unter die Füße zu kriegen. Symptomatisch für ihre Orientierungslosigkeit ist, dass sie häufig nicht einmal wissen, wo sie gerade sind. Voller Energie, aber ohne Ziel und Motiv beginnen sie, die Gewalt zu lieben, nur um sich selbst zu fühlen. Drang ist reichlich vorhanden, aber er führt zu nichts als zu einem Sturm im Wasserglas. »Ich bin zerrissen in mir, und kann die Fäden nicht wieder auffinden, das Leben anzuknüpfen«, beschreibt eine von Klingers Figuren ihre Seelenlage und bringt damit nicht nur ihr eigenes Existenzgefühl auf den Punkt.

Goethe hat rückschauend von dem »chaotischen Zustande« gesprochen, in dem sich damals sein »armes Gehirn« befand. Seine Antwort auf das Fehlen jeglicher Gewissheit war Erfahrungshunger, wie er auch die Jugendlichen zweihundert Jahre später in den 1950er- und 1960erjahren auf die Straße und in die Subkulturen trieb. »Was ich erfahren habe, das weiß ich, und halte die Erfahrung für die einzige echte Wissenschaft«, hat der angehende Literat Anfang April 1769 in einem Brief bekannt. Doch welche Erfahrungen waren zu machen angesichts des Lebensüberdrusses, in den man durch das Gefühl des Kontrollverlustes über das eigene Handeln hineingezogen wurde? Goethes Leipziger Freund Ernst Wolfgang Behrisch behalf sich mit einem philosophischen Kalauer: »die wahre Erfahrung sei ganz eigentlich, wenn man erfahre, wie ein Erfahrner die Erfahrung erfahrend erfahren müsse«, verkündete er lautstark. Fragte man ihn nach dem Sinn dieser »possenhaften Phrasen«, so versicherte er, dahinter stecke »ein großes Geheimnis«. Goethe, der das leidenschaftliche Bedürfnis verspürte, sich über die Erfahrung klar zu werden, die ihm das Einzige zu sein schien, an das man sich noch halten konnte, ließ sich dieses Geheimnis schließlich von einem Offizier erklären, der im Siebenjährigen Krieg an der wirklichen Front und nicht nur wie die meisten Literaten an der Medienfront gekämpft hatte: Sein Studienfreund habe sagen wollen, so dieser erfahrene Mann, »dass die Erfahrung nichts anderes sei, als dass man erfährt, was man nicht zu erfahren wünscht, worauf es wenigstens in dieser Welt meistens hinausläuft«.

»ICH WILL VÖGELN«

Etwas Wesentliches kam hinzu: Nennen wir es sexuellen Notstand. Was für uns heute, zumindest wenn es gut läuft, in der Jugendzeit zusammenwächst, nämlich Sex und Liebe, gehörte damals getrennten Welten an. Jakob Michael Reinhold Lenz, nur unwesentlich jünger als Goethe und auch ein Freund aus Straßburger Tagen, hat darüber eine Art Tragikomödie geschrieben, die bis heute auf den Spielplänen unserer Theater steht: *Der Hofmeister oder Vorteile der Privaterziehung*. Lenz war diesen Weg selbst gegangen: Nach einem abgebrochenen Studium hatte er seinen Lebensunterhalt als Bediensteter, dann als Hofmeister bestritten.

Einen Hofmeister darf man sich als eine Art Langzeitpraktikanten der damaligen Generation Prekär vorstellen: ein Haus- oder Hilfslehrer, eingestellt, um den Kindern besserer Leute den Schulbesuch zu ersparen. Das war eine schlecht bezahlte, nach dem Prinzip »Hire and Fire« funktionierende Beschäftigung, die in Deutschland insbesondere arbeitslose Ex-Theologen anzog, darunter Fichte, Hegel, Schelling und Hölderlin, um nur die bekanntesten zu nennen. Der einzige Vorteil des Jobs war, dass Unterkunft und Verpflegung inklusive waren und es genügend Freizeit zum Dichten obendrein gab. Und noch etwas anderes machte den Job unter Umständen attraktiv: der Umgang mit den aufmerksamen und interessierten Schwestern der schon seinerzeit lernunwilligen Söhne.

Die emotionalen Verwicklungen, die sich daraus ergeben konnten, hatte in unübertrefflicher Weise Jean-Jacques Rousseau in seinem Briefroman *Julie oder Die neue Heloise* dargestellt. Das Buch ist einer der größten Bestseller der zweiten Hälfte des 18. Jahrhunderts gewesen und hat die Emotionen Zigtausender liebeshungriger junger Menschen in Europa – Frauen wie Männer – durcheinandergewirbelt. Zutreffend hat Ian Bostridge es ein »Handbuch für Lehrer und Schülerinnen in Gefühlswirren« genannt. Die Liaison der jungen Julie mit ihrem Hauslehrer Saint-Preux wird von Rousseau als eine jener ausweglosen Leidenschaften geschildert, die gesellschaftliche Konventionen zwar niederhalten, niemals aber beherrschen können. Zugleich erfahren wir viel über den prekären Status junger Intellektueller zu diesen Zeiten. Selbst wenn sie sich wie Saint-Preux zum Trost über versagte Liebe eine längere Bildungsreise leisten können, bleiben sie Außenseiter ohne Namen und Stand, angewiesen auf die Fürsprache der Besitzenden und das unberechenbare Gefühlsleben höher gestellter Frauen.

Das Stück von Lenz greift diese Situation auf: Läuffer, wie der Autor ein ehemaliger Theologiestudent, sucht eine Anstellung als Hofmeister beim Major von Berg, dessen Sohn Leopold er »in allen Wissenschaften, Artigkeiten und Weltmanieren« unterrichten soll. Der Sohnemann erweist sich als unwissend und faul, woraufhin Läuffers Gehalt von anfänglich dreihundert Dukaten rasch auf hundertfünfzig gesenkt wird. Dafür soll er nun noch Leopolds vierzehnjähriger Schwester Gustchen Christenlehre und Zeichnen beibringen. Gustchen ist in Fritz verliebt, der in die Stadtschule geht und auf dessen Rückkehr sie sehnlichst wartet. In der Zwischenzeit gibt sie sich dem Hofmeister hin, dessen Gehalt mittlerweile bei vierzig Dukaten angelangt ist, und wird schwanger. Der Vater hält seine Tochter erst für krank; als er der Wahrheit ins Auge sehen muss, schießt er auf den Hauslehrer. Dieser macht sich aus dem Staub, ebenso wie die Tochter, die ihr Kind mithilfe einer blinden Bettlerin im Wald zur Welt bringt. Höhepunkt der Verwicklungen ist, dass sich Läuffer kastriert und dafür den Beifall des Schulmeisters Wenzeslaus erntet. Alle, auch das unerwünschte Kind, kommen aber durch, und sogar der kastrierte Läuffer findet noch eine Lise, die sich mehr für Enten und Hühner als für eigene Kinder interessiert.

Das überdrehte Happy End rückt die grausame Pointe des Stückes ein wenig in den Hintergrund: Eine Integration ins bürgerliche Leben fordert den jungen Männern das Opfer ihrer Sexualität ab. Mehr noch: Damit verlieren sie das Vermögen, ein eigenes Leben zu führen. Wie mächtig der sexuelle Gefühlsstau damals gewesen sein muss, davon geben uns im Nachlass gefundene literarische Fragmente Goethes einen Begriff. Parallel zu seiner Romanze und späteren Verlobung mit der Frankfurter Bankierstochter Lili Schönemann versucht sich der junge Schriftsteller an einer Farce, die den Titel *Hanswursts Hochzeit oder Der Lauf der Welt* trägt. Goethe nennt es »ein mikrokosmisches Drama«, in Abgrenzung zu dem Weltdrama *Faust*, an dessen ersten Szenen er zur selben Zeit schreibt.

Die Handlung ist schnell erzählt. Hans Wurst, von seinem

Hauslehrer Kilian Brustfleck mehr oder minder »zurechtgebogen«, ist volljährig und soll heiraten. Von der Nachricht, dass an seinem Hochzeitstag die Welt bei ihm zu Gast sein wird, zeigt er sich allerdings völlig unbeeindruckt:

Indes was hab ich mit den Flegeln
Sie mögen fressen und ich will vögeln

Goethe hat die Arbeit an *Hanswursts Hochzeit* bald abgebrochen. Aber er hat eine Liste der Figuren hinterlassen, deren Mitwirkung beabsichtigt war. Sie liest sich wie ein Crashkurs durch die obszöne Sprache der Zeit. Hier eine kleine, aufs Sexuelle beschränkte Auswahl: die Tante Ursel mit dem kalten Loch, die Nichten Reck-Ärschgen und Schmutz-Fötzgen, Loch-König, Peter Sauschwanz, Grindschiepel, Spritzbüchse, Piephahn, Margretlin und Musgretgen (beides vulgärsprachliche Bezeichnungen für Vagina; wir ahnen, genau deshalb heißt Fausts Gretchen Margarete).

Wie eine hingesudelte Passage der Handschrift vermuten lässt, wäre die weitere Handlung wohl auf einen handfesten Porno hinausgelaufen, der dem, was wir heute im Internet zu sehen bekommen, in nichts nachsteht:

Peter Sauschwanz kommt auf den Gedanken H. W. zu
Ehren auf den Hochzeit Abend
Wie sich der Herr besser *macht*
Und um den Schwanz herum das
durch … (?)
Arsch lecken
Und er beleckt beschnüffelt
den Beißkorb vor machen
Und hinten wo am Arsch die Hoden klunkern
Das Rückgrad sich biegt die Beine sich anziehn

da(s) rote Stücklein aus der Scheide treibt
Und der ganze Kerl herrlicher wird
Beleckt jede ihrer Brüste
Hitzig. der Schwanz sich krümmt.
das eingreifen der Pfoten
Hächzen Der unendliche ausdruck von Geilheit in
Verbiegen und Verschmiegen der ganzen Natur
Anbiegen und anschmiegen

Goethes Generation hielt sich viel auf ihre ausgeprägte Sensibilität zugute, die man damals Empfindsamkeit nannte: Männer durften weinen, Gefühle waren nicht mehr tabu, man schwärmte voneinander und traf sich zur gemeinsamen Lektüre von Liebesromanen. In Gesellschaft spielte man das sogenannte Mariage-Spiel, von dem Goethe in *Dichtung und Wahrheit* ausführlich berichtet. Dabei wurden die Anwesenden per Losentscheid – die jungen Damen durften ziehen – neu verpaart, einerlei, ob sie zuvor schon mit einem anderen zusammen gewesen waren oder nicht. Die neuen Paarungen galten für acht Tage und lediglich für die jeweilige Dauer des gesellschaftlichen Zusammenseins. Trotzdem waren, wie Goethe trocken bemerkt, »bei dieser geringen Handlung mancherlei Leidenschaften im Spiel«. Hinter dem Gefühlskult lauerte sexuelles Begehren, das nicht ausgelebt werden konnte, dadurch aber gerade angestachelt wurde. Die Folge waren Frustrationen, Liebeskummer und auf Männerseite »permanenter Samenstau«, um mit Thomas Glavinic' Helden Charlie Kolostrum zu reden. Nicht alle bemerkten das, und die wenigsten sprachen es aus. Eine dieser Ausnahmen war Georg Christoph Lichtenberg, Deutschlands erster Professor für Experimentalphysik und ein so begnadeter Beobachter wie Aphoristiker. In sein Tagebuch notierte er den Gedanken: »Wenn eine andere Generation den Menschen aus unseren empfindsamen Schriften restituieren sollte, so werden sie glauben, es sei ein Herz mit Testikeln gewesen. Ein Herz mit einem Hodensack.«

»DU HAST KEINE CHANCE, ABER NUTZE SIE«

»Von unbefriedigten Leidenschaften gepeinigt, von außen zu bedeutenden Handlungen keineswegs angeregt, in der einzigen Aussicht, uns in einem schleppenden, geistlosen, bürgerlichen Leben hinhalten zu müssen«, so hat Goethe im Nachhinein die existenzielle Stimmung seiner Generation in den 1770erjahren zusammengefasst. Der durch die Umstände provozierte Wunsch nach einem eigenen Leben mündet in Frustration, weil die Verhältnisse so etwas wie ein eigenes Leben gar nicht zuzulassen scheinen, bestenfalls ein Surrogat davon. Die reichlich widersprüchliche, nervöse Befindlichkeit, die sich daraus ergab, hat Goethe auf eine paradoxe Formel gebracht und von »unmutigem Übermut« gesprochen. Bei ihm ist diese Befindlichkeit mit Suizidgedanken assoziiert. In unmutigem Übermut habe man sich mit dem Gedanken befreundet, »das Leben, wenn es einem nicht mehr anstehe, nach eigenem Belieben allenfalls verlassen zu können, und half sich damit über die Unbilden und Langeweile der Tage notdürftig genug hin«.

»Du hast keine Chance, aber nutze sie.« Auf diese Formel hat es der Achtundsechziger Herbert Achternbusch zweihundert Jahre später und unserer Sprache nähergebracht. Doch bleiben wir beim Originalton jener Zeit, in der Goethe noch nicht allwissender Erzähler des eigenen Lebens war, sondern mittendrin. Da klang das mit dem unmutigen Übermut etwa so: »Ich bin wieder scheißig gestrandet und möchte mir tausend Ohrfeigen geben, dass ich nicht zum Teufel ging, da ich flott war.« Er passe, so Goethe im August 1775 an seinen Freund Johann Heinrich Merck, jetzt nur eine neue Gelegenheit ab, um wieder aus Frankfurt abzurücken, und möchte wissen, ob er ihm für diesen Fall mit einigem Geld behilflich sein wolle – »nur zum ersten Stoß«.

Einer Brieffreundin bekennt er im Monat darauf, nachdem er ihr einen »leidlich und stumpf herumgegangenen«, typischen Frankfurter Sonntag geschildert hat: »Mir wars in all dem wie einer Ratte, die Gift gefressen hat, sie läuft in alle Löcher, schlürft alle Feuchtigkeit, verschlingt alles Essbare, das ihr in den Weg kommt, ihr Innerstes glüht von unauslöschlich verderblichem Feuer.« Nein, es ist nicht Kafka, der sich hier mit einer vergifteten Ratte vergleicht und für seine schreckliche Unruhe und maßlose Gier das einprägsame Bild des von innen heraus (ver-)brennenden Ungeziefers findet. Auch nicht der überspannte Kleist oder der rattenverliebte Günter Grass, denen man eine solche Beschreibung auf Anhieb zutrauen würde. Es ist jener Dichter, dessen Jugend frühere Generationen von Goethe-Verehrern ins holdeste Licht der Verklärung getaucht sahen.

Der junge Goethe war extremen Befindlichkeitsschwankungen ausgesetzt. Blickte er in sich hinein, dann fand er dort eine Instabilität, von der er den Eindruck hatte, dass sie anderen, gesetzteren, weniger impulsiven Naturen unangenehm sein könnte. »Ich gleiche ziemlich einem Chamäleon«, gesteht bereits der Vierzehnjährige in einem Brief. Ein Psychotherapeut würde heute vermutlich von einer Borderline-

Störung sprechen, die typisch ist für junge Stars mit hoher Sucht- und Suizidgefährdung. Dazu zählen Symptome wie instabile, aber intensive Beziehungen, die zwischen den Extremen der Idealisierung und der Entwertung des anderen schwanken; hohe Reizbarkeit und Angstzustände; Impulsivität und heftige Wutausbrücke; schließlich Selbstmordandeutungen. Alles das haben Freunde und Bekannte an dem jungen Goethe beziehungsweise hat er an sich selbst beobachtet. »Wie oft habe ich ihn innerhalb einer Viertelstunde schmelzend und wütend gesehen«, berichtet etwa der Jugendfreund Friedrich Stolberg über ihn. Er selbst spricht wiederholt von Tantalusqualen oder vergleicht sich in einem Brief vom 15. September 1774 an Sophie von La Roche mit dem heiligen Sebastian, »an meinen Baum gebunden, die Pfeile in den Nerven«. Dann wieder spricht er vom »Rauschtaumel«, in dem er schwebe. Das einzige Beständige ist seine Sprunghaftigkeit. Selbst Christus, der Gottessohn, geht bei ihm auf dem Weg vom Himmel zur Erde nicht geradeaus. »Da kam der Sohn ganz überquer, Gestolpert über Sterne her«, heißt es in dem fragmentarischen Versepos *Der ewige Jude*. »Ich lebe wie immer in Strudelei und Unmäßigkeit des Vergnügens u. Schmerzens«, bekennt Goethe am 3. Mai 1775 Henriette von Knebel. Liest man seine Briefe aus dieser Zeit, so begibt man sich auf eine Achterbahn der Gefühle. Für diesen Goethe war es »offensichtlich schwer, wenn nicht unmöglich«, wie der englische Goethe-Forscher Barker Fairley gemeint hat, »einen Brief in vernünftiger Weise zu Ende zu schreiben, sonst hätte er es sicher getan«.

Nun waren Unbeständigkeit und Schwierigkeiten mit der Impulskontrolle nicht Wesenszüge von Goethe allein; vielmehr teilte er sie mit vielen seiner Generation, jedenfalls jenen, die sich in der Folge als Stürmer und Dränger hervorgetan haben. Anders als die andern aber hat er frühzeitig die Ambivalenz dieser Befindlichkeit erkannt. Einerseits war sie ja wie gemacht dafür, sich Ausdruck zu verschaffen in Gedichten, Dramen und Prosa, die ähnlich tumultarisch daherkamen wie ihre Verfasser. Andererseits aber hatte sie das Potenzial, das zu untergraben, was Goethe von Anfang an mit dem Dichten verband: sich ein eigenes Leben zu verschaffen.

Schon bald aber sehen wir ihn Versuche unternehmen, dieser Gefährdung seiner Person entgegenzuarbeiten. Die Angstzustände, unter denen er litt, äußerten sich etwa in starker Lärmempfindlichkeit, einer niedrigen Ekelschwelle und heftigen Schwindelanfällen Und was tat Goethe? Systematisch setzte schon der Zwanzigjährige sich allem aus, was in ihm Widerwillen hervorrief. Beim abendlichen Zapfenstreich in Straßburg ging er neben den Trommeln her, »deren gewaltsame Wirbel und Schläge das Herz … hätten zersprengen mögen«. Er nahm an Geburten teil und besuchte Pathologiekurse. Das Rattenbild in seinem Brief geht nicht zuletzt darauf zurück, dass er in Straßburg Ratten sezierte. Und immer wieder erstieg er allein das Straßburger Münster, das mit seinem hundertzweiundvierzig Meter hohen Nordturm (der Südturm wurde nie gebaut) zu Goethes Zeit und noch lange darüber hinaus das höchste Bauwerk der Welt war. Oben angekommen, verbarg er sich eine Viertelstunde lang im Schutz des mächtigen Turmhelms, bis er es schließlich wagte, ins Freie zu treten, auf eine schmale, ungesicherte Plattform, wo er »stehend das unendliche Land vor sich« sah. »Dergleichen Qual und Angst wiederholte ich so oft, bis der Eindruck mir ganz gleichgültig ward …«

Wie Psychologen Goethe heute attestieren, hat er alles richtig gemacht. »Exposition« nennt man die psychotherapeutische Methode, sich der angstauslösenden Situation auszusetzen, in der Regel in Begleitung des behandelnden Arztes und unterstützt von einem Entspannungsverfahren. Goethe scheint die Therapie in ihrer rabiatesten Form praktiziert zu haben, als »Flooding«, indem er sich von dem stärksten Reiz überfluten ließ. Und er tat es aus eigenem Antrieb, ohne einen Therapeuten an seiner Seite. Er war ein »Selbsthelfer« in schwieriger Zeit, wie er später Götz von Berlichingen, seinen ersten großen Dramenhelden, charakterisiert hat.

Der Offizier, Erzieher und Literat Karl Ludwig von Knebel hat das unmittelbar erkannt. Als er Goethe Ende 1774 in seinem Frankfurter Elternhaus aufsucht, um ihn den Weimarer Prinzen, die gerade auf Durchreise sind, vorzustellen, schreibt er nicht nur, der Autor des *Werthers* lebe »in einem beständigen innerlichen Krieg und Aufruhr, da alle Gegenstände aufs heftigste auf ihn wirken«. Er stellt auch fest, Goethe habe den Geist und Sinn »eines Athleten«. Letzteres ist auch der Grund, warum er ihn sofort für die richtige Wahl hält, als Mentor des jungen Regenten Karl August die Geschicke von Weimar mitzulenken. Goethe ist eine Kämpfernatur. Er hat ein Bewusstsein von seinen Schwächen und Stärken, aber auch davon, im Wettbewerb mit anderen zu stehen. Zeitlebens ist es ihm um Selbstbehauptung zu tun, sei es als Schriftsteller, als Politiker, als Wissenschaftler oder einfach als Mensch, dem es mehr als auf alles andere auf sein eigenes Leben ankommt.

»LASST MIR LUFT, DASS ICH REDEN KANN«

Aus Straßburg zurück, schmiss der kurz vor seinem zweiundzwanzigsten Geburtstag stehende Goethe eine Party. Und wie es sich für einen jungen Mann aus gutem Hause gehörte, fand diese in der Beletage seines Elternhauses statt. Der Vater ließ sich nicht lumpen und kam für Speis, Trank und Musik auf. Anlass war der Namenstag William Shakespeares nach deutschem, protestantischem Kalender. Zwei Jahre zuvor hatte es eine »Fête de Shakespeare« in dessen Geburtsstadt Stratford-upon-Avon gegeben. In Deutschland war es das erste Event dieser Art. Goethe schrieb dafür eine Rede, die erst gut zwei Jahrzehnte nach seinem Tod veröffentlicht wurde.

»Dieses Leben, meine Herren«, so beginnt sie, »dieses Leben ist für unsre Seele viel zu kurz.« Jeder Mensch, »der geringste wie der höchste, der unfähigste wie der würdigste«, werde eher alles anderen müde, »als zu leben«. Doch keiner erreiche sein Ziel. Das Glück könne ihm so lange hold sein, wie es wolle: Endlich fällt er doch »in eine Grube, die ihm, Gott weiß wer, gegraben hat, und wird für nichts gerechnet«.

Das Leben ist nicht nur endlich, es zählt auch nicht. Für den, der sich gerade aufmacht, ein eigenes Leben zu führen, ist das die größte aller denkbaren Zumutungen. Deshalb wiederholt Goethe diese niederschmetternde Einsicht gleich darauf und versieht sie mit einem Ausrufungszeichen: »Für nichts gerechnet!«

Doch glaubt er auch zu wissen, was dem Gedanken der Sinnlosigkeit und Vergeblichkeit des Lebens Paroli zu bieten vermag. Goethe nennt es unmittelbar darauf, mit einem weiteren Ausrufungszeichen versehen: »Ich!« Und fügt erläuternd hinzu: »Der ich mir alles bin, da ich alles nur durch mich kenne!« So rufe jeder, der sich fühle, und mache »große Schritte durch dieses Leben.«

Woran können wir uns in einer Situation, in der alles ungewiss und vergeblich erscheint, noch halten? Goethe hat für sich diese Frage sehr früh und sehr klar beantwortet: allenfalls an uns selbst. Wenn Herkunft, Milieu, sozialer Status oder Ideologien als Identifikationszentren ausfallen, ist das einzige verbleibende Identifikationsobjekt das Selbst. Was zählt fürs Leben, verdanke ich mir selbst – das ist fortan ein Kerngedanke jugendlicher Rebellen.

Doch so souverän der Rebell sich gibt, er ist zugleich anlehnungsbedürftig. Er sucht Vorbilder, die die beschränkte Welt seiner Herkunft übersteigen – das war damals und ist bis heute so. Die Idole der Jugend wechseln, ihre Funktion bleibt gleich, ob sie nun Shakespeare, Schiller, Winnetou, Che Guevara oder Eminem heißen: Sie sind ein Schutzmantel, unter dem sich die eigene, noch unfertige Persönlichkeit wie in einem Kokon formen kann, bis sie eines Tages das Gehäuse des Idols sprengt und ins Freie schlüpft.

Idole sind nah und fern zugleich. Die erste Seite, die er von Shakespeare gelesen habe (und er hatte zu diesem Zeitpunkt wenig mehr von ihm gelesen als diese eine Seite), diese erste Seite, sagt Goethe, »machte mich auf Zeitlebens ihm eigen. Ich erkannte, ich fühlte aufs lebhafteste meine Existenz um eine Unendlichkeit erweitert …«.

Shakespeare war für den jungen Goethe ein Schrittmacher und Grenzüberschreiter. Sein Name steht für eine entfesselte Kunst, die sich über die damals an den Universitäten gelehrten Regeln und Kanons hinwegsetzt, die nah dran ist an den Gefühlen und Gedanken der Menschen, nah vor allem an den eigenen Gefühlen und Gedanken. »Natur! Natur!«, ruft Goethe: »nichts so Natur als Shakespeares Menschen.« Und bittet seine Zuhörer: »Lasst mir Luft dass ich reden kann.«

Goethes Rede zum Shakespeare-Tag ist nicht nur ein literarisches, sie ist auch ein existenzielles Manifest. Er nennt ihn den »größten Wanderer« in Anspielung darauf, dass die Freunde ihn, Goethe, so nannten. Und er vergleicht ihn mit dem Feuerbringer und Titanen Prometheus, den er sich selbst zum Symbol der Rebellion gegen jede Form von Autorität erkoren hat, welche sich anmaßt, ihm zu sagen, wie er zu leben und zu dichten habe.

Am Shakespeare-Tag feierte Goethe zugleich seinen persönlichen Unabhängigkeitstag. In Shakespeare hatte er die Möglichkeit entdeckt, die literarische Begabung, die er in sich verspürte, zur Grundlage des eigenen Lebens zu machen. Und davon sollte ihn nichts und niemand mehr abbringen.

II.

WIE MAN EINE LEBENSKRISE MEISTERT – UND DABEI ZUM AUTOR WIRD

»Sieh Lieber, was doch alles Schreibens Anfang und Ende ist, die Reproduktion der Welt um mich, durch die innre Welt, die alles packt, verbindet, neuschafft, knetet und in eigner Form, Manier wieder hinstellt, das bleibt ewig Geheimnis, Gott sei Dank, das ich auch nicht offenbaren will den Gaffern und Schwätzern.«

GOETHE AN FRIEDRICH HEINRICH JACOBI,
DEN DÜSSELDORFER FREUND, AM 21. AUGUST 1774

Der Entschluss, ein eigenes, unverbrauchtes, einzigartiges, kurz: ein individuelles Leben zu führen, ist ein erster Schritt. Doch Unabhängigkeitserklärungen wie die des jungen Goethe am Shakespeare-Tag sind eine Momentaufnahme, kein Dauerzustand. Die Frage, die sich sofort einstellt, lautet: Wie soll es denn aussehen, das eigene Leben? Wer oder was gibt Orientierung, wenn nicht mehr jene Sozialformen, die vorherige Generationen vorgelebt haben? Das eigene Leben ist nach einer Formulierung des Soziologen Ulrich Beck zunächst nur eine Leerstelle, die eine Gesellschaft hinterlässt, die der nachwachsenden Generation keine verbindlichen Angebote mehr macht, jedenfalls keine, die deren Erwartungen ans Leben entsprechen.

Goethe hat in dieser Situation eine Zeit lang mit der Religion geliebäugelt. Die Depression im Anschluss an seine Leipziger Studentenzeit trieb ihn in die Arme des Pietismus. Dort machte er intensive Bekanntschaft mit einer Frömmigkeit, die auf das Leben einwirken, es verwandeln wollte. Das Gemeinschaftsgefühl, dem er dort begegnete, hat ebenso zu seiner Heilung beigetragen wie der allem Religiösen eigentümliche Perspektivenwechsel: auf das zu sehen, was unsere Vorstellungskraft übersteigt, statt um das eigene Befinden zu kreisen. Die Abkehr von äußeren Attributen wie Macht und Erfolg, stattdessen die Hinwendung zu inneren Werten und solchen, die unser Bewusstsein transzendieren – alles das macht Religion bis auf den heutigen Tag nicht nur für junge Menschen attraktiv.

Schon bald wandte sich Goethe von den pietistischen Kreisen wieder ab, weil er mit ihrer Sektiererei und ihrem Sündenbewusstsein nichts anzufangen wusste. Die Energien jedoch, die der Glaube freisetzen kann, beeindruckten ihn nachhaltig. Aus dieser Phase brachte er den Gedanken mit, dass nur eine Lebensorientierung, die den ganzen Menschen anspricht, auch seine Ängste und Nöte, und diese negativen in positive Gefühle zu verwandeln versteht, seiner Generation etwas zu sagen und überhaupt eine Zukunft hat. Was seien »die tausendfältigen Religionen anders als tausendfache Äußerungen« jener Heilungskraft, die die Natur »in die Existenz eines jeden lebendigen Wesens« gelegt habe, wird er Jahre später, am 4. Oktober 1782, gegenüber dem reformierten Pfarrer und charismatischen Prediger Johann Caspar Lavater bekennen.

Je stärker er sich als Dichter profilierte – zuerst im Freundeskreis, später auch in gedruckter Form –, desto mehr übertrug Goethe die Energien des Glaubens auf die Literatur. Goethe war, was man bibelfest nennt – mit den Geschichten und Lebensweisheiten des Alten wie des Neuen Testaments war er aufgewachsen. Mit der Bibel lernte er – wie in protestantischen Elternhäusern üblich – Lesen und Schreiben; sie war seine Fibel. Spuren davon finden sich in seinen literarischen Texten ohne Zahl. Sie sind jedoch keineswegs ein Beleg für seine Gläubigkeit; bereits mit Anfang zwanzig hat Goethe einen naiven so gut wie einen metaphysischen Gottesglauben abgelegt. Vielmehr setzt er das Verfahren der Überblendung gewöhnlicher Ereignisse mit elementaren christlichen Mustern als Stilmittel ein. Es verleiht seinen

Texten ein Pathos, das die zeitgenössischen Leser ungeheuer beeindruckte. Sein berühmtestes Werk, das in diesen Jahren entsteht – der Briefroman *Die Leiden des jungen Werthers* –, wendet mit großer Konsequenz Elemente der Passionsgeschichte Jesu auf den an einer unrealisierbaren Liebe leidenden Werther an. Selbst sein Suizid trägt Züge eines Opfertods, was das ohnehin schon vorhandene Skandalpotenzial des Buches noch erhöhte.

Religiöse, geradezu eschatologische Erwartungen wurden an den jungen Goethe aber auch von außen herangetragen. Viele, die ihm begegneten und ihn hörten, sahen in ihm ein »Genie vom Scheitel bis zur Fußsohle« oder sogar einen »Besessenen«. Als Goethe einmal in Gießen, anfangs unerkannt, an einer Versammlung von Pionieren des damals in den Kinderschuhen steckenden Literaturbetriebs teilnimmt und in einer aufsehenerregenden Rede die literarischen Erscheinungen mit Naturphänomenen vergleicht, Bild auf Bild häufend und im Überschwang kein Ende findend, berichtet ein Teilnehmer von diesem Ereignis in einem Ton, als habe die Gesellschaft soeben das Auftreten eines neuen Propheten erlebt. Dem, »der Goethe nicht gesehen noch gehört« habe, so ein anderer, könne man unmöglich »etwas Begreifliches über dieses außerordentliche Geschöpf Gottes« mitteilen.

In einer Zeit, deren Alltag noch stark von christlichem Gedankengut geprägt war und in der viele, häufig falsche Propheten die Erwartungen der Menschen für ihre Zwecke zu mobilisieren wussten, führten solche Erlebnisse zu abenteuerlichen Deutungen. Man verglich sein Auftreten mit dem des jungen Jesus vor den Schriftgelehrten im Tempel. Ein anderer Bekannter meinte, noch nie habe er das Gefühl der Jünger von Emmaus im Evangelium so gut mitempfinden können, als sie von Jesus sagten: »Brannte nicht unser Herz in uns, als er mit uns redete?« Er schließt seine hymnische Auslassung mit der Aufforderung: »Machen wir ihn immer zu unserm Herrn Christus, und lassen Sie mich den letzten seiner Jünger sein!«

Goethe begegnete der überschwänglichen Erwartungshaltung an seine Person anfangs mit Enthusiasmus, später mit zunehmender Skepsis. Er war eine Rampensau, aber kein Heilsbringer. Als Schriftsteller war sein Anliegen gerade nicht, Jünger um sich zu scharen, sondern seine Leser dort zu erreichen, wo ihr Herz schlug und ihre Lebensader pulsierte, wo er ihre Abgründe und Bedrängnisse vermutete. Hier sollte sie die Botschaft seiner Dichtung erreichen und sie verwandeln. Und er wusste natürlich: Auch seine Leserinnen und Leser waren mit der Bibel als Basiswerk der Lebensdeutung aufgewachsen.

In diesem Bewusstsein spricht er bereits in jungen Jahren von der Literatur als seinem Evangelium. Wohl als eine rein weltliche frohe Botschaft, die keinerlei Ansprüche an religiöse oder gar theologische Wahrheit erhebt. Aber als ein Evangelium immerhin, das »uns von den irdischen Lasten zu befreien weiß, die auf uns drücken«, wie er das später in *Dichtung und Wahrheit* formuliert hat. Literatur mag das wohl schon immer gekonnt haben. Ein Bewusstsein davon, dass genau das ihre Aufgabe sein könnte, existiert indessen erst seit der Goethe-Zeit. Vorher war die Frage nach dem Sinn des menschlichen Lebens, frei nach Goethes *Faust*, stets die Gretchenfrage gewesen: »Wie hältst du es mit der Religion?« Jetzt bekommt die Religion eine ernsthafte Konkurrentin – die Literatur.

»DER KALTE, SCHRECKLICHE KELCH«

Wenn Goethe seine Literatur als ein Evangelium auffasst, so bedeutet das jedoch nicht, dass die Geschichten, die seine Schauspiele und der Roman von den Leiden des jungen Werthers erzählen, gute Laune verbreiten und positives Denken lehren. In der Regel haben sie noch nicht einmal ein Happy End. Die literarische Vorliebe des jungen Goethe galt sozialen Außenseitern, die von der Idee beseelt sind, ein eigenes Leben zu führen, und an den Bedingungen scheitern, unter denen sie dies tun können. Das verbindet den Raubritter Gottfried von Berlichingen, in dessen Rufnamen Götz die Zeitgenossen auch den Namen des Autors des Stücks mithörten, mit dem sozialen Aufsteiger Clavigo, dem flüchtigen Kindsvater Faust und dem Trio infernale von *Stella*, des »Schauspiels für Liebende«.

Der große Erfolg, den Goethe schon bald mit seinen Dichtungen verbuchte, hatte damit zu tun, dass die jungen Leute, die seine Texte verschlangen, darin sich selbst und ihre elementaren Schwierigkeiten mit dem Leben wiedererkannten. Natürlich hat jeder seine ganz individuellen Probleme und verfügt über einen einzigartigen Gefühlshaushalt. Aber bei jungen Menschen ungefähr gleichen Alters und ähnlicher Bildung – kurz: bei den Mitgliedern einer Generation – ist die Schnittmenge relativ groß. Und das schon deshalb, weil die hohen Erwartungen an das Leben, die die meisten haben, über kurz oder lang bei allen zu tiefen Enttäuschungen führen. Goethes Schriftstellerkollegen Jakob Michael Reinhold Lenz war es vorbehalten, auszudrücken, was dessen Literatur, gerade auch *Die Leiden des jungen Werthers*, so herausstellt: uns »mit Leidenschaften und Empfindungen« bekannt zu machen, »die jeder in sich dunkel fühlt, die er aber nicht mit Namen zu nennen weiß«.

Beim *Werther*, dem einzigen Roman aus dieser Zeit, signalisiert schon der Titel, dass wir es mit einer Leidensgeschichte zu tun bekommen. Gerade dieses Buch zeigt, wie ernst es Goethe mit dem Verständnis seiner Literatur als Evangelium war. Wie die frohe Botschaft, von der die christlichen Evangelien erzählen und auf die sich eine ganze Religion beruft, ist auch diese hier aufs Engste mit dem Leiden und Sterben der Hauptperson verknüpft. Werther ist ein neuer Jesus und seine Passion die Geschichte eines Menschen wie du und ich, der an der Unmöglichkeit der Liebe und der Gleichgültigkeit der Welt leidet. »Ich will sterben!«, schreibt er an die bereits mit einem anderen verlobte Geliebte: »Es ist nicht Verzweiflung, es ist Gewissheit, dass ich ausgetragen habe, und dass ich mich opfere für dich.« Wie der Jesus des Johannes-Evangeliums erkennt er, dass seine Zeit gekommen ist und dass der »kalte, schreckliche Kelch« nicht an ihm vorübergehen wird. Allerdings erhält er den Kelch des Todes nicht von Gott, sondern von der Geliebten, und er wird nicht verurteilt und gekreuzigt, sondern erschießt sich selbst. Werthers Leiden werden in religiösen Bildern vergegenwärtigt, aber sie haben kein religiöses Fundament.

Dennoch sind diese Leiden eines Selbstmörders in Goethes Augen nicht weniger bedeutsam und gerechtfertigt als die Leiden des Gottessohnes. Diese unterschwellige Botschaft seines Romans führte nicht nur zu dessen vehementer Ablehnung vor allem seitens gläubiger Menschen. Sie erklärt auch den rasch einsetzenden Werther-Kult: Die Menschen pilgerten zu seinem »Grab«, verehrten Werther und Lotte als ideales Liebespaar. Intuitiv verstanden sie die frohe Botschaft von Werthers Leiden: An der Liebe und an der Welt zu leiden, was junge Leute damals wie heute tun, ist nicht etwas, wofür wir uns schämen müssen, das uns zu wertlosen Wesen macht. Leiden ist überhaupt kein Einwand gegen das Menschsein. Schon nach christlicher Vorstellung entwürdigt uns das Leiden nicht. Es beweist gerade nicht, dass der Mensch eine erbärmliche Kreatur ist, sondern führt ihn an eine Grenze, an der allein er auf Rettung hoffen darf. Der Mensch ist nur da ganz Mensch, wo er leidet. Ohne Kreuzigung keine Auferstehung, ohne Passion kein Heilsgeschehen. Worin aber sollten Heil und Heilung im Fall eines Selbstmörders bestehen, an dessen blutigem Lebensende sich kein Grab auftut und kein Held erwacht?

»ICH WILL STERBEN!«

Goethe hat Werthers Entschluss vorbereitet, lieber aus dem Leben zu gehen als ein für ihn sinnlos gewordenes Leben zu führen. Bereits in einer guten Phase, als er, inspiriert durch das Verliebtsein in Lotte, »so glückliche Tage« verlebt, »wie sie Gott seinen Heiligen ausspart«, hat er eine Auseinandersetzung mit seinem Rivalen Albert über die Frage des Suizids. Der kann darin nur Schwäche und Laster sehen; wer sich das Leben nimmt, ist schlicht zu feige zum Leben. Werther hingegen vertritt die Ansicht, der Entschluss zum Suizid erwachse aus einer Spannung, die sich entladen müsse. In seinem Brief vom 12. August vergleicht er ihn mit »großen Handlungen« wie der, gegen das »unerträgliche Joch eines Tyrannen« aufzubegehren und die Ketten zu zerreißen. Das sei genauso wenig Schwäche zu nennen wie »in der Wut der Beleidigung es mit sechsen« aufzunehmen und sie zu überwältigen. »Und, mein Guter, wenn Anstrengung Stärke ist, warum soll die Überspannung das Gegenteil sein?« Der Leser aber hat zu diesem Zeitpunkt Werther bereits gut genug kennengelernt, um an ihm genau jene Überspannung wahrzunehmen, von der er hier redet und an der er folgerichtig auch zugrunde geht.

Werthers Suizid ist also keineswegs eine Kurzschlusshandlung. Goethes Roman ist nicht nur das erste bedeutende Werk der Literatur, dessen Held ein Selbstmörder ist, es enthält auch Einsichten in die Dynamik der Suizidentwicklung, wie sie dann erst wieder die Psychiatrie in der zweiten Hälfte des 20. Jahrhunderts formuliert hat. In einem ersten Stadium wird danach die Möglichkeit eines Suizids in Erwägung gezogen – das geschieht in dem erwähnten Gespräch mit Albert. Schon Goethe hat mit dem bis heute bestehenden Aberglauben aufgeräumt, wer von Selbstmord spreche, tue es nicht, und wer es tun wolle, spreche nicht davon. Ein zweites Stadium hat der Basler Psychiater Walter Pöldinger »Ambivalenz« genannt. Hier kommt es zum Kampf zwischen Selbsterhaltung und Selbstzerstörung. Werther nimmt in dieser Phase eine berufliche Tätigkeit an – sichtbares Zeichen seines Versuches, am Leben festzuhalten und sich in ihm zu bewähren. Doch er scheitert an den »fatalen bürgerlichen Verhältnissen«, wie er sie nennt, aber auch an seiner Unfähigkeit, es dort auszuhalten, wo er nicht so, wie er ist, mit all seiner Launenhaftigkeit und Unbeständigkeit, geliebt wird, sondern Widerstände überwinden müsste, um als einer, der sich in seinem Beruf bewährt, anerkannt zu werden.

Nach der Rückkehr in die Nähe Lottes beginnt dann die

todestrunkene *Ossian*-Dichtung Werthers sowieso schon angeschlagenes Gemüt zu überschwemmen. *Ossian* war vermeintlich ein altgälisches Epos aus der keltischen Mythologie, das damals Goethes gesamte Generation in den Bann zog, trotz der bereits seit Mitte der 1760erjahre geäußerten Zweifel an seiner Echtheit. Als Lotte, Alberts Verlobte, Werther dann endgültig zurückweist, kommt es bei ihm zum Entschluss – dem dritten und letzten Stadium der Suizidentwicklung. Daraufhin tritt eine eigentümlich Beruhigung bei Werther ein, die seine Umgebung über seine Pläne hinwegtäuscht – selbst noch in dem Augenblick, in dem er sich von seinem Rivalen Albert jene Pistolen leiht, die bereits bei ihrem Disput über den Suizid eine Rolle gespielt hatten.

Am Ende begrüßt Werther enthusiastisch den Umstand, dass die Waffe, mit der er sich erschießen will, noch durch die Hände der Geliebten gegangen ist. Dabei ist er kühl bis in die Fingerspitzen. »Alles ist so still um mich her, und so ruhig meine Seele. Ich danke dir, Gott, der du diesen letzten Augenblicken diese Wärme, diese Kraft schenkest«, notiert er. Er steht nicht unter Drogen, hat selbst von dem Wein in seinem Zimmer lediglich ein Glas getrunken, worauf der Herausgeber seiner Briefe ausdrücklich hinweist. Ja, er vergisst nicht einmal, als Denkzettel für die Nachwelt, *Emilia Galotti* aufgeschlagen auf sein Schreibpult zu legen, jenes Trauerspiel von Lessing, in dem die Heldin sich lieber von ihrem Vater erdolchen lässt, als ihre Unschuld zu verlieren. Man kann das alles zusammen geradezu als Apologie des Selbstmords verstehen. Jedenfalls führte es dazu, dass Goethes Roman in einigen Regionen Deutschlands zeitweise verboten war, und forderte insbesondere die Aufklärer alter Schule zu Gegenentwürfen heraus. In Friedrich Nicolais 1775 erschienener Parodie *Freuden des jungen Werthers* etwa erschießt sich der Held nur zum Schein und bringt dadurch Lotte dazu, ihre Partnerwahl noch einmal gründlich zu überdenken.

Trotz der im Augenblick leidenschaftlich geführten Debatte um den assistierten Suizid am Lebensende erreicht in unserer Gesellschaft der Anteil von Selbsttötungen an den Todesursachen sein Maximum weiterhin bei jungen Erwachsenen. Bei ihnen kommt der Suizid gleich an zweiter Stelle hinter dem Tod im Straßenverkehr. Und unter den Jungen sind es vor allem Männer, die ihrem Leben selbst ein Ende setzen, dreimal so viele wie Frauen.

Das war in den 1770erjahren nicht grundlegend anders. Nur dass ein Suizid damals nicht mit psychologischen Kriterien analysiert und als letzter Ausweg bei einer gravierenden seelischen Störung oder einer tödlichen Krankheit am Lebensende verstanden, sondern aus religiösen, moralischen und nicht zuletzt juristischen Gründen verurteilt wurde: Hand an sich selbst zu legen galt nicht nur als eine schlechthin verwerfliche, sondern als eine geradezu kriminelle Handlung, die das göttliche Geschenk des Lebens zurückwies und mit dem sich der Betreffende automatisch aus der menschlichen Gemeinschaft ausschloss. »Kein Geistlicher hat ihn begleitet«, lautet der in seiner lakonischen Nüchternheit unübertroffene letzte Satz von Goethes Roman.

»WERTHER MUSS – MUSS SEIN!«

Für Werther hatte Goethe zwei Vorbilder: neben der eigenen Person noch die des Gesandtschaftssekretärs Karl Wilhelm Jerusalem, gut zwei Jahre älter als er. Dessen Bekanntschaft hatte er bereits in Leipzig gemacht; die beiden waren sich nicht sonderlich sympathisch gewesen. In Wetzlar dann trafen sie sich im Sommer 1772 erneut. Goethe sollte am dortigen Reichskammergericht ein unbezahltes Praktikum absolvieren, um sich auf die Tätigkeit eines Frankfurter Advokaten vorzubereiten. Soviel wir wissen, hat er während seines viermonatigen Aufenthalts das Gericht nie von innen gesehen. Mit der durchaus erwünschten zeitweiligen Entfernung aus dem Frankfurter Vaterhaus verband er eigene Pläne; etwa »den Homer, Pindar usw. zu studieren und was sein Genie, seine Denkungsart und sein Herz ihm weiter für Beschäftigungen eingeben würden«. So notierte es jedenfalls Johann Christian Kestner, Jurist wie Goethe, der als Legationssekretär am Reichskammergericht seit Jahren einer geregelten Beschäftigung nachging. Der acht Jahre Ältere stand kurz vor der Familiengründung; seine Verlobte war eine gewisse Charlotte Buff, die zweitälteste Tochter des Amtmanns am Wetzlarer Deutschordenshof. Die hübsche junge Frau hatte eine frische, ungezwungene Art, die Goethe so gut gefiel, dass das von Kestner erwähnte »Herz« Beschäftigungen nachging, die dem Bräutigam kaum gefallen konnten. Es begann mit einem Ball auf dem Lande, bei dem Kestner erst spät vorbeischaute, weil er eine Erbschaftsangelegenheit zu regeln hatte, die den finanziellen Grundstock für die Familiengründung bereitstellen sollte. Und endete mit der überstürzten Abreise Goethes aus Wetzlar vier Monate später, nachdem man am Abend zuvor zu dritt wehmütig über die Frage eines Wiedersehens nach dem Tod gesprochen hatte. Wer den *Werther* gelesen hat, ist mit den näheren Umständen vertraut; insbesondere im ersten Teil des Briefromans hat Goethe die Dreiecksbeziehung literarisch verarbeitet.

Während Goethe also seiner Sommerliebe nachgeht, studiert Jerusalem am Wetzlarer Reichskammergericht Prozessführung und lässt sich ebenfalls auf ein Verhältnis ein, in seinem Fall zu einer verheirateten Frau. Über die Ereignisse des Sommers beginnt schon langsam Gras zu wachsen, da erhält Goethe Anfang November einen Brief von Kestner, der mittlerweile die junge Lotte geheiratet hat: Jerusalem hat sich umgebracht. Anlass war wohl die Verzweiflung über seine ausweglose Liebe. Die Pistolen für den Suizid hat ihm ausgerechnet Kestner geliehen. Dieser setzt zu seiner Rechtfertigung einen ausführlichen Bericht über den Hergang auf, den er Goethe auf dessen Bitten hin zusendet. »In diesem Augenblick«, so Goethe, »war der Plan zu Werthern gefunden, das Ganze schoss von allen Seiten zusammen und ward eine solide Masse, wie das Wasser im Gefäß, das eben auf dem Punkt des Gefrierens steht, durch die geringste Erschütterung gleich in ein festes Eis verwandelt wird.«

Goethe hat Kestners Rechenschaftsbericht für seinen Roman weidlich ausgeschlachtet. Obwohl (oder vielleicht gerade weil) er sich als Originalgenie sah, ist er nicht davor zurückgeschreckt, teilweise wörtlich daraus abzuschreiben. Selbst die berühmt gewordene »Werther-Uniform« – blauer Rock mit gelber Weste –, in der der arme Kerl am Morgen nach dem nächtlichen Suizid in einer Blutlache gefunden wird – wohlgemerkt noch röchelnd –, leitet sich von Jerusalem ab. Goethe hat es offensichtlich darauf angelegt, uns ein realistisches, an der Wirklichkeit und an den Fakten orientiertes Bild seiner fiktiven Figur zu geben. Vielleicht hat er in seinem *Werther* nicht ganz so viel abgeschrieben, wie man der jungen Helene Hegemann vorwarf, als ihr Debüt *Axolotl Roadkill* 2010 ein großer Erfolg wurde. Aber er war mindestens genauso nah und hart an der Wirklichkeit dran wie Maxim Biller in *Esra*, seinem 2003 erschienenen Roman, dessen Verbreitung in mehreren Instanzen (bis zur höchsten) auf dem Gerichtswege untersagt wurde, weil hier reale Personen erkennbar zum Gegenstand einer medialen Darstellung würden.

Nach Erscheinen des *Werthers* im Herbst 1774 hat das Ehepaar Kestner entsetzt reagiert. Kestner sah in Werthers Gegenspieler Albert eine Karikatur seiner selbst; vor allem aber warf er Goethe vor, Privates nur schlecht verhüllt ans Licht der Öffentlichkeit gezerrt zu haben. Heute hätte er wahrscheinlich, Jurist, der er war, den Rechtsweg beschritten; denn er hatte ohnehin noch eine Rechnung mit Goethe offen. Und womöglich wären *Die Leiden des jungen Werthers* auf längere Sicht verboten worden, weil der Roman das Persönlichkeitsrecht des Ehepaars Kestner verletzte, die hier ja erkennbar zum Gegenstand einer medialen Darstellung wurden. Ständig, ja zeitlebens wurden sie auf den Roman und das darin erzählte Geschehen angesprochen: »Wie war das denn seinerzeit wirklich mit Goethe? Mir könnt ihr es ruhig erzählen!«

Und wie reagierte das Genie, als ihm ein geharnischter Brief Kestners in dieser Sache so richtig einzuheizen versuchte? »Ihr Kleingläubigen!«, schrieb er am 21. November 1774 zurück: »Werther muss – muss sein! – Ihr fühlt *ihn* nicht, ihr fühlt nur *mich* und *euch* …« Um der Gefahr seines eigenen Lebens willen würde er Werther nicht zurückrufen. Das sind starke Worte. Mit ihnen gibt er den Freunden nicht nur zu verstehen, dass Werther inzwischen eine öffentliche Seele geworden sei, an deren Bestandteilen sie alle drei ihre Eigentumsrechte verloren hätten. Er weist auch auf eine existenzielle Bindung hin, die zwischen ihm und seiner Figur besteht und die er höher stellt als die irgendwie doch auch verständliche Verletztheit seiner Freunde.

DIE ZURÜCKWEISUNG

Goethes Werther ist gewiss kein von Störungen und sonstigen psychischen Schäden besonders verschontes Individuum. Was haben psychologisch versierte Interpreten nicht alles bei ihm diagnostiziert: Narzissmus, bipolare Störung, infantile Sexualität, Antriebsschwäche, verschiedene Formen von Wahn, um nur die geläufigsten Deutungsmuster zu nennen. Dabei wird in der Regel übersehen, dass es eine uns allen vertraute, vollkommen unpathologische Grunderfahrung Werthers gibt, die sowohl seine Liebe zu Lotte als auch seine Erfahrungen mit der Gesellschaft umspannt und die die existenzielle Grunderfahrung der Generation Goethe war: die der Zurückweisung. Die Gesellschaft, von der er respektiert werden möchte, weist Werther genauso zurück, wie es Lotte mit seinem leidenschaftlichen Liebesverlangen tut. Man braucht keineswegs im 18. Jahrhundert gelebt zu haben, um das zu verstehen. Männer oder Frauen, die an Liebeskummer leiden oder sich in ihrem Streben nach sozialer Anerkennung betrogen fühlen, können Goethes Roman bis heute mit ebenso viel Gewinn lesen, wie eher unsympathische Zeitgenossen, die sich als Stalker versuchen möchten. Lotte legt bei der Zurückweisung Werthers zwar mehr Feingefühl an den Tag als der Gesandte, der Werther so zusetzt, dass er seinen Abschied nimmt – aber letztlich läuft es auf dasselbe hinaus. Auch Lotte fällt am Ende nichts mehr ein, als den drängenden Werther zur Mäßigung seiner Ansprüche zu ermahnen: »Warum mussten Sie mit dieser Heftigkeit, dieser unbezwinglich haftenden Leidenschaft für alles, das Sie einmal anfassen, geboren werden«, klagt sie ihn an. Und indem sie seine Hände nimmt, fährt sie fort: »Ich bitte Sie, mäßigen Sie sich, Ihr Geist, Ihre Wissenschaft, Ihre Talente, was bieten die Ihnen für mannigfaltige Ergötzungen dar! Sein Sie ein Mann, wenden Sie diese traurige Anhänglichkeit von einem Geschöpfe, das nichts tun kann als Sie bedauren.«

Und wie reagiert Werther? Er wendet sich ab. In diesem Moment erkennt er, »dass er sich zum Glücklichsein vom Leben trennen müsste, da es nichts für ihn bereithielt«. So hat es Péter Nádas in seinem 2012 erschienenen Roman *Parallelgeschichten* formuliert. Nur kurze Zeit später reift in Werther der Entschluss zum Suizid.

Anders als Goethe destilliert Werther keinen Roman aus seinen negativen Erlebnissen mit einer Welt, die sein Werben um Liebe und Anerkennung ignoriert. Stattdessen tötet er sich. Insbesondere das unterscheidet ihn von seinem Autor. Statt sich umzubringen oder jedenfalls weiterhin mit dem Gedanken des Suizids zu kokettieren, schreibt Goethe den *Werther*. Er hat das selbst so gesehen: »Durch diese Komposition«, die alles, was er über den Selbstmord, »empfunden, gedacht und gewähnt hat«, zur Sprache bringt, habe er sich »mehr als durch jede andere, aus einem stürmischen Elemente gerettet«, schreibt er in *Dichtung und Wahrheit.* »Ich fühlte mich, wie nach einer Generalbeichte, wieder froh und frei, und zu einem neuen Leben berechtigt.« Goethe spricht sogar von einem »alten Hausmittel«, das ihm »diesmal vortrefflich zu statten gekommen« sei. Schon damals, er war immerhin erst vierundzwanzig, erfuhr er die therapeutische Wirkung der Literatur augenscheinlich nicht zum ersten Mal, sondern hatte von ihr schon mehrfach Gebrauch gemacht.

Nimmt man dieses Bekenntnis ernst, so ist Literatur nicht etwas, worin sich ein Genie austobt, sondern ein geniales Mittel, um sich von tiefgehenden Enttäuschungen und Verletzungen zu kurieren, die dem Leben seinen Sinn nehmen und den Betreffenden schlimmstenfalls sogar in den Suizid treiben können. Die Dinge aufzuschreiben, vor allem aber, ihnen im Aufschreiben eine Form zu geben, preist Goethe als den ihm gemäßen Weg, mit dem Leben und einer Wirklichkeit zurechtzukommen, die auf das Verlangen nach Sinn nur mit Zurückweisung reagiert. Und das ist auch die tiefere psychologische Bedeutung, warum er von ihr als Evangelium spricht.

GOETHES SYSTEM

Als Lord Bristol, ein überaus reicher englischer Aristokrat, 1797 auf der Durchreise durch Jena ist, kommt es zu einem Treffen mit Goethe. Wie häufig bei solchen Gelegenheiten kommt das Gespräch auf *Die Leiden des jungen Werthers.* Selbst jetzt, da Goethe bereits auf die fünfzig zugeht, ist der frühe Roman weiterhin das bekannteste und meistverbreitete Werk des inzwischen international berühmten Schriftstellers; daran hat sich bis auf den heutigen Tag wenig geändert. Als dem pedantischen und moralisch pingeligen Lord, der zugleich auch Bischof von Derry ist, zum *Werther* nichts anderes einfällt als der dem Verfasser sattsam bekannte Vorwurf, er habe mit dem Roman zum Selbstmord aufgerufen, explodiert der sonst eher unaufgeregte Goethe unversehens. Die politischen Machthaber, so entgegnet er dem Lord in wohlgesetztem Französisch, würden die Menschen Kirchengesänge, »Großer Gott, wir loben Dich« und anderes, anstimmen lassen, wenn auf ihren Feldzügen Zehntausende fallen. Ginge es aber um ein Werk der Literatur, das höchstens das Leben von ein paar Dutzend Verrückten gefährdet, so nähmen sie sich heraus, es aus moralischen Gründen zu verurteilen. Wie viele tausend Opfer fordere etwa nicht das englische Handelssystem mit seiner Embargopolitik, deren unmittelbarer Nutznießer einer wie Lord Bristol war. Und Goethe schließt seine Suada mit der rhetorischen Frage: »Warum soll ich nicht auch einmal das Recht haben, *meinem* System einige Opfer zu weihen?«

1974, zweihundert Jahre nach dem Erscheinen des *Werthers*, hat der amerikanische Soziologe David P. Phillips den ursächlichen Zusammenhang zwischen der Berichterstattung über Prominentensuizide in den Medien und einem Anstieg der Suizidrate in der Bevölkerung nachgewiesen und auf den Namen »Werther-Effekt« getauft. Suizidforscher sprechen auch von »kognitiver Verfügbarkeit«, um den Nachahmungseffekt zu erklären, der von Berichten über Selbsttötungen, journalistischen wie literarischen, ausgeht. Dem hoffnungslos Verzweifelten können sie einen Ausweg weisen, verstärkt womöglich noch durch die Bewunderung, die er für denjenigen hegt, der ihm vorangegangen ist.

Hat Lord Bristol, so unsympathisch wir ihn finden mögen, also doch recht? Goethes Einwand, dass der Nachahmungseffekt extrem selten auftrete – »nur ein paar Dutzend Verrückte« –, erfolgte zu einer Zeit, in der es keine Massenmedien gab. Die damals bekannt gewordenen Fälle von Suizid infolge von *Werther*-Lektüre lassen sich in der Tat an den Fingern von zwei Händen abzählen. Wollen wir Goethes Argument weiterführen, so müssten wir dieser Zahl eigentlich eine andere entgegenhalten – die derjenigen, welche die Lektüre des *Werthers* als heilsam erlebt haben, so wie Goethe selbst nach eigenem Zeugnis den Schreibprozess; die sich durch die Begegnung mit Goethes Roman womöglich sogar von Suizidgedanken und -absichten befreit haben. Deren sicherlich nicht unbeträchtliche Menge lässt sich aber noch schwerer eruieren als die Zahl derer, bei denen die Lektüre tatsächlich dazu geführt hat, dass sie sich selbst töteten. Selbst der Umstand, dass sich bei der Leiche oder in ihrer Umgebung ein Exemplar des Buches fand, ist dafür ja allenfalls ein Indiz und streng genommen kein Beweis.

Goethes »System« rechnete mit einem anderen als dem Nachahmungseffekt. Namhaft gemacht hat ihn erstmals der griechische Philosoph Aristoteles am Beispiel der Tragödie. Er nannte ihn Katharsis und meinte damit das spezifische Lustmoment des Tragischen: Schauder und Jammer zu erregen und am Ende auch wieder davon zu befreien. Hier verläuft der Prozess genau umgekehrt: Statt zur Nachahmung anzuregen, führen die Darstellung und das Nacherleben von inneren Konflikten und verdrängten Emotionen, wie sie etwa mit einem Suizid verbunden sind, zur Entlastung davon und womöglich sogar zur Aufklärung über ihr Zustandekommen. In erster Linie wirkt also nicht das abschreckende Beispiel (wir erinnern uns an den in seinem Blut liegenden, noch am nächsten Morgen röchelnden Werther). Der eigentliche Heilungseffekt geht vielmehr vom virtuellen Durchleben und vom Durcharbeiten der Situation aus. Deren Wirkung ist desto stärker, je mehr ich mich mit dem Protagonisten identifiziere. Mag die Person auf dem Papier auch fiktiv sein, die Gefühle und Gedanken, die mich mit ihr verbinden, sind echt. Und so durchleide ich zusammen mit ihr das Geschehen, nur dass im Falle des *Werthers* am Ende nicht ich tot bin, sondern er tot ist – und damit lediglich eine fiktive Person. Ich hingegen fühle mich womöglich besser – von vormals dunklen, mich bedrängenden, mir aber nur halb bewussten Emotionen befreit, indem ich sie mir auf dem Umweg über die Literatur kognitiv verfügbar gemacht habe.

Der Katharsiseffekt ist in der Psychologie keineswegs unumstritten. Ausagieren allein führt jedenfalls nicht zur gewünschten Befreiung. Hinzu kommen muss ein Durchschauen der Zusammenhänge, wie es die Literatur allerdings provoziert. Aus jüngeren Erfahrungen mit dem assistierten Suizid am Lebensende oder bei lebensbedrohlicher Erkrankung wissen wir zudem, dass die Möglichkeit, dem eigenen Leben jederzeit ein Ende setzen zu können, bei den Betroffenen in der Mehrzahl der Fälle geradezu den gegenteiligen Effekt hat: Die Gewissheit eines letzten Auswegs hält sie am Leben. Am Ende verhindert die nicht nur kognitive, sondern die ganz praktische Verfügbarkeit des Suizids, dass der Betreffende sich selbst tötet.

Der von Goethe eingeschlagene Weg, sich mitilfe der Literatur aus dem seelischen Schlamassel zu ziehen, ist keineswegs nur wenigen Auserwählten vorbehalten. Die Therapie funktioniert auch ohne Genie. Vielleicht aber nicht ohne Literatur.

Jeder, der im Verlagswesen arbeitet, weiß: Die Dunkelziffer derjenigen, die schreiben, ist ungeheuer hoch. Sie muss es sein, denn alles spricht dafür, dass nur ein Bruchteil dessen, was im Privaten, und dort teilweise heimlich, an Manuskripten entsteht, auch die Verlage erreicht – und schon das ist ungeheuer viel, schätzungsweise das Hundertfache dessen, was dann tatsächlich veröffentlicht wird. Anders gesagt: Auf ein publiziertes kommen hundert bei Verlagen unverlangt eingehende, abgelehnte Manuskripte. Nehmen wir weiterhin an, nur jeder vierte, der schreibt, wendet sich überhaupt an einen Verlag. Auf fünfzehntausend Buchersterscheinungen im Bereich der Belletristik pro Jahr allein in Deutschland würden dann sechs Millionen ungedruckte Manuskripte kommen. Demnach wäre grob geschätzt jeder zwölfte Deutsche über vierzehn ein Autor. Wem diese Zahl zu hoch gegriffen scheint, dem sei gesagt: Sie dient hier lediglich dazu, einen Eindruck von der Verbreitung des Phänomens zu geben.

Jedenfalls muss das Verfassen von Manuskripten noch andere Antriebe haben als den Wunsch, veröffentlicht zu werden. Ein immer wieder genanntes Motiv ist, von Erlebnissen, guten wie schlechten, zu berichten. Nicht wenige empfinden das als Befreiung, zumal wenn sie ihre »privaten Erfahrungen literarisch geformt zur Sprache bringen«, wie Ulla Hahn das in einem Gespräch formuliert hat. Die bekannte Lyrikerin ist in ihrer zweiten Lebenshälfte zur Autorin eines großen, in weiten Stücken autobiographischen Epos geworden, von dessen vier geplanten Teilen bislang drei erschienen sind: *Das verborgene Wort*, *Aufbruch* und *Spiel der Zeit*. Dass sie sich öffentlich zu einer solchen Poetik der Lebensbewältigung bekannt hat, dürfte bei vielen ihrer Leserinnen und Leser selbst wiederum Schreibenergien freigesetzt haben.

»Im Grunde gehören weder Alter noch Bildung, selbst nicht Grammatik dazu«, meinte auch Ernst Jünger, ein Autor, der nicht dafür bekannt war, Bildung und Grammatik auf die leichte Schulter zu nehmen. Es gebe nur wenige, notiert er, »die nicht ein Mal davon träumten, einen Roman zu schreiben«. Natur sei hier beinahe alles, »daher gelingen Werke fast noch in der Pubertät. Oft sind die Farben kräftiger als später, die Charaktere stärker und einfacher, wie Marionetten«. Manches erinnere an »Sonntagsmalerei«. Das sind Beschreibungen, die so schon auf den *Werther*, aber auch auf zeitgenössische literarische Werke mit starkem autobiographischem Einschlag zutreffen, etwa Romane wie *Soloalbum* von Benjamin von Stuckrad-Barre oder *Faserland* von Christian Kracht, die man der Popliteratur zugerechnet hat.

Sich den Frust von der Seele zu schreiben (und dabei einen möglichst coolen Eindruck zu machen, worauf sich schon Goethe blendend verstand), ist jedoch nur ein Aspekt vom Schreiben als Lebensbewältigung. Ein anderer besteht in einem Rollentausch: anstatt den Umständen des Lebens hilflos ausgeliefert zu sein, schlüpft man in die Rolle des Autors des eigenen Lebens. Viele machen auf diese Weise überhaupt zum ersten Mal die Erfahrung, dass das Leben, von dem sie bislang den Eindruck hatten, es sei unkontrollierbar, wirklich das eigene Leben ist: Zwar hat man es auf diese Weise nach wie vor nicht in der Hand, aber im Schreiben wird es handhabbar. Der Schriftsteller und Professor am Deutschen Literaturinstitut Leipzig, Hans-Ulrich Treichel, meinte sogar, schreibend bereite es nicht nur Vergnügen, aus misslichen Erfahrungen bessere zu machen, sondern auch bessere Erfahrungen in missliche zu verwandeln. Wie bunt man es in dieser Hinsicht treiben mag: Schreibend das Leben zu meistern bedeutet auf jeden Fall einen Hinzugewinn an Souveränität und Kontrolle über das eigene Leben.

Das Schöne ist: Beide Erfahrungen – die Befreiung von Kummer und die Erlangung von Souveränität – lassen sich auch ganz unabhängig davon machen, ob dabei große beziehungsweise erfolgreiche Literatur oder nur Gebrauchstexte zum privaten Nutzen entstehen. Manchmal kommt es sogar vor, dass eine sehr konventionelle, weder auf »Bildung« noch auf »Grammatik« Rücksicht nehmende Schreibweise zu einem immensen Publikumserfolg führt. Und damit für den Autor oder die Autorin zu dem doppelten Gewinn, sich schreibend nicht nur von Hilflosigkeit befreit zu haben, sondern auch zu Anerkennung und einem durchs Schreiben ermöglichten Einkommen zu gelangen. Was wiederum eine gute, wenn auch keineswegs hinreichende Voraussetzung dafür ist, ein Leben nach eigenem Gusto führen zu können.

Beiden Aspekten begegnen wir bereits bei Goethe. Er ist ein ausgezeichnetes Beispiel dafür, dass ein Verständnis von Literatur als Lebensbewältigung keineswegs automatisch zu Dilettantismus oder dem Verzicht auf »Bildung« und »Grammatik« führen muss. Goethe selbst hat von seinen Werken als den »Bruchstücken einer großen Konfession« gesprochen. Näher besehen ist das mal mehr, mal weniger der Fall. Beim

Werther liegt der autobiographische Hintergrund zwar nahe, ist aber trotz des bekenntnishaften Tons wie auch bei seinen anderen, viel distanzierter erzählten Romanen nicht unmittelbar zugänglich, sondern bedarf der Erschließung durch zusätzliche Informationen. Bei den explizit autobiographischen Werken wie *Dichtung und Wahrheit* und der *Italienischen Reise*, die in den letzten Lebensjahrzehnten entstehen, ist er hingegen schon durch die Form offensichtlich. Und während er bei Dramen wie *Faust* oder der *Iphigenie* stark zurücktritt, hat Goethe beim *Tasso* selbst auf sein Vorhandensein insistiert. Von Johann Peter Eckermann gefragt, welche Idee er denn darin zur Anschauung bringen wollte, entgegnete er beinahe entrüstet: »Idee – dass ich nicht wüsste. Ich hatte das Leben Tassos, ich hatte mein eigenes Leben«, und indem er »zwei so wunderliche Figuren mit ihren Eigenheiten zusammenwarf«, sei in ihm das Bild des Titelhelden entstanden. Wie stark oder schwach aber auch der Zusammenhang des jeweiligen Werks mit dem eigenem Leben sein mag, immer geht es darum, »dem Wirklichen eine poetische Gestalt zu geben«, wie in *Dichtung und Wahrheit* zustimmend der Jugendfreund Johann Heinrich Merck zitiert wird, der zu einem frühen Zeitpunkt genau darin Goethes »unablenkbare Richtung« gesehen hatte.

Wir haben gesehen, dass sich der Anspruch, ein eigenes Leben zu führen, und ein Verständnis von Literatur als Lebensbewältigung bei Goethe parallel entwickeln. Er selbst hat frank und frei bekannt, das Schreiben habe für ihn die Funktion, »sowohl meine Begriffe von den äußeren Dingen zu berichtigen, als mich im Innern deshalb zu beruhigen«. Es ist keineswegs bloß Wiedergabe, vielmehr aktive Auseinandersetzung mit den Dingen des Lebens und mit der eigenen Geschichte. Durch den Prozess des Schreibens hindurchgegangen, bekommt das gelebte Leben einen anderen Charakter als zuvor, es erscheint, mit Goethes Wort, »berichtigt«, und genau in diesem Maße kann sich beim Schreibenden Beruhigung einstellen.

DER VORZUG DER ROMANE

Zunehmend mehr Psychotherapeuten empfehlen ihren Patienten als Teil der Behandlung, ihre Geschichte aufzuschreiben. Dabei haben sie etwas Ähnliches wie das von Goethe Dargelegte im Sinn. Das Schreiben führt zu einem erneuten Durchleben und Durcharbeiten der eigenen Geschichte, inklusive jener dunklen Teile, die Auskunft geben können über unbewusste Beweggründe und verdrängte Gefühle. Die Fähigkeit, seine Geschichte erzählen zu können und sie auch aufzuschreiben, so etwa der Psychotherapeut David Althaus, erlaubt es, »von der eigenen Geschichte nicht mehr ausschließlich gefangen zu sein, nicht mehr nur passives Objekt einer traumatisierenden Erfahrung zu bleiben, sondern wieder selbst deutlicher Akteur des eigenen Lebens zu werden«.

Könnte man stattdessen auch an einer japanischen Teezeremonie teilnehmen, einen Kurs in transzendentaler Meditation besuchen oder einen Achttausender besteigen?

Auszuschließen ist das nicht. Alle Techniken, die Leidensdruck mindern und die Kontrolle über das eigene Leben verstärken, mögen sich hier gleichermaßen anbieten. Der Vorteil der schriftlichen Befassung ist aber sicherlich, dass sie zugleich Einsichten in jene Mechanismen zutage fördert, die zu dem Leidensdruck geführt haben. In der Regel handelt es sich nämlich keineswegs um jenen inkommensurablen Einzelfall, als der er dem Betroffenen zunächst erscheint.

Bereits die Lektüre von Liebesromanen dürfte der Fortführung des Lebens förderlicher sein als das Vorhaben, durch spirituelle Übungen den Zustand der Egolosigkeit anzustreben, wie es etwa buddhistische Praktiken lehren. Zumal dann, wenn man weitere Liebesabenteuer nicht völlig aus dem Lebensplan streichen möchte. Zumindest die guten Liebesromane erzählen nicht nur eine besondere Geschichte vom Entstehen und häufig auch vom Scheitern der Liebe, sondern reflektieren zugleich, wie es dazu kommt. *Die Leiden des jungen Werthers* etwa geben einen bis heute gültigen Einblick in die Verhaltensmuster eines Menschen, der die Liebe eines anderen nicht erwidern will oder kann. Das reicht von der anfänglichen Ermunterung, weil das Liebesobjekt sich geschmeichelt fühlt, über eine Phase des Hin- und Hergerissenseins, wenn das Drängen des Verliebten immer stärker wird, bis hin zur letztlich grausamen Zurückweisung, die eigentlich absehbar war, vom Liebenden aber erfolgreich verdrängt wurde. Das Muster wird sich wiederholen, solange wir an der Idee der romantischen Liebe festhalten.

Darüber hinaus stellt ein Roman wie *Werthers Leiden* seinem Leser einen ganzen Menschen mit seiner einzigartigen Persönlichkeit und seinen individuellen Beweggründen vor Augen. Er zeigt uns, wie eigensinnig und eigenartig die menschliche Psyche tickt; dass sie sich weder über den Kamm von Religion und Moral noch gesellschaftlichen Konventionen scheren lässt. Bereits Goethes Zeitgenossen haben das erkannt, so etwa der Schriftsteller Christian Friedrich von Blanckenburg in einer Besprechung von Goethes Roman aus dem Jahr 1775, in der er ihn gegen die moralische und religiöse Kritik in Schutz nahm. Um nachvollziehen zu können, wie ein einzelner Mensch empfindet und denkt, wie er durch »die Wirkung aller der Zufälle und Begebenheiten, denen er begegnet, so und nicht anders geworden ist«, sind, so Blanckenburgs Argument, Moral und Religion denkbar ungeeignet. Vielmehr bedarf es dazu eines analytischen Aufwands, eines Feingefühls und einer Liebe zum Detail, eines Sensoriums für die Zufälle und Abgründe des Lebens, eines Einfühlungsvermögens und nicht zuletzt einer Darstellungskunst, wie sie zu Goethes Zeit nur dem Romanautor zu Gebote standen.

In der Zwischenzeit hat die damals in den Anfangsgründen steckende und später zu großer Blüte gelangte Psychologie darin der Literatur Konkurrenz gemacht, sie sogar abzulösen versucht. Letztlich ist ihr das nicht gelungen. Wie ein simpler Vergleich der Belletristik- und der Psychologieregale in einer beliebigen Buchhandlung beweist, ist ihre Stellung als Mittel zur Lebensbewältigung unangefochten wie zu Werthers Zeiten. Kein Wunder also, dass Psychologen mittlerweile ihre Patienten dadurch heilen wollen, dass sie sie in die Rolle von Romanautoren schlüpfen lassen.

III.

WIE MAN ERWACHSEN WIRD – UND WARUM SICH DER AUFWAND LOHNT

»Ich bin nun ganz eingeschifft auf
der Woge der Welt –
voll entschlossen: zu entdecken,
gewinnen, streiten, scheitern, oder mich mit
aller Ladung in die Luft zu sprengen.«

GOETHE AN DEN ZÜRCHER PFARRER
JOHANN CASPAR LAVATER AM 6. MÄRZ 1776
AUS WEIMAR

Die Pilgerjahre des farblosen Herrn Tazaki, ein 2014 auf Deutsch erschienener Roman des japanischen Schriftstellers Haruki Murakami, erzählt die Geschichte eines jungen Mannes, der nach der Schule die wohlhabende Provinzstadt Nagoya verlässt, um zum Studium nach Tokio zu gehen. Tsukuru Tazaki ist ein Mann ohne besondere Eigenschaften und hat eigentlich nur eine Passion: Bahnhöfe. Von Kindesbeinen an üben die Durchgangsorte des Abfahrens und Ankommens magische Anziehungskraft auf ihn aus. Und der beste Professor für Bahnhofsarchitektur lehrt nun einmal in der Hauptstadt.

Seit der zehnten Schulklasse gehört Tsukuru zu einer verschworenen Clique von drei Jungen und zwei Mädchen. Auch zu seinen Freunden hätte angesichts ihres Selbstbewusstseins, ihrer schulischen Leistungen, ihrer finanziellen Verhältnisse und ihrer kulturellen Interessen ein Studium im weltstädtischen Tokio mit seiner Fülle von Anreizen gut gepasst – eigentlich besser sogar als zu dem eher durchschnittlichen, eher schüchternen Tsukuru. Dennoch entschließen sie sich, in Nagoya zu bleiben. »Alle blieben bei der Wahl ihrer Unis unterhalb ihrer Möglichkeiten«, so der Erzähler.

Wir kennen das Phänomen: Es sind nicht unbedingt die Coolsten, die nach dem Schulabschluss ihren Heimatort verlassen. Vielen, die das zu diesem Zeitpunkt oder später tun, hätte man es gar nicht zugetraut. Kommt es Jahre später zu einem Treffen der ehemaligen Mitschüler, sind sie oftmals auch diejenigen, die sich am stärksten verändert, am weitesten von der Identität ihrer Herkunft entfernt haben. Die anderen hingegen, auf die in der Schulzeit die Augen aller gerichtet waren, enttäuschen oftmals durch ihr vorhersehbares Leben und ihre belanglose Berufswahl: Sie sind nicht recht vom Fleck gekommen, im Gegenteil.

Im zweiten Semester wird Tsukuru gänzlich unerwartet von den anderen Vier aus der Clique ausgeschlossen. Bis dahin hat er regelmäßig die weite Reise nach Nagoya auf sich genommen, um seine Freunde zu sehen. Einen Grund dafür nennt ihm keiner der vier. Er ist verzweifelt, lebt in Tokio anfangs »wie ein Toter, der nicht gemerkt hatte, dass er tot war«. Nur allmählich gelingt es ihm, sich aus dem Bann der Depression zu lösen. Das Leben, zu dem er zurückfindet, hat jedoch allen Glanz verloren; es ist farblos, einförmig und stumpfsinnig. Fast seine einzige Freude ist sein Beruf als Bahnhofsarchitekt.

Erst im Alter von sechsunddreißig Jahren unternimmt Tsukuru, motiviert durch die Liebe zu einer Frau, einen ernsthaften Versuch, seine eigene Geschichte zu verstehen. In Nagoya trifft er Aka wieder, der sich nach frustrierenden Jahren des Angestelltendaseins selbstständig gemacht und ein inzwischen sehr erfolgreiches Unternehmen für Personalschulung gegründet hat. Wie wir erfahren, ist Aka auf die Idee dazu durch die Beobachtung gekommen, dass fünfundachtzig Prozent der Bevölkerung willige Befehlsempfänger sind. »Sie beschweren sich bloß aus Gewohnheit. Selbstständig zu denken, Verantwortung zu tragen und Urteile zu fällen verunsichert sie nur.« Also hat Aka sich darangemacht, eine Liste aller Dinge zusammenzustellen, »die ich nicht mag, die ich nicht machen will und die andere nicht machen sollen«. Basierend auf dieser Liste habe er ein Programm entworfen, »mit dem man begabten Angestellten wirkungsvoll beibringen kann, Anweisungen von oben zu befolgen und systematisch zu funktionieren«.

»Eine etwas zynische Weltsicht«, meint Tsukuru.

»So kann man es ausdrücken«, erwidert sein ehemaliger Freund.

Im Laufe ihres Gespräches kommt es zu einer interessanten Revision. Tsukuru, der immer gedacht hat, nur wegen des Studiums nach Tokio gegangen zu sein, muss feststellen, dass er in den Augen seiner Freunde damit den Weg der Freiheit gewählt und Mut bewiesen hat, an dem es ihnen selbst mangelte.

»Im Nachhinein betrachtet«, meint Aka, »warst du von uns fünfen wahrscheinlich der Belastbarste, was man bei deinem sanften Äußeren gar nicht erwartet hätte. Wir, die blieben, hatten einfach nicht den Mut zum Aufbruch. Wir hatten Angst vor dem, was kommen würde, wenn wir die Stadt, in der wir aufgewachsen waren, verlassen und uns von unseren Freunden trennen würden. Wir konnten diese behagliche Wärme nicht verlassen. Wie wenn man an einem frostigen Wintermorgen nicht aus dem Futon kommt. Man findet alle möglichen Ausreden, das weiß ich jetzt.«

Geblieben zu sein habe aber nicht nur Nachteile, erfahren wir weiter von Aka. Von den Beziehungen, die er schon während der Jugend aufgebaut hat, und auch von jenen, die sein Vater besaß, hat er beim Aufbau des eigenen Unternehmens stark profitiert. Der Leser aber spürt zusammen mit Tsukuru, dass dies eine fragwürdige Wahrheit ist. Das

Bleiben und der damit verbundene materielle Erfolg haben einen hohen Preis, und dieser besteht in einem stagnierenden, nicht authentischen Leben. So hat Aka während seiner früh eingegangenen Ehe erkennen müssen, dass er ein anderer ist, als er eigentlich dachte: Er ist schwul. Aber weder seine gesellschaftliche Position noch die provinzielle Atmosphäre von Nagoya lassen es zu, dass er sich zu seiner Homosexualität bekennt und ein seinen Neigungen entsprechendes Leben führt. Ein anderer zu werden, sich von Grund auf zu verändern, scheint vorauszusetzen, dass man in einen anderen Kontext überwechselt, in dem man nicht von vornherein auf eine bestimmte Identität festgelegt ist. Wer sein Leben auf ein neues Fundament stellen will, der muss von den lieb gewordenen und nützlichen Gepflogenheiten der Herkunft Abschied nehmen.

AMERIKA, ITALIEN ODER WEIMAR – HAUPTSACHE »WERDEN«

Beinahe wäre Deutschlands größter Dichter in seinen jungen Jahren nach Amerika ausgewandert. Die Frankfurter Bankierstochter Elisabeth Schönemann, mit der Goethe in den Monaten vor seinem Weggang aus Frankfurt nach Weimar liiert und später auch verlobt war, muss ihm vorgeschlagen haben, in die neue Welt zu gehen, sollten die beiden Familien ihrer Verbindung Steine in den Weg legen. Goethe zögerte. Er war in Lili, wie sie nur genannt wurde, sehr verliebt. Von den jungen Frauen, zu denen er eine Beziehung angeknüpft hatte, hätte die selbstbewusste Sechzehnjährige nicht nur am besten zu ihm gepasst, sondern dieses Mal wurde seine Zuneigung auch leidenschaftlich erwidert. Wie leidenschaftlich, war dem Fünfundzwanzigjährigen wohl gar nicht bewusst. Erst als alter Mann erfuhr er, dass Lili damals bereit gewesen wäre, sich über alle Regeln hinwegzusetzen und mit ihm ins Bett zu gehen, auch ohne Eheversprechen.

Goethes Entschluss, Frankfurt zu verlassen, stand seit längerer Zeit fest. Wäre er geblieben, wäre er zugrunde gegangen. Das wird er im Nachhinein seiner Mutter schreiben, die sich um das Befinden ihres in der Ferne weilenden Sohnes sorgt: »Das Unverhältnis des engen und langsam bewegten bürgerlichen Kreises, zu der Weite und Geschwindigkeit meines Wesens hätte mich rasend gemacht.« Das ist deutlich und überraschend. Frankfurt war immerhin eine Großstadt, jedenfalls für die damaligen deutschen Verhältnisse. Doch Goethe geht es um das eigene Lebenstempo. Und dafür scheinen ihm die Kreise seiner Herkunft zu eng, zu festgelegt, zu vorhersehbar, zu träge. »Wie könnte ich mir, nach meiner Art zu sein, einen glücklicheren Zustand wünschen, als einen, der für mich etwas Unendliches hat«, schreibt er ihr später noch. Die Formulierung schließt ein, dass zu einem eigenen Leben, wie Goethe es führen will, immer auch eine beträchtliche Portion Ungewissheit gehört, die Fähigkeit, sich überraschen zu lassen. Goethe wird dafür das Wort »Werden« verwenden: Also doch Amerika?

Goethe war sich darüber im Klaren, dass er die Stimulation durch das Verliebtsein brauchte, um gute Verse und aufwühlende Texte zu schreiben. Aber er wusste auch, dass eine feste Bindung nicht zum prekären Lebensentwurf eines jungen Schriftstellers gepasst hätte. Zumal als Jurist hatte er genaue Kenntnis darum, dass ein Autor, und mochte er noch so erfolgreich sein, im damaligen Deutschland keinerlei

Rechtssicherheit besaß: Raubdrucke waren gängige Praxis, ebenso wie sogenannte Doppeldrucke – unveränderte, oft rückdatierte Nachdrucke, die nicht selten ein Vielfaches der ersten Auflage ausmachten, für die der Autor aber nicht mehr honoriert wurde. Mit beiden Vorgehensweisen war Goethe beim *Werther* konfrontiert worden; es schürte seinen Zorn und ein Misstrauen gegen Verleger, das er zeitlebens nicht ablegen sollte, selbst dann nicht, als er längst der höchsthonorierte Autor in ganz Deutschland war. Die Verleger, die damals noch Buchhändler hießen, beriefen sich auf ein »ewiges Verlagsrecht« an dem jeweiligen Werk, das sie mit der einmaligen Zahlung eines Pauschalhonorars erworben hätten. Jede Befristung eines Nutzungsrechts lehnten sie ab beziehungsweise setzten sich darüber hinweg. Die Ansprüche, die seine Verlobte, aber auch er selbst ans Leben hatten, hätte er jedenfalls aus den unsicheren Einnahmen als Schriftsteller kaum finanzieren können. Auch das trug dazu bei, dass er nichts unternahm, als Lilis Mutter der immer unerträglicher werdenden Situation der Unentschiedenheit eines Tages ein Ende setzte und vorschlug, die Verlobung zu lösen.

Damit war Amerika aus dem Rennen. Die Idee, dort ein neues Leben zu beginnen, ging Goethe aber nicht mehr aus dem Kopf; mit zunehmendem Alter wurde sie beinahe zu einer fixen Idee. Mit Interesse empfing er Besucher aus Amerika. In seinem Altersroman *Wilhelm Meisters Wanderjahre oder Die Entsagenden* gründet sich eine Auswanderungsgesellschaft, um »ein günstigeres Schicksal jenseits der Meere zu suchen«. Und der Siebzigjährige meinte nach dem Besuch eines jungen amerikanischen Chemikers: »Wären wir zwanzig Jahre jünger, so segelten wir noch nach Amerika.«

1826, da ging er schon auf die achtzig zu, las Goethe *Die Ansiedler*, den ersten der fünf *Lederstrumpf*-Romane von James Fenimore Cooper, und danach in rascher Folge weitere von ihm in Weimar verfügbare Bücher. Coopers Hauptfigur Nathaniel Bumppo, genannt Lederstrumpf, Falkenauge, Lange Büchse, Pfadfinder oder auch Wildtöter, hat einen Deutschen zum Vorbild: den Pfälzer Johann Adam Hartmann aus Edenkoben, der 1764 im jugendlichen Alter nach Amerika ausgewandert ist.

Dem fünfundzwanzigjährigen Goethe blieben neben Amerika noch zwei weitere, nicht nur geographisch näherliegende Optionen. Er konnte, wie vom Vater vorgeschlagen, für eine gewisse Zeit nach Italien gehen. Das aber hätte bedeutet, in den Fußstapfen des Vaters zu wandeln, der, seitdem Goethe denken konnte, von Italien schwärmte und permanent an seinem Bericht von dieser Reise feilte, den er ausgerechnet in der von ihm nur mangelhaft beherrschten italienischen Sprache verfasste. Und noch schwerwiegender: Währenddessen und womöglich auch noch danach blieb er finanziell von den väterlichen Zuwendungen abhängig. Irgendwie passte das alles nicht zu dem Wunsch nach einem eigenen Leben.

Die andere Option hieß Weimar. Die Aussicht darauf hatte sich schon vor Jahresfrist eröffnet. Als Karl August, der erst siebzehnjährige Erbprinz von Sachsen-Weimar-Eisenach, im Dezember 1774 auf einer Reise nach Paris durch Frankfurt gekommen war, hatte er den Dichter des kürzlich erschienenen *Werther* spontan eingeladen, auf unbestimmte Zeit nach Weimar zu kommen. Das Großherzogtum war ein typischer Kleinstaat der Zeit, auf dessen zersplittertem Territorium nicht einmal hunderttausend Menschen lebten. Lediglich die bereits durch die Herzogin Anna Amalia, die Mutter des Erbprinzen, eingeleitete Wendung zur Kultur verlieh Weimar den Reiz des Außergewöhnlichen.

Inzwischen war Karl August volljährig geworden, er hatte geheiratet und die Regierung angetreten. Die Einladung an Goethe hatte er mehrfach bekräftigt. Das löste dessen finanzielle Probleme zwar nicht sofort – mit der Zeit vielleicht aber doch, sollte der Herzog etwa dazu zu bewegen sein, ihn als Berater, Minister oder dergleichen anzustellen. Allerdings konnte sich so aus der väterlichen Abhängigkeit leicht eine neue ergeben. Letztere aber hätte immerhin den Vorteil, dass die Bezugsperson nicht mehr der zusehends zum Starrsinn neigende Vater, sondern ein anscheinend beweglicher und lebenshungriger junger Regent war, der über ausreichend Macht und Mittel verfügte, um einen Schriftsteller zu protegieren.

Eine Ahnung davon, wie turbulent es in Goethes Innerem damals zugegangen sein muss, vermittelt uns die in *Dichtung und Wahrheit* berichtete Episode der ausbleibenden Kutsche. Als die Weimarer Offerte immer konkreter wurde, hatte Goethe schließlich sein Kommen signalisiert. Er hatte schon seine Abreise angekündigt, gepackt und sich von Freunden und Verwandten verabschiedet, doch die Kutsche, die ihn nach Weimar bringen sollte, ließ auf sich warten. Für seinen Vater war dies nur ein weiteres Zeichen dafür, dass sein Misstrauen – das Misstrauen eines kaiserlichen Bürgers – gegenüber dem Hofleben berechtigt sei. Goethe harrte einige Tage aus, ließ sich aber nirgendwo mehr blicken, um sich keine Blöße zu geben, und machte sich schließlich auf eigene Faust auf – gen Italien. In Heidelberg hält ihn eine Vertraute Lilis fest. Noch einmal trauert er der verpassten

Chance einer Beziehung zu ihr nach. Goethe ist schon einige Tage dort, als ihn ein Eilbote mit der Nachricht erreicht, die Kutsche aus Weimar sei endlich in Frankfurt angelangt. Und Goethe kehrt um – geht nach Weimar! In seinem Reisetagebuch notiert er: »Ich packte für Norden, und ziehe nach Süden, ich sagte zu, und komme nicht, ich sagte ab und komme!«

VATERLOSE GESELLEN

Goethe hatte das Glück, zu einer Zeit nach Weimar zu kommen, als der Hof, der das eigentliche, aber auch das einzige Zentrum des Zweitausendseelenstädtchens bildete, im Umbruch begriffen war. Schon äußerlich war das der Fall. Im Jahr zuvor waren das herzogliche Schloss, das fast drei Jahrzehnte eine Ruine blieb, das Hoftheater und die Hofkirche einem Brand zum Opfer gefallen. Der nachhaltig guten Laune und dem geräuschvollen Lebensstil, die seit dem Regierungswechsel herrschten, war das nicht abträglich. Im Gegenteil, der junge Herzog nutzte die Gunst der Stunde, um die traditionelle steife Lebensart zu lockern und für mehr Ungezwungenheit zu sorgen. Informelle und freundschaftliche Beziehungen bekamen einen neuen Stellenwert. Und der frisch eingetroffene Goethe agierte als der Katalysator dieser Veränderungen, als ihr Beschleuniger und Moderator. Überall führte er, wie ein Zeitgenosse bemerkte, »den ihm eigenen, vertraulichen, nachlässigen, hingeworfenen Ton« ein, wie man ihn aus seinen Werken kannte.

Das neue Weimarer Lebensgefühl hatte auch damit zu tun, dass der Hof jung war, sogar sehr jung. Nach einem Bonmot des Ökonomen John Kenneth Galbraith rührt Veränderung nicht daher, dass Männer und Frauen ihre Gesinnung ändern, sondern geschieht im Übergang von einer Generation zur nächsten. Karl August und seine Frau Louise waren achtzehn, Prinz Constantin war siebzehn, der Kammerherr von Einsiedel fünfundzwanzig, Goethe sechsundzwanzig, Bertuch siebenundzwanzig und Knebel einunddreißig Jahre. Charlotte von Stein zählte mit ihren dreiunddreißig Jahren beinahe schon zur älteren Generation, die Herzoginmutter Anna Amalia hingegen, die mit der Regierungsübernahme ihres Sohnes, in die, wie Goethe später meinte, sorgenfreie Abteilung ihres Lebens übergewechselt war, war mit ihren sechsunddreißig Jahren für eine abgedankte Fürstin wiederum erstaunlich jung, während der zweiundvierzigjährige Wieland – Weimars erste Akquise auf dem Weg zum legendären Musenhof – die Rolle des Seniors bekleidete.

Es muss eine lustige Zeit gewesen sein. Goethe schlug in den Anfangsmonaten seiner Weimarer Zeit so richtig über die Strenge, stets im Schlepptau des jungen Herzogs, der bei scharfen Ausritten, im Freien abgehaltenen Gelagen und Tanzvergnügen oder nächtlichem Nacktbaden in der Ilm das ausgefallene Studentenleben nachholte. Der unverbrauchte Machthaber und der zugereiste Dichter waren das perfekt ungleiche Paar. Freundschaften junger Männer beziehen die Intensität, mit der sie erlebt und gelebt werden, aus der Rebellion gegen die Vaterwelt. Goethe, dem Vaterhaus soeben entronnen, traf in Karl August auf einen jüngeren Mann, der im Grunde vaterlos aufgewachsen war; als sein nur ein Jahr jüngerer Bruder Constantin zur Welt kam, lebte der Vater schon nicht mehr. In Goethe fand er einen väterlichen Freund, der ihn anders als die älteren Männer, mit denen er bislang zu tun gehabt hatte, nicht bevormundete. Er war gerade alt und prominent genug, um für ihn als Autorität gelten zu gönnen, und gerade noch jung und unfertig genug, um mit ihm gemeinsam das Leben neu zu erfinden. Und auch für Goethe hatte die Freundschaft mit dem Herzog über Amt und Haus, Job und Unterkunft hinaus, die ihm dieser in Weimar verschaffte, eine existenzielle Bedeutung. Sie versetzte ihn in die Lage, seinen Wirkungskreis und seine Weltkenntnis stärker zu erweitern, als ihm dies in Frankfurt, unter dem direkten Einfluss des Vaters, jemals möglich gewesen wäre. Die Welt des Herzogs, das waren nicht die bürgerlichen Tapeten des Elternhauses, das war das Welttheater, auf das der Blick fällt, sobald sich der Vorhang des bürgerlichen Interieurs hebt. Und dort stand Goethe nun, mitten auf der Bühne.

PLÖTZLICH POLITIKER

Schriftstellerei, das war in den Augen von Goethes Zeitgenossen, zumal eines Aristokraten wie Karl August, keine Beschäftigung, die einen Mann ausfüllte; eher eine Liebhaberei, der man in Mußestunden nachging. So war es für ihn auch kein Widerspruch, dass er Goethe, den er als Autor des *Werthers* und des Dramas *Götz von Berlichingen* durchaus schätzte, zusehends in die Belange der Führung des Kleinstaates einspannte und mit verantwortungsvollen Aufgaben betraute. Wer es schafft, mit seiner Literatur die Menschen derart zu fesseln wie dieser Goethe, so mag er gedacht haben, der ist noch für ganz andere Dinge zu gebrauchen, bei denen es auch darauf ankommt, gewinnend auf Menschen zu wirken und sie für die Belange des Staates zu motivieren.

Und Goethe selbst? Vibrierend von innerer Unruhe, brennend vor Ehrgeiz und zugleich beseelt von der Vorstellung, etwas zu bewirken, berichtete er schon wenige Wochen nach seiner Ankunft in Weimar Johann Heinrich Merck, dem Freund aus Jugendtagen, am 22. Januar 1776 nach Darmstadt: »Ich bin nun ganz in alle Hof- und politische Händel verstrickt und werde fast nicht wieder weg können. Meine Lage ist vorteilhaft genug, und die Herzogtümer Weimar und Eisenach immer ein Schauplatz, um zu versuchen, wie einem die Weltrolle zu Gesichte stünde.« Goethe, der rebellische Poet in ständiger Bewegung, der Stürmer und Dränger, dieser Goethe war plötzlich – Politiker und, *horribile dictu*, Verwaltungsmann. »Da sitzt nun der Poet und fügt sich in sein neues Fach bestmöglichst«, spottete mit verhohlenem Stolz Goethes Vater, der soeben noch hautnah den Widerstand mitbekommen hatte, mit dem sein Sohn auf den Eintritt ins Berufsleben reagiert hatte.

»Liebe Kinder«, so schreibt der Neuankömmling am 9. Juli 1776 nach dem ersten Dreivierteljahr Weimar an das Ehepaar Kestner, »ich hab so vielerlei von Stund zu Stund, das mich herumwirft«; ehemals seien es seine eigenen Gefühle gewesen, jetzt seien noch die »Verworrenheiten andrer Menschen« hinzugekommen, mit denen er zurechtkommen müsse. »Der Herzog, mit dem ich nun schon an die neun Monate in der wahrsten und innigsten Seelen Verbindung stehe, hat mich endlich auch an seine Geschäfte gebunden und aus unsrer Liebschaft ist eine Ehe entstanden, die Gott segne.«

Die Ehe dauerte, bis dass der Tod die beiden schied (und Goethe als Witwe zurückblieb), und erwies sich schon rasch als fruchtbar. Sie war, wie in diesen Zeiten die Regel, asymmetrisch – ein mit einem Verhaltenskodex und einer klaren Aufgabenverteilung verknüpfter Bund zwischen Ungleichen, bei der die Frage, wer hier Herr und wer Knecht war, eindeutig geregelt schien. Sah man jedoch genauer hin, schien die Rollen- und auch die Machtverteilung zwischen Karl August und Goethe lange nicht so klar, wie die Kritiker meinten. Der Hof war eine Gesellschaft der konkreten Begegnung, keine anonymer Strukturen. Gerade die persönliche Abhängigkeit konnte hier neue Lebenschancen eröffnen. Wie wichtig einer genommen wurde, war nicht nur eine Frage der Geburt, sondern auch des Ansehens und der Kompetenz, die er sich im persönlichen Umgang zu verschaffen wusste.

Karl August jedenfalls hielt auf seinen personellen Neuzugang große Stücke. Es dauerte nicht lange, da wurde Goethe zum Geheimen Legationsrat ernannt und gehörte dem Geheimen Consilium, dem dreiköpfigen Beratergremium des Herzogs, an. Er nahm eine Vielzahl politischer Aufgaben, teilweise im Rang eines Ministers wahr, darunter den Vorsitz der Wegebau- und der Kriegskommission. Als Vorsitzender der Bergbaukommission, mit der letztlich gescheiterten Sanierung des Kupfer- und Silberbergbaus in Ilmenau befasst, hat er nebenher die Naturwissenschaften für sich entdeckt – zuerst Mineralogie und Geologie, später Zoologie und Botanik, schließlich Optik und Farbenlehre. Pünktlich zu Goethes dreißigstem Geburtstag erfolgte die Beförderung zum Geheimen Rat, dem höchsten offiziellen Rang auf der politischen Karriereleiter; weitere drei Jahre später verschaffte Karl August seinem Favorit-Minister eine großzügige Stadtwohnung, ließ ihn in den Adelsstand erheben und übertrug ihm, wenn auch als Interimslösung, das Amt des

Kammerpräsidenten. Der zugereiste Literat war damit nach dem Herzog der mächtigste Mann in Weimar. Darüber hinaus hat Goethe sich auch im gesellschaftlichen Leben hervorgetan, als »Directeur des Plaisirs, Hofpoet, Verfasser von schönen Festivitäten, Hofopern, Balletts, Redoutenaufzügen, Inskriptionen, Kunstwerken«, als »der erste Akteur, Tänzer, kurz: das Faktotum der Weimarschen Häuser«, wie der Freund Johann Gottfried Herder spottete, dem Goethe schon bald eine Stelle als Superintendent in Weimar verschafft hatte.

Als er 1781 – nach knapp sechs Jahren Weimar – gegenüber seiner Mutter, die sich um sein Wohlergehen sorgt, eine Art Zwischenbilanz zieht, spricht er darin nicht nur, wie schon erwähnt, von der »Weite und Geschwindigkeit« seines Wesens, die die Flucht aus der Enge und Langsamkeit des bürgerlichen Kreises seiner Herkunft unerlässlich gemacht habe. Er fügt noch einen weiteren Grund für sein Fortgehen an: »Bei der lebhaften Einbildung und Ahndung menschlicher Dinge wäre ich doch immer unbekannt mit der Welt, und in einer ewigen Kindheit geblieben, welche meist durch Eigendünkel, und alle verwandte Fehler, sich und anderen unerträglich wird.« Im Klartext: Goethe ist laut eigener Auskunft nach Weimar gegangen und dort geblieben, um an Weltkenntnis zuzulegen und erwachsen zu werden. Dazu aber gehört, so seine Erläuterung, die narzisstischen Pirouetten der Jugendjahre gegen eine Situation zu vertauschen, die einen dazu zwingt, sich auf die Welt und die Wirklichkeit außerhalb der eigenen Person einzulassen. In Goethes Worten: »Wie viel glücklicher war es, mich in ein Verhältnis gesetzt zu sehen, dem ich von keiner Seite gewachsen war, wo ich durch manche Fehler des Unbegriffs und der Übereilung mich und andere kennen zu lernen Gelegenheit genug hatte, wo ich, mir und dem Schicksal überlassen, durch so viele Prüfungen ging, die vielen hundert Menschen nicht nötig sein mögen, deren ich aber zu meiner Ausbildung äußerst bedürftig war.«

KOPFSCHNITT

Man kann es auch so sagen: Goethe war in seinen ersten Weimarer Jahren der bestbezahlte Praktikant am dortigen Hof, einer, der seinen Job zu beherrschen lernte, indem er ihn ausübte. Mit Genie allein könne man kein Land regieren, bemerkte der damalige Kammerpräsident Johann August von Kalb spitz zur Personalie Dr. von Goethe; das werde dieser schon bald einsehen.

Zwischen Mitte zwanzig und Mitte dreißig lässt sich Goethe, den alle Welt als Dichter jugendlichen Gefühlsüberschwangs kennt, auf eine vollständige Umbildung seiner Persönlichkeit ein. Er hat dafür, ungefähr ein Jahr nach Übernahme der ersten Amtsgeschäfte, das Bild des Kopfschnitts bei Lindenbäumen gefunden. Das Schicksal, das ihn nach Weimar verpflanzte, habe so gehandelt, wie es der Gärtner bei Linden tut: »Man schneidet ihnen den Gipfel weg und alle schönen Äste, dass sie neuen Trieb kriegen, sonst sterben sie von oben herein. Freilich stehn sie die ersten Jahre wie Stangen da.« Dieser Selbstbeschreibung vom 7. November 1777 korrespondiert ein Gedicht aus dieser Zeit mit zwei charakteristischen Ausrufezeichen in der zweiten und dritten Zeile. Goethe gab ihm den Titel »Hoffnung«:

Schaff' das Tagwerk meiner Hände
Hohes Glück, dass ich's vollende!
Lass, o lass mich nicht ermatten!
Nein, es sind nicht leere Träume,
Jetzt nur Stangen diese Bäume,
Geben einst noch Frucht und Schatten.

Für die meisten seiner Freunde bildete der Staatsdiener Goethe, der sich mit ähnlicher Leidenschaft auf Akten, Kommissionen und Behörden zu werfen schien, wie das vordem bei der Literatur der Fall gewesen war, bestenfalls einen gewöhnungsbedürftigen, schlimmstenfalls einen mephistophelischen Anblick. Sie sprachen von politischem Frost, der um ihn herum sei; sein Genius sei erloschen, seine Einbildungskraft habe ihn verlassen. Ein gutes Jahrzehnt vor der Französischen Revolution ging man noch nicht so weit, den Schriftsteller, der von einer sozialen Außenseiterposition ins Zentrum der Macht wechselte, als Reaktionär oder Konterrevolutionär zu brandmarken. Bis auf wenige Ausnahmen aber war dieser Goethe, der so leichtfüßig zwischen den Welten der Poesie und der Politik, der Empfindsamkeit und der Macht zu wechseln schien, den Zeitgenossen nicht so recht geheuer. Einerseits hatten sie den Eindruck, er sei in seinem Ehrgeiz berechnend und ein Opportunist. Andererseits machte er sich durch sein Verhalten geradezu unberechenbar. Die alten Freunde und das bürgerliche Publikum waren enttäuscht, bald nach den ersten Erfolgen einen Hoffnungsträger zu verlieren, der ihnen wie geschaffen schien, ein Sprachrohr ihrer Wünsche ans Leben zu werden. Die adligen Kreise hingegen mit Ausnahme des Herzogs und seiner engsten Umgebung, gaben ihm zu verstehen, dass er bei allem Respekt letztlich nicht dazugehörte. Daran änderte sogar seine Erhebung in den Adelsstand nur wenig. Die Gräfin von Wartensleben, eine Freundin von Charlotte von Stein, soll ihr bei einem offiziellen Anlass, den Blick auf Goethe gerichtet und für diesen vernehmlich, zugeflüstert haben: »Pour celuilà, on Vous le pardonne« – »Den, den verzeiht man ihnen«. Eine Kränkung, die man so schnell nicht vergisst.

Kaum in Weimar angekommen, saß Goethe schon wieder zwischen allen Stühlen.

NICHT ALLES AUF EIN PFERD SETZEN, UND HEISSE ES »POESIE«

Goethes Verhalten, das für Außenstehende Züge eines Doppellebens trug, wird verständlicher, betrachtet man es aus der Sicht desjenigen, dem das eigene Leben kostbarer ist als alle Bindungen, seien es die der Herkunft oder die durch Verdienst oder Glück gewachsenen. Denn eines war klar: Selbst nach dem ungeheuren Erfolg des *Werthers* war Goethe noch kein gemachter Mann, vielmehr ein junger Literat auf der Suche nach einer Lebensform, die seinem poetischen Talent entsprach und ihm die Erfahrung vermittelte, etwas Sinnvolles mit seinem Leben anzufangen. Die Gefahr, sich zu plagiieren und den Gaul des gequälten, lebensuntüchtigen Individuums à la Werther, der mit sich selbst und mit der Welt zerfallen ist, buchstäblich zu Tode zu reiten, war keineswegs von der Hand zu weisen.

Überhaupt, das Ansehen des Schriftstellers. Nach Goethes eigenem Zeugnis war es damit in dieser Zeit nicht gerade weit her. Die deutschen Dichter, so schreibt er im Rückblick,

»genossen in der bürgerlichen Welt nicht der mindesten Vorteile. Sie hatten weder Halt, Stand noch Ansehn … Ein Poet erschien in der Welt auf die traurigste Weise subordiniert, als Spaßmacher und Schmarotzer …«

In dieser Situation bot ihm Weimar neben regelmäßigen Einkünften und über »Halt, Stand und Ansehen« hinaus auch die Möglichkeit, an Lebenspraxis zuzulegen, Erfahrungen zu sammeln und Verantwortung zu übernehmen, kurz: erwachsen zu werden. In diesem Sinne war Goethes administratives Commitment mit dem von Karl August regierten Herzogtum, bevor es überhaupt zum Problem werden konnte, erst einmal die Lösung des Problems, ein eigenes Leben unter Umständen führen zu wollen, die dem nicht unbedingt entgegenkamen.

Staunte man über seine unermüdliche Aktivität, so entgegnete Goethe schon zu dieser Zeit: »Das Bedürfnis meiner Natur zwingt mich zu einer vermannigfaltigten Tätigkeit, und ich würde in dem geringsten Dorfe und auf einer wüsten Insel ebenso betriebsam sein müssen, um nur zu leben.« Mit der Zahl der Rollen, Beschäftigungen und Ämter, die er ausfüllte, vermehrte sich auch die Zahl der Perspektiven, unter denen das Leben betrachtet werden konnte; Lebenserfahrung und Menschenkenntnis sammelten sich an, Einseitigkeiten ließen sich vermeiden, die Chancen stiegen, als Künstler keinen Schiffbruch zu erleiden und nicht eine etwas absonderliche Existenz zu werden wie viele andere Literaten um ihn herum.

Statt von »vermannigfaltigter Tätigkeit« würden wir heute davon reden, in Alternativen zu denken, und uns diese Fähigkeit, sofern wir über sie verfügen, hoch anrechnen. Nichts ist schlimmer und zeugt mehr von Phantasielosigkeit, so unsere Überzeugung, als das Konstatieren von Alternativlosigkeit. Wer auf viele Pferde setzt und damit seine Risiken durch ihre Aufteilung begrenzt, schützt sich vor bösen Überraschungen und vermehrt seine Gewinnmöglichkeiten. Er ist so klug, sich einzugestehen, dass er weder den bestmöglichen Weg noch die Zukunft kennt.

In diesem Sinne war der Goethe des ersten Weimarer Jahrzehnts auf dem besten Wege dahin, ein gewiefter Manager seiner Lebenschancen zu werden. Indem er seine Existenz diversifizierte, erhöhte er seine Chancen auf ein erfolgreiches Leben und minderte das Risiko, sich »mit aller Ladung in die Luft zu sprengen«, wie er Johann Caspar Lavater noch zu Beginn seines dortigen Aufenthalts geschrieben hatte. Wieder einmal machte er intuitiv alles richtig, selbst wenn er von Zeit zu Zeit unter dem Stress seiner zahlreichen Aufgaben litt. Im Ergebnis fand er zu einer Lebensform, die mit ihren vielfältigen Interessen und Bezügen nahezu unvergleichlich und unverwechselbar war.

Zwar hörte das Pferd, das ihm der Herzog geschenkt hatte, auf den Namen »Poesie«, aber derjenige, der sich darauf durch die Weimarer Lande fortbewegte, beschränkte sich keineswegs aufs Versemachen, sondern war als Repräsentant und Funktionär der Regierung unterwegs, besichtigte Steinbrüche und Bergwerke, hob Rekruten aus und hielt Reden, plante die Modernisierung des Wegenetzes und knüpfte bei alledem Beziehungen zu den führenden politischen und wissenschaftlichen Köpfen seiner Zeit. Zuweilen konnte es vorkommen, dass er unterwegs abstieg, um sich nach interessanten Steinen für seine sich ständig erweiternde Mineraliensammlung zu bücken, anhand derer er unter anderem den Ursprung der Welt aus dem Wasser belegen wollte. Mit

Fachgelehrten diskutierte er über Geologie, Anatomie und Chemie. 1784 nahm er sogar für sich in Anspruch, eine anatomische Entdeckung gemacht zu haben: die des Zwischenkieferbeins beim menschlichen Embryo, ein Beleg für die tierische Abstammung des Menschen.

In dem Maße, wie Goethe sein Tätigkeitsspektrum erweiterte, statt nur auf sein fraglos vorhandenes literarisches Talent zu setzen, stellte er seine Existenz auf eine breitere Basis, vermehrte gleichsam die Zahl der Beine, auf denen er stand, und behielt sich die Entscheidung vor, sie wahlweise als Stand- oder Spielbeine einzusetzen. Für diesen Zugewinn an Freiheit, der auch ein Zuwachs an Sicherheit und Standfestigkeit in der Welt war, war er auch bereit, den Wildwuchs der schönen Äste zu opfern und anfangs den Anblick eines kahlen Poeten zu bieten – in der Erwartung, dass sich daraus eine Basis für das entwickeln würde, worum es letztlich die ganze Zeit über ging: ein eigenes Leben zu führen.

WENN SICH LEBENSWEGE TRENNEN

Der Anspruch, den Goethe gegenüber sich selbst entwickelte, und die Konsequenz, mit der er ihn umsetzte, erklärt die Unerbittlichkeit, die er in dieser Zeit gegenüber ehemaligen Mitstreitern an den Tag legte. Das beste Beispiel dafür ist die Ausweisung von Jakob Michael Reinhold Lenz aus Weimar, nachdem dieser sich ein zweites Mal etwas geleistet hatte, was Goethes Tagebuch nur als »Eselei« bezeichnet, ohne auf die näheren Umstände einzugehen.

Wie Herder war der Autor des *Hofmeisters* eine Bekanntschaft Goethes aus Straßburger Tagen. Auch der junge Lenz hatte das Recht auf ein eigenes Leben in Anspruch genommen. Der autoritäre Vater wollte ihn vom Studium in Königsberg, wo er unter anderem Vorlesungen von Kant besuchte, wieder in die livländische Heimat zurückbeordern. Der Pastorensohn hingegen zog es vor, als Bediensteter zwei Barone und Offiziersanwärter nach Straßburg zu begleiten, und nahm dafür den Bruch mit dem Elternhaus in Kauf.

Von Goethes erster Bekanntschaft mit Lenz bis zu seiner Abreise aus Straßburg vergingen seinerzeit kaum mehr als zwei Monate. Dennoch wurden die beiden enge Freunde. Lenz war der Einzige in diesen Jahren, der Goethe literarisch das Wasser reichen konnte. Dieser registrierte das genau. Ihre Affinität ging so weit, dass sie sich sogar in dieselbe junge Frau verliebten. Bei den Gedichten, die aus diesem Anlass entstanden, ist im Einzelfall bis heute ungeklärt, welche Strophen von Goethe und welche von Lenz stammen. Dennoch bestand kein Zweifel daran, wer den Ton angab und wer sich dem anderen unterordnete. Goethe eroberte die junge Frau aus dem Stand mit seinem entwaffnenden Charme. Lenz hingegen verliebte sich in ein Mädchen, an dem der Freund bereits eine Eroberung gemacht hatte. Seine eigenen Gefühle scheint weniger Friederike Brion selbst als vielmehr die Tatsache entzündet zu haben, dass der bewunderte Freund in sie verliebt war. In Weimar wiederholt sich dieses Verhaltensmuster mit Charlotte von Stein. Und dieses Mal gelingt es Lenz, den Freund rasend eifersüchtig zu machen, der sich im Ranking der außerehelichen Favoriten der verheirateten Frau plötzlich auf Platz zwei verwiesen sieht.

Doch sind es keineswegs literarische Konkurrenz und Eifersucht allein, die die beiden entzweien. Was immer zum endgültigen Bruch führte: Lenz verweigert in Goethes Augen systematisch, was er selbst sich in Weimar vorgenommen hat – im Alltagsleben seinen Mann zu stehen. Während seine eigenen Tage mit Verpflichtungen, Sitzungen und Konversation ausgefüllt sind, hätten die von Lenz sich »aus lauter Nichts« zusammengesetzt, »dem er durch seine Rührigkeit eine Bedeutung zu geben wusste«, stellt Goethe noch Jahrzehnte später in einer Mischung aus Vorwurf und Neid fest. Während der frisch ernannte Geheimrat unter dem Einfluss des Hofes und seiner Ämter die jugendliche Impulsivität, für die er vormals berüchtigt war, zunehmend zu beherrschen beginnt, spricht Lenz sich von allen Rücksichten in dieser Hinsicht frei. Und während Goethe sogar seine literarischen Ambitionen hintanstellt, bis hin zu dem Punkt, dass es gerüchteweise von ihm heißt, er wolle seine literarische Laufbahn an Lenz abtreten, hält dieser trotzig an der Überzeugung fest, er sei durch seine poetische Begabung zu jeder festen Anstellung, zu jedem öffentlichen Amt verdorben, und lebt auf Kosten anderer.

Aber auch in Sachen Politik geraten sie aneinander. Lenz, der das Soldatenleben aus eigener Anschauung kennt, hat eine Denkschrift verfasst, mit dem Ziel, die militärische Ausbildung von Grund auf zu reformieren. Er überreicht sie dem Herzog; als eine Reaktion ausbleibt, fasst er den Plan, sie übersetzen zu lassen und sich an den französischen Kriegsminister zu wenden. Wie ein Student späterer Zeiten, etwa der Achtundsechziger-Generation, fühlt Lenz sich berufen, die Welt zu verbessern, und glaubt in naiver Selbstüberschätzung, der zielführende Weg dahin sei die Produktion von Theorietexten. Kaum einen Gedanken verwendet er darauf, ob der Adressat seine Ausführungen überhaupt nachvollziehen kann, geschweige denn ernst nehmen wird. Goethe, der in Weimar den Marsch durch die Institutionen angetreten hat, kommt das reichlich weltfremd vor. Lenz mag mit seiner Analyse noch so recht haben; sein Vorgehen nimmt er als Beweis dafür, dass er in politischen – und nicht nur in politischen Dingen – ein Phantast ist.

Überhaupt scheint für den Freund ein eigenes Leben gleichbedeutend damit zu sein, seine Eigenheiten – seine Schrullen, Phantasien, seine idealistischen Vorstellungen und Wünsche – ausleben zu können. Goethe hingegen verfolgt mittlerweile die gegenteilige Strategie: Er verbietet sich alle Eigenheiten, um nicht in die Rolle eines wunderlichen Außenseiters hineinzugeraten.

Es ist nie besonders schön anzusehen, wenn einer, der im Aufstieg begriffen ist, einen alten Gefährten von sich stößt, der mit Blick auf die gemeinsame Vergangenheit Anspruch auf seine Freundschaft zu haben glaubt. Es hat etwas von »Lass mich in Ruhe und leb dein eigenes Leben, ich habe mit dem meinen gerade genug zu tun« – wo sich dieser andere doch sichtbar von einem abhängig gemacht hat und ohne Unterstützung einem höchst ungewissen Schicksal entgegensieht. Lenz hat das Trauma der Verstoßung aus Weimar nie überwunden, im Gegenteil, es gehört wohl zu den Auslösern seiner psychischen Erkrankung, wenn diese auch erst zwei Jahre später ausbrach. Dementsprechend sind Goethe bereits von der Mitwelt und erst recht von der Nachwelt bittere Vorwürfe wegen seines Verhaltens gemacht worden. Nur zu klar schien die Rollenverteilung: hier der skrupellose Karrierist, der über Leichen geht, dort der *poète maudit*, der verfemte Dichter, der aus der guten Gesellschaft ausgestoßen wird. Daran ändern auch die Sätze nicht viel, mit denen

Goethe der Ausweisung von Lenz Nachdruck verliehen hat. Seine eigene Existenz sei ihm so lieb »wie jedem andern«, lesen wir da. Gerade in Rücksicht darauf werde er aber nichts an seinem Verhalten ändern. Erwachsenwerden ist immer damit verbunden, sich in Schuld zu verstricken – nicht zuletzt gegenüber den Freunden aus Jugendtagen, die man von sich stößt, weil sie verweigern, was man für sich selbst als unumgänglich erkannt hat.

TU WAS!

Seit den ersten Weimarer Jahren bis zu seinem Lebensende wird Goethe nicht müde ein Loblied auf das tätige Leben anzustimmen – fast zwei Jahrhunderte bevor die Philosophin Hannah Arendt in ihrem Hauptwerk *Vita activa oder Vom tätigen Leben* darin die Seinsweise des modernen Menschen erkennt. In Goethes Augen hat ein von Tätigkeit erfülltes Leben zuerst einmal eine therapeutische Funktion. Tätigkeit, zumal »entschlossene Tätigkeit«, wie es in den *Wanderjahren* heißt, soll den Menschen von einem Leiden kurieren, das man damals, noch vor dem Siegeszug der Psychologie, unter dem Begriff der Hypochondrie zusammenfasste. Man verstand darunter anderes und wesentlich mehr als lediglich Angst vor Krankheit beziehungsweise eingebildete Krankheit. Hypochondrie, das meinte letztlich alle Spielarten des Leidens an sich selbst, angefangen von verbreiteten Phänomen wie einem negativen Selbstbild, aus dem sich das Gefühl der eigenen Unzulänglichkeit ergibt, über chronische Unzufriedenheit mit dem eigenen Leben, das hinter den hoch gespannten Erwartungen zurückbleibt, bis hin zu ernsthaften Störungen wie der einer Depression. So betrachtet, war Lenz der exemplarische Fall eines Hypochonders.

In beinahe jedem Buch über Depression ist heute zu lesen, dass der gut gemeinte Rat, an etwas anderes als das eigene Unglück zu denken, etwa an die frische Luft zu gehen oder eine neue Aufgabe anzupacken, bei ernsthaft erkrankten Menschen nicht verfängt und ihnen zynisch vorkommen muss: Sie würden schon gerne, können aber nicht – und genau das sei ein entscheidendes Symptom ihres Leidens.

Nicht jeder Kummer lässt sich dadurch lindern, dass man sich in die Arbeit stürzt, selbst wenn viele mit diesem intuitiv gewählten Mittel nach wie vor positive Erfahrungen machen. Dass es anschlägt, setzt wohl eine gewisse Robustheit voraus: trotz aller seelischer Verletzung, etwa angesichts einer Zurückweisung, auf Selbstheilungskräfte zurückgreifen zu können, denen man nur die Gelegenheit geben muss, sich zu entfalten. Dies könnte bei Goethe tatsächlich der Fall gewesen sein. Sein Plädoyer für ein tätiges Leben zielt auf eine Selbsttherapie ab, die greift, noch bevor der negative Zustand chronisch wird und es dann doch ärztlicher oder anderer therapeutischer Hilfe bedarf.

Gewiss: Nicht gerade wenige neigen dazu, ihre Gefühlsprobleme und Seelenleiden intellektuell lösen zu wollen. Sie ziehen sich auf sich selbst zurück und suchen ihr Heil in Selbsterkenntnis, beginnen zu grübeln, statt ihren »poetischen Bildungstrieb«, wie Goethe das nannte, zu mobilisieren und etwas anderes, Sinnvolles zu tun. Man muss dafür ja nicht gleich Politiker werden.

Goethes nachdrückliches Plädoyer dafür, die Lösung seelischer Probleme eher in Tätigkeit als im Nachdenken über sich selbst zu suchen, hat mit seinem Misstrauen gegenüber unserer Fähigkeit zu tun, »Seelenleiden, in die wir durch Unglück oder eigne Fehler geraten«, durch Selbstreflexion heilen zu wollen. Goethes Position ist die eines Menschen des vorpsychologischen Zeitalters, dem die permanente psychologische Selbstbeobachtung und der Gang zum Psychotherapeuten noch fremd sind; genau das aber macht sie so erfrischend. Manches deutet darauf hin, dass trotz aller Geläufigkeit, mit der wir psychologische Begriffe im Munde führen und auf uns selbst und andere anwenden, die Vormachtstellung der Psychologie bei der Analyse und Lösung von Seelenleiden im Schwinden begriffen ist. Längst vertrauen wir stärker den Erkenntnissen von Hirnforschung und Evolutionsbiologie als etwa den gewagten Deutungen von Psychoanalytikern, die unsere Schwierigkeiten damit, den richtigen Partner zu finden, auf einen unverarbeiteten Ödipuskomplex zurückführen wollen. Das ehemals vorhandene Zutrauen, durch Reflexion Zugang zu unseren psychischen Problemen zu erlangen, ist in eine Krise geraten und damit auch das, uns auf diesem Weg von ihnen befreien zu können. Unsere Grübelleistungen, so ein von vielen geteiltes Gefühl, erreichen nicht jene anderen, tiefer liegenden Prozesse in unserem Gehirn, die über unser Wohl und Wehe entscheiden.

Anders verhält es sich dagegen vielleicht mit einer Joggingrunde im Park, der Entrümpelung unserer unaufgeräumten Wohnung oder, wenn das nicht hilft, stärkeren Maßnahmen wie der, eine Weltreise anzutreten oder sogar an anderem Ort noch einmal ganz von vorn anzufangen – allesamt Formen jenes von Goethe Anfang Dezember 1777 gegenüber Charlotte von Stein gepriesenen kalten Bades, »das einen …

wieder zu einem neuen kräftigen Leben zusammen zieht«. Er wisse wohl, dass sich eine »hypochondrische Ängstlichkeit nicht wegraisonnieren« lasse, schreibt er in seinem dritten Weimarer Jahr an einen preußischen Emigranten mit dem angenommenen Namen Johann Friedrich Krafft – »ein wundersamer, durch verwickelte Schicksale nicht ohne seine Schuld verarmter Mann«, wie er ihn später charakterisiert. Er schickt ihm auf sein Ersuchen hin Geld, ermuntert ihn, bald damit zu beginnen, das eigene Leben aufzuschreiben (so wie er selbst das mit dem *Werther* getan hat), legt ihm aber auch einen Wohnungswechsel nahe und schlägt ihm sogar vor, eine andere Identität anzunehmen und damit amtlicher Aufsicht zu entgehen. »Fassen Sie wieder Fuß auf der Erde!«, fordert Goethe Krafft auf, als wolle er an ihm gutmachen, was er an dem armen Lenz verschuldet hat. »Man lebt nur einmal.«

HERAUSFINDEN, WAS EINEM WICHTIG IST

Bei alledem wusste Goethe sehr gut: »Entschlossene Tätigkeit« hat eine Grenze; nämlich dort, wo dasjenige unter die Räder der Umtriebigkeit zu geraten droht, was das eigene Leben letztlich ausmacht. Goethe musste in der ersten Weimarer Zeit mehrfach feststellen, dass ihm das Bewusstsein dessen, worum es ihm im Leben eigentlich ging, in der Fülle täglicher Verpflichtungen abhandenzukommen drohte. War er, soweit Zeit und Energie dies zuließen, wieder einmal als Schriftsteller in eigener Sache tätig – hatte er einen Akt konzipiert, ein Kapitel diktiert oder ein besonders gelungenes

Gedicht notiert –, wurde ihm, wie er an Charlotte von Stein schrieb, klar, dass er zum Dichter geboren sei, als müsse er sich von Zeit zu Zeit selbst davon überzeugen. Rückblickend, da ist er schon einige Monate in Italien, vergleicht er sich mit einem Baumeister, »der einen Turm aufführen wollte und ein schlechtes Fundament gelegt hatte; er wird es noch bei Zeiten gewahr und bricht gern wieder ab, was er schon aus der Erde gebracht, seinen Grundriss sucht er zu erweitern, zu veredeln, sich seines Grundes mehr zu versichern, und freut sich schon im Voraus der gewissen Festigkeit des künftigen Baus«.

Nicht die entschlossene Tätigkeit selbst also war das Problem, sondern dasjenige, worauf sie gegründet sein sollte. Der ältere, lebenserfahrene Wieland hatte das bereits zu Anfang von Goethes Beamtenlaufbahn kommen sehen. »Er wird viel Gutes schaffen, viel Böses hindern«, schreibt er im Juni 1776 an den gemeinsamen Freund Lavater, und das müsse darüber hinwegtrösten, »dass er als Dichter wenigstens auf viele Jahre für die Welt verloren ist«. Denn Goethe tue »nichts halb. Da er nun einmal in diese neue Laufbahn getreten ist, so wird er nicht ruhen, bis er am Ziel ist«. In Goethes Freundeskreis kursierte eine Zeit lang der beim Betrachten römischer Münzen entstandene Witz, Goethe sei einst in Rom Diktator und Imperator unter dem Namen Julius Caesar gewesen. »Zur Strafe« aber sei er »nach beinahe achtzehnhundert Jahren zum Geheimrat in Weimar avanciert und promoviert«.

Insbesondere die schriftstellerische Tätigkeit kam angesichts der Fülle von Goethes Verpflichtungen zu kurz. Als er schon gegen Ende der ersten Weimarer Zeit, motiviert durch die Möglichkeit, seine gesammelten Werke herauszubringen, auflistete, was er zu bieten hatte, musste er notieren: »*Egmont*, unvollendet. *Elpenor*, zwei Akte. *Tasso*, zwei Akte. *Faust*, ein Fragment.« Seit drei Jahren hatte er an diesen Werken keine Zeile mehr geschrieben. »Da ich mir vornahm, meine Fragmente drucken zu lassen, hielt ich mich für tot«, schrieb er nachträglich an Karl August. Da war er schon seit drei Monaten in Italien.

Das eigene Leben ist keineswegs frei von Selbsttäuschungen darüber, worin denn das »Eigene«, das, was das Leben ausmacht, besteht. Diese Selbsttäuschungen können sehr hartnäckig sein; im Extremfall halten sie das gesamte Leben über an. Jedenfalls ist keineswegs ausgemacht, dass schon der erste Versuch, sich davon frei zu machen, zum Ziel führt. Nicht selten muss man die Existenz zweimal aufgeben, um zu jener Existenz zu finden, die einem gemäß ist; in Goethes Fall das erste Mal, als er aus Frankfurt wegging, und das zweite Mal, als er von Weimar aus das Weite suchte und sich nach Italien aufmachte. Beim Weggang aus Frankfurt leitete ihn die Idee, eine Lebensform zu finden, die seiner poetischen Begabung und den dadurch bereits erzielten Erfolgen und seinem Wunsch, ein eigenständiges Leben zu führen, gleichermaßen entsprach. Der Weggang aus Weimar zehn Jahre später war weit mehr als eine oberflächliche Korrektur daran. Goethe hat ihn später durch das Ziel gerechtfertigt, sich wieder der poetischen Produktivität zuzuwenden.

Dabei war der zeitweilige Irrtum über die eigene Präferenz keineswegs so seltsam, wie er uns heute anmutet, die wir Goethe vor allem als Schriftsteller wahrnehmen und wissen, wie seine Lebensgeschichte ausgeht. Goethe hatte eine Zeit lang gemeint, dass das, was ihm Einkommen und sozialen Status verschaffte, auch das sei, worauf er seine Existenz zu gründen habe: das später als »falsche Tendenz« durchschaute und als solches gleichwohl gerechtfertigte und auch weitergeführte tätige Leben als Weimarer Beamter. Das ist ein Irrtum, der im modernen Leben bis heute nicht gerade selten vorkommt: Die Berufstätigkeit, eigentlich Mittel zur Erwirtschaftung des Lebensunterhalts, wird zum Hauptlebenszweck, der zunehmend alle anderen Belange und Interessen samt des eigenen Lebens auffrisst. Am Ende dieses sich selbst verstärkenden Prozesses steht gewöhnlich ein Burn-out, mit dem Goethes Erschöpfung nach dem ersten Weimarer Jahrzehnt auch in Verbindung gebracht wird. Mit der Zeit spürte er, dass die unter dem anfänglich gut geheißenen Druck der Geschäfte entstandene Präferenz dazu führte, dass er das Zentrum seiner Existenz verlor und damit auch das, was wir heute Work-Life-Balance nennen: das Gleichgewicht von Arbeits- und Privatleben oder wie wir mit dem amerikanischen Soziologen David Riesman besser sagen sollten, die Balance von außengeleiteten und innengeleiteten Persönlichkeitsanteilen. Wie wir gesehen haben, hat Goethe selbst die Funktion der Literatur damit in Verbindung gebracht, wenn er konstatierte, dass sie seine »Begriffe von den äußern Dingen« berichtige und ihn so »im Innern« beruhige. Fehlte diese Dimension oder kam sie wie in der ersten Weimarer Zeit zu kurz, dann waren das Ergebnis Unausgeglichenheit, Niedergeschlagenheit, psychosomatische Beschwerden, Erschöpfung. »Ein weit verbreiteter Name, eine hohe Stellung im Leben«, seien durchaus gute Dinge, wird Goethe im Nachhinein über diese erste Bewährungsprobe als erwachsener Mann urteilen. Sein »eigentliches Glück« bestehe aber im »poetischen Sinnen und Schaffen«.

ERNST NEHMEN, WORAN EINEM LIEGT

Viele meinen, man könne das, was das eigene Leben ausmachen soll, gleichsam nebenher, in der verbleibenden freien Zeit erledigen. Weil man diesen Teil des Lebens frei halten möchte vom Druck der Verpflichtungen und Verbindlichkeiten, wie man sie insbesondere vom Berufsleben her kennt (und worunter man dort leidet), erklärt man das, was das Wichtigste sein soll, zum Spielplatz der Launen und Gelegenheiten. Wer jedoch meint, es sei immer noch Zeit für den Hauptzweck des Lebens, wird über kurz oder lang die Erfahrung machen, dass dieser ihm abhandenkommt. Gerade auch jene Bereiche des Lebens, die wir für unsere Spontaneität und Kreativität reservieren, wollen ernst genommen werden, wenn sie auf Dauer nicht veröden und belanglos werden sollen. Neben der Aufwendung von Zeit und Energie bedeutet das eine Ausbildung von Fertigkeiten und Maßstäben, die dem Vergleich standhalten können.

Bei aller zeitweiligen Täuschung darüber, worin die eigene Präferenz im Leben bestand – unübersehbar hat Goethe schon in seinem ersten Weimarer Jahrzehnt die poetische Spontaneität der *Werther*-Zeit gegen ein planmäßiges Vorgehen auch in literarischen Dingen eingetauscht. Auch diese Professionalisierung der Herzensangelegenheiten ist ein Aspekt der persönlichen Reife, des Erwachsenwerdens. Die großen zeitlichen Abstände zwischen den jeweiligen Phasen dichterischer Produktivität, das dadurch notwendige Wiedervornehmen und Anknüpfen, schließlich die Vielfalt seiner Produktionen zwangen ihn förmlich zur Selbstverwaltung seiner literarischen Tätigkeit. Hatte er in der Frankfurter

Zeit, nach seinem *Faust* gefragt, noch einen »Sack« (wohl eher eine Papiertasche) mit Papieren, Zetteln und Schnipseln, mit Szenen, Versen und Einfällen über dem Tisch ausgeleert, so beginnt er nun für die literarischen Projekte Akten anzulegen. In einem Brief an Charlotte von Stein spricht er von dem »Filtriertrichter der Expeditionen«, durch den alle amtlichen Angelegenheiten laufen. »Expedition« hieß die Ausfertigung einer schriftlichen Verfügung, die selten in einem Zuge und immer unter wechselseitiger Kontrolle geschah. Durch diesen Filtriertrichter des Ausfertigens, der vom Konzipieren übers Supplieren (Ergänzen), Redigieren und Mundieren (ins Reine Schreiben) bis hin zum Rubrizieren und Ablegen reicht und an dem außer dem Autor Goethe immer noch andere (Schreiber, Gegenleser, Korrektoren) beteiligt sind, schickte Goethe mehr und mehr auch seine literarischen Produktionen. Er begann sein literarisches Talent zu verwalten und wurde darüber zum Arbeitstier.

Es gibt keinen anderen Schriftsteller, der seine Projekte mit einer derartigen Ausdauer teilweise über Jahrzehnte hinweg verfolgte, sie anfing und aus der Hand legte, sie wieder aufnahm, modifizierte und weiterführte, ohne schon zu einer endgültigen Version zu gelangen, oder, unzufrieden mit dem Erreichten, sie auch neu konzipierte, umschrieb oder weitertrieb. Im Extremfall konnte dieser Prozess mehr Zeit beanspruchen, als die damalige Lebenserwartung einem Menschen durchschnittlich an Lebenszeit gewährte. Seinen *Faust* begann Goethe schon in der Leipziger Studentenzeit. Nach Weimar brachte er jedenfalls schon Szenen mit, die er dort vortrug. Die letzten Verse diktierte er im Sommer 1832 im zweiundachtzigsten Lebensjahr. Das macht *summa summarum* eine Entstehungszeit von annähernd sechs Jahrzehnten oder sogar mehr. Die Produktion anderer Werke zog sich nicht ganz so lange hin. Bei der *Iphigenie* vergingen zwischen der ersten Prosafassung und der Veröffentlichung des Versdramas acht, beim *Tasso* zehn Jahre. Beim *Wilhelm Meister* waren es, die erste Fassung eingerechnet, zwanzig, berücksichtig man das Folgewerk der *Wanderjahre*, sogar über fünfzig Jahre, also beinahe *Faust*-Dimensionen. Aber auch den *Werther*, 1774 in wenigen Wochen niedergeschrieben, überarbeitete Goethe über zehn Jahre später, bevor er nach Italien aufbrach, gewissermaßen als letzte literarische Amtshandlung. In der Regel ist es diese zweite, geglättete Fassung, die wir heute lesen.

Die Fähigkeit, bei den Dingen zu bleiben und immer wieder auf sie zurückzukommen, hat neben der arbeitsökonomischen auch eine psychologische Dimension. Es ist sozusagen das Gegenteil des heute nicht nur unter Schülern verbreiteten Aufmerksamkeitsdefizitsyndroms, das Lehrer und Ärzte auch als Auswirkung der Zunahme der an Bildschirmen verbrachten Zeit sehen.

Vielleicht ist Erwachsensein im Kern nichts anderes als die Fähigkeit, auf die Dinge zurückzukommen und sie durch die Jahre des Lebens hindurch weiterzutreiben, womöglich erfolgreich zu Ende zu bringen. Haruki Murakamis Roman über die Pilgerjahre des farblosen Herrn Tazaki, mit dem dieses Kapitel begann, sagt im Kern genau das: Der Aufbruch des Helden aus der Enge der Heimatstadt, der auch eine Fluchtbewegung war, mündet in eine beharrliche Suche nach den Gründen, warum es damals zum Bruch kam. Ohne deren Aufklärung würde Tazaki in einem Zustand der Dumpfheit und Freudlosigkeit verharren müssen. Danach steht ihm die Welt offen, und er kann sich befreit mit den Dingen befassen, die ihn wirklich interessieren.

Goethes Weggang nach Weimar, den er selbst mit einer Flucht verglichen hat, führte zum Erwerb von Fertigkeiten und Voraussetzungen, die es ihm letztlich erlaubten, jenes eigene Leben zu führen, das ihm vorschwebte. Der Wunsch danach hatte ihn zur Literatur gebracht; indem er sein Leben in Literatur verwandelte, machte er es sich zu Eigen und gewann dadurch an Souveränität, was wiederum auf die Art abfärbte, wie er sein Leben führte. Das aber war ein Lebensentwurf, der ihm in Frankfurt keine Zukunft zu haben schien.

Flüchten oder Standhalten ist vielleicht gar keine Alternative. Wer einer Lebenssituation entflieht, die unerträglich oder ohne Zukunft ist, tut dies häufig, weil er sich selbst treu sein und seine elementaren Wünsche an das Leben nicht verraten will. Auch was die anderen Verzettlung nennen, ist womöglich erst einmal nur ein Ausprobieren, um herauszufinden, was einem eigentlich gemäß ist. Stärken müssen sich entwickeln können, sie sind nicht einfach vorhanden. Belastungen standhalten und Hindernisse überwinden, auf wichtige Dinge immer wieder zurückkommen – das alles sind Tugenden, die sich erst mit den Jahren entwickeln, wenn man sich seiner Sache allmählich sicher zu werden beginnt. Sie setzen zudem ein passendes Umfeld voraus, das ihnen entgegenkommt. Und selbst das muss man gegebenenfalls aufgeben, wenn der Eindruck unabweisbar wird, dass es einen bei der Suche nach dem eigenen Leben mehr behindert als fördert.

GOETHES UNGESCHRIEBENE LEHRE VOM GLÜCK

Anders als seine Zeit glaubte Goethe nicht daran, dass es vorgesehen sei, dass der Mensch glücklich werde. Überhaupt war ihm jede Idee einer Bestimmung des Menschen, die dieser in seinem Leben zu erfüllen habe, fremd. Das weiß Goethes engster Freund in Weimar, der ehemalige Soldat und Übersetzer Karl Ludwig von Knebel, im November 1784 an seine Schwester Henriette zu berichten. Goethe dachte in diesen Dingen nicht religiös oder metaphysisch, sondern anthropologisch, wie wir heute sagen würden. Er sah den Menschen von der Natur »ausgerüstet«, so Knebels Wort, zu beidem: zu Glück wie Unglück. Zu welcher Seite die Waage jeweils ausschlägt, hängt von vielen Faktoren ab, von denen der einzelne Mensch die wenigsten unter Kontrolle hat.

Es gibt also kein Recht auf Glück. Wohl aber die berechtigte Erwartung, dass jedes Leben sein eigenes Maß an Glück hat. Und an Unglück.

Ein Menschenleben ist stets mehr als seine Vorgaben und Vorsätze. Insbesondere der zeitliche Verlauf des Lebens lässt sich nur bedingt steuern und berechnen schon gar nicht. Weder das Glück noch das Unglück ist von Dauer. Und niemals gibt es so etwas wie reines Glück oder Unglück. Stets ist dem einen ein Gutteil des anderen beigemischt. Knebel erklärt seiner Schwester, »dass selbst dem Unglücklichsten vor unseren Augen oft da Hilfe, Glück und Genuss zugeteilt ist, wo wir es nicht erraten, kaum selbst für ihn fühlen können – und das hingegen auch wieder dem Glücklichsten ein unvermeidlich Elend kommt, wo er es nicht sah, noch beinah voraussehen konnte«.

Empirische Untersuchungen bestätigen heute Goethes Erfahrungen. So berichten Menschen mit chronischen Krankheiten oder Behinderungen von einem Maß an Glück und Lebenszufriedenheit, das sich von dem gesunder Personen kaum merklich unterscheidet. Andererseits wissen wir mittlerweile, dass Geld, von dem man immer hoffte, dass es die Menschen glücklich macht, diese Erwartung schon deshalb enttäuscht, weil nicht das eigene Einkommen, sondern das eigene Einkommen in Relation zu dem Einkommen der anderen der Gradmesser persönlicher Zufriedenheit ist. Viel Geld verdienen ist gut. Aber noch besser ist: Mehr Geld verdienen als andere. Und so kann mich das Glück des eigenen Wohlstands ziemlich unglücklich machen, wenn es meinen Freunden noch besser geht als mir.

Ein weiterer Faktor ist die Zeit: So führt plötzlicher, etwa durch einen hohen Lottogewinn erzielter Reichtum nur für relativ kurze Zeit, etwa im ersten Vierteljahr, zu einer wahrnehmbaren Steigerung des Glücks; danach pendelt sich das Glücksniveau des Gewinners in der Regel auf dem früheren Niveau ein. Andererseits gibt es nicht wenige Beispiele von Lottokönigen, die ihren jähen, nicht durch Anstrengung zustande gekommenen Reichtum nicht verkraften und deren Leben dadurch eine Wendung ins Unglück nimmt.

Das ist die von Goethe beschriebene Dialektik von Glück und Unglück: Etwas, das uns heute Glück bringt, kann uns zu einer anderen Zeit unglücklich machen. Deshalb helfen alle Rezepte, wie man sein Leben auf Glück hin optimiert, bei der Glückssuche nicht weiter. »Musste denn das so sein, dass das, was des Menschen Glückseligkeit macht, wieder die Quelle seines Elendes würde?«, ließ Goethe seinen Werther fragen. Werther wollte das nicht wahrhaben. Goethes Antwort lautet letztlich: Ja, es ist unausweichlich. Glück und Unglück gehören zusammen, weil wir in einer zufallsbestimmten, kontextabhängigen Welt leben. Die Erfahrung des einen setzt die des anderen voraus.

Der Mensch – und das ist die gute Nachricht, die sich aus dieser Ungewissheit ergibt – wird dadurch »in einer steten Achtsamkeit und Spannung« erhalten. »Er hat stets Ursache zu hoffen und zu fürchten; das Unwahrscheinliche ist doch möglich, und hat sich schon ereignet, und das Glück, auf das er am sichersten baute, ist vor seinen Augen verschwunden.« Glück ist demnach nicht so wichtig, jedenfalls nicht das Wichtigste im Leben, Unglück hingegen oft nicht so tragisch, wie wir denken. Das sei, so deutet Knebel an, Goethes ungeschriebene, nur mündlich den Freunden angedeutete Lehre vom Glück.

Goethes Lehre vom Glück erklärt Glück und Unglück nicht so sehr aus der Persönlichkeit des Menschen oder aus seinen Lebensumständen, sondern versteht sie als Bewertungen des eigenen Lebens. Amerikas erste First Lady, Martha Washington, hat diese Einsicht, die heute von der empirischen Glücksforschung bestätigt wird, vor über zweihundert Jahren so formuliert: »Der größere Teil unseres Glücks oder Unglücks hängt von unserer Einstellung und nicht von den Umständen ab.« Dieselben Lebensumstände können in unterschiedlichem Licht erscheinen, je nachdem wie man über sie nachdenkt. Es kommt bei der Frage von Glück und

Unglück also in erheblichem Maße auf den Kontext an, der sich von einem Augenblick zum anderen auch ändern kann, wenn wir zum Beispiel neue Informationen erhalten, die in unsere Bewertung einfließen. Was gerade noch als das größte Glück erschien (ein Mensch, in den man verliebt ist), entpuppt sich einen Moment später als großes Unglück (als man erfährt, dass sie oder er bereits vergeben ist).

Fast die gesamte erste Weimarer Zeit über schreibt Goethe an einem zweiten Roman, dem *Wilhelm Meister*. Er beginnt die Arbeit am Manuskript 1777 im Garten seines Häuschens unweit der Ilm und schließt 1785 das sechste, das letzte uns erhaltene Buch der Fragment gebliebenen ersten Fassung ab, die heute als *Wilhelm Meisters theatralische Sendung* bekannt ist. In mehr als acht Jahren rückt er mühsam voran. Immer wieder verarbeitet er in dem langsam wachsenden Werk Eindrücke aus seiner Tätigkeit für den Herzog und erfindet Figuren hinzu wie die leichtlebige Philine, die Wilhelms Reise durch Deutschland bereichern.

Bevor der Wilhelm des Romans das Elternhaus verlässt und dem väterlichen Plan, aus ihm einen Kaufmann zu machen, die endgültige Absage erteilt, macht er einen Zustand tiefen Unglücks, beinahe eine Depression durch. Auslöser ist, dass er sich von seiner Geliebten mit einem anderen Mann betrogen glaubt (eine Täuschung, wie wir später erfahren, in Wirklichkeit erwartet sie ein Kind von ihm). Letztlich ist es das Unglück, besser gesagt das Gefühl des Unglücks aufgrund von Unwissenheit, das ihn von zu Hause fortgehen lässt, um sein Glück auf den Brettern, die die Welt bedeuten, zu suchen und dabei auf eine Welt voller Zufälle, Überraschungen und Ungewissheiten zu stoßen. Nicht das Glück, das Unglück ist sein erster Lehrmeister. Mehr noch: Wo Glück und

Erfolg ihn ständig täuschen können, da sie unbeständig und unberechenbar sind, verstärken seine frühen Leiderfahrungen das dunkel gefühlte Bedürfnis, ein eigenes Leben zu führen, das sich von Vorgaben weitgehend frei macht.

An dieser, auch aus der eigenen Erfahrung als junger Mann gewonnenen Einsicht hält Goethe zeitlebens fest. In den viel später geschriebenen *Wahlverwandtschaften* heißt es: »Der Glückliche ist nicht geeignet, Glücklichen vorzustehen; es liegt in der menschlichen Natur, immer mehr von sich und von andern zu fordern, je mehr man empfangen hat. Nur der Unglückliche, der sich erholt, weiß für sich und andere das Gefühl zu nähren, dass auch ein mäßiges Gute mit Entzücken genossen werden soll.«

Während im Übermaß genossenes Glück die Neigung fördert, noch mehr vom Leben, von sich selbst und auch von seiner Umgebung zu verlangen, bis dahin, dass man, wenn nicht Unmögliches, so doch Unzuträgliches begehrt und dabei das eigene Glück und das der anderen aufs Spiel setzt, ist Unglück, sofern es uns nicht in Depression versinken lässt, der bessere Optimator unserer Wünsche. Weil unser Glücksverlangen kaum zu bändigen ist und schnell übers Ziel hinausschießt, können wir von demjenigen, der auch das Unglück kennengelernt und aus ihm wieder herausgefunden hat, besser lernen, ein glückliches Leben zu führen. Es ist glücklich dann auch deshalb, weil es sich zu begrenzen weiß und ein Gespür für das ihm zuträgliche Maß entwickelt.

Doch es gibt auch die Erfahrung, dass Glück weiteres Glück mit sich bringt, als sei in ihm eine magnetische Kraft verborgen, die gegenüber dem Unglück abstoßend, gegenüber dem Glück hingegen anziehend wirkt. Goethe berichtet davon zu Beginn des letzten Buches von *Dichtung und*

Wahrheit: »Wie man zu sagen pflegt, dass kein Unglück allein komme, so lässt sich auch wohl bemerken, dass es mit dem Glück ähnlicherweise beschaffen sei; ja auch mit andern Umständen, die sich auf eine harmonische Weise um uns versammeln, es sei nun, dass ein Schicksal dergleichen auf uns lege, oder dass der Mensch die Kraft habe, das, was zusammen gehört, an sich heranzuziehen.«

Knebels Gespräche mit Goethe über das Glück fanden Jahrzehnte früher statt. Bereits damals aber stellte er ähnliche Überlegungen an. Die Kraft, von der Goethe in *Dichtung und Wahrheit* recht unbestimmt spricht, nennt er hier um einiges konkreter die »Kraft des Geistes«. Sie beweise sich darin, auch in Tagen des Unglücks am einmal genossenen Glück festzuhalten und das darin erfahrene Gute zu fixieren und »dauerhaft« zu machen. Weiterhin »allem zufälligen Glück« gegenüber offen, lässt diese Kraft es dennoch nicht zu, dass ihr »das Gefühl davon zu einer andern Zeit« verloren geht. Anders gesagt, gerade in Momenten oder Phasen des Unglücks ist der menschliche Geist in der Lage, die Erfahrung des Glücks hinüberzuretten in eine Gegenwart, die davon nichts weiß. Für diese ambivalente Situation findet Knebel am Schluss seiner Ausführungen, sich weiter auf Goethe berufend, das schöne Bild von Ebbe und Flut am Meeresstrand. Gerade dadurch, »dass sie in dem glücklichen Strome oder in der Flut des Daseins leicht sich und gemächlich und ihrer bewusst erhält«, werde die Kraft des Geistes, sind die Wasser dann »enger und trüber und sinken zur Ebbe, … nicht so leicht mit vom Ufer weggetrieben«. Der Wechsel von Glück und Unglück erfolgt im menschlichen Leben mit der Gesetzmäßigkeit der Gezeiten. Derjenige, der davon weiß und sich entsprechend darauf einstellt, ist in der

Lage, sich diesem Wechsel anzupassen. In Phasen der Leichtigkeit oder der Fülle bildet er seelische und geistige Reserven. Ziehen dann die schweren Wasser des Unglücks an ihm, kann er sich besser dagegen behaupten, fort vom Ufer in die Strudel der Verzweiflung und des Leidens getrieben zu werden. Er wird vom Schicksal nicht mehr erdrückt, und was er nun noch verlieren kann, »sind meist nur Spiele, ... die sich zur Zeit des Glücks gar leicht wieder anhängen«.

Der Goethe, der so über Glück und Unglück denkt, war zu der Zeit, als er diese Überlegungen Knebel gegenüber andeutete, gerade in den Hafen der spinozistischen Philosophie eingelaufen. Diese lehrte ihn, dass den Wechselfällen des Lebens ein »Gesetz der allgemeinen Notwendigkeit« zugrunde liegt, wie Knebel sagt. Spinoza war für Goethe weniger der Name für ein bestimmtes philosophisches System als der Impuls, sich über das Leben »solche Begriffe zu bilden, welche unverwüstlich sind, ja durch die Betrachtung des Vergänglichen nicht aufgehoben, sondern vielmehr bestätigt werden«, wie er dann in *Dichtung und Wahrheit* schreibt. Durch Spinoza erfuhr Goethe eine elementare Beruhigung über die Zufälle des Lebens, an denen sich andere, so auch sein Held Wilhelm Meister, die Zähne ausbeißen. Goethe wusste nur zu gut, dass ein Mensch, dem es ernst ist mit dem eigenen Leben, lediglich vorübergehend im Hafen der spinozistischen Philosophie vor Anker gehen kann. Unversehens führt ihn das Leben wieder hinaus aufs offene Meer. Aber auch dort sollte es ihm möglich sein, »unverwüstliche Begriffe« zu bilden. Im Laufe des Lebens machte Goethe sich dieses Prinzip mehr und mehr zu Eigen. Nicht zuletzt, um dann in Phasen der Desorientierung und des Unglücks an diesen Begriffen einen Lebenskompass zu besitzen.

IV.
WIE MAN ZU SICH SELBST FINDET – UND ZUM KÜNSTLER WIRD

»Die Revolution, die ich voraussah
und die jetzt in mir vorgeht, ist die in jedem
Künstler entstand …, die Seele quoll auf und er
fühlte eine innere Art von Verklärung seiner selbst,
ein Gefühl von freierem Leben, höherer Existenz,
Leichtigkeit und Grazie.«

GOETHE IM TAGEBUCH DER
ITALIENISCHEN REISE AN CHARLOTTE VON STEIN,
ENDE SEPTEMBER 1786 IN VENEDIG

Am Beginn jeder Reise steht die Vorfreude des Aufbruchs, an ihrem Ende die Tristesse des Zurückkommens.

In die Reisevorbereitungen stecken wir viel Energie, Zeit und Sorgfalt. Gerade an kürzeren Reisen lässt sich beobachten, dass der Aufwand in einem, vorsichtig gesagt, problematischen Verhältnis zu der Zeit der Abwesenheit steht. Längst hat der lebensumspannende Optimierungswahn auch das Reisen erreicht: Wir wälzen nicht nur Reiseführer, informieren uns über Land und Leute, vergleichen Routen und Hotels, sondern umkreisen Unterkunft, Umgebung und Sehenswürdigkeiten bereits virtuell, bevor wir buchen. Gibt es ein Yoga-Retreat, Bio-Gemüse aus eigenem Anbau, kostenloses W-Lan auf den Zimmern, lassen sich die beiderseitigen Interessen (romanische Sakralbauten: er, Wildwasserfahrten: sie) glückserfüllend kombinieren?

Über das Zurückkommen und die Zeit nach der Reise machen sich hingegen die wenigsten Gedanken. Klar, man hat etwas zu erzählen über Wetter, Essen, Strand und die grandiose Schönheit der Tempelruinen bei Sonnenuntergang. Unversehens aber hat einen der Alltag wieder, dem zu entrinnen man doch so viel Vorfreude und Vorbereitung in die Reise investiert hat. Als man vor Kurzem die verlassene Hütte in der einsamen Bucht entdeckt und dort im Angesicht des unermüdlich gegen den Strand anrollenden Meeres einen unbeschwerten Abend verbracht hatte, war man da nicht noch der tiefen Überzeugung gewesen, sein Leben von Grund auf ändern zu müssen, sich zumindest nicht mehr von der Betriebsamkeit und den Zwängen des Alltags steuern zu lassen? Nach einigen Tagen voller Termine, Kleinkram und dem üblichen Ärger ist dieser an besagtem Abend so tief empfundene Gedanke auf dem besten Wege, dem Vergessen, gar dem Unverständnis anheimzufallen. Bis er, im Jahr darauf, aus dem metaphysischen Schlummer geweckt wird, vielleicht bei der Erzählung einer Freundin, welch unvergessliche Tage sie in der Ferne verbracht hat und dass man doch eigentlich sein Leben …

DAS LEBEN NEU GEWINNEN

Der Italienfahrer Goethe, einer der ersten Zeugen der tiefen Sehnsucht, mit der wir heute auf Reisen gehen, hielt es genau umgekehrt: Auf die Vorbereitungen verschwendete er nur wenige, auf die Fragen des Zurückkommens hingegen ausführliche und bemerkenswerte Gedanken. Sicherlich hatte das damit zu tun, dass er anderes im Sinn hatte, als nur einige Wochen Auszeit vom Hamsterrad der Amtspflichten nehmen zu wollen, wie er den Daheimgebliebenen zu ihrer Beruhigung suggerierte. Jener Gedanke, ein anderes Leben zu führen, womöglich ein neuer Mensch zu werden – das war bei Goethe sozusagen Reiseprogramm. Nichts weniger erhoffte er sich von seiner Italienfahrt; alles andere wäre eine Riesenenttäuschung gewesen. »Gewiss, es wäre besser, ich käme gar nicht wieder, wenn ich nicht wiedergeboren zurückkommen kann«, notiert er unter dem Datum des 22. März 1787 in Neapel.

Dass das Ziel dieser Reise nur Italien, insbesondere Rom sein konnte, stand für Goethe intuitiv fest. Hätte ihn zehn Jahre zuvor in Heidelberg nicht die Nachricht erreicht, dass die Kutsche aus Weimar noch angelangt sei, wäre er womöglich schon seinerzeit nach Italien gegangen. Nun holt er nach, was er damals aufgegeben hat, um die bittere Erfahrung klüger, dass er auch in Weimar bislang nur bedingt das eigene Leben führen konnte. So ist die Reise zudem eine späte Wiedergutmachung, nicht zuletzt für den inzwischen verstorbenen Vater, der ihn immer wieder dazu animiert hatte.

Andere Umstände kommen hinzu: Der auf die vierzig zugehende Goethe ist keineswegs der einzige Deutsche, den es damals nach Italien zieht. Goethe weiß, dass er in Rom auf Gleichgesinnte treffen wird: etwa den Maler und Kunstkenner Johann Heinrich Wilhelm Tischbein, der ihm noch einen Gefallen schuldig ist; oder den seit Langem in Italien ansässigen Landschaftsmaler Jakob Philipp Hackert, den kürzlich eine Berufung als Hofmaler nach Neapel ereilt hat; schließlich Angelika Kauffmann, eine der wenigen Malerinnen der Zeit, deren Ruhm den aller anderen überstrahlt. Auch Karl Philipp Moritz ist gerade zu Fuß nach Rom unterwegs; für Kutschreisen reicht der kärgliche Vorschuss nicht, den er von seinem Verleger für das geplante Buch über seine Reise bekommen hat. Lange vor allen anderen, in den 1760erjahren, war Johann Joachim Winckelmann, der Archäologe und Schriftsteller, wiederholt in Italien gewesen. Winckelmann, dessen tragisches Ende in einem Gasthof in der Nähe von Triest immer noch Gesprächsstoff bietet, hatte die antike Kunst für die Gegenwart neu entdeckt. Er ist der eigentliche Auslöser des Italienbooms unter den deutschen

Schriftstellern, Künstlern und Intellektuellen in jener Zeit gewesen.

Bevor er sich ins römische Getümmel stürzt, reist Goethe aber erst einmal allein. Keiner begleitet ihn, weder der Freund Knebel noch der Ziehsohn Fritz, noch der Herzog oder die platonische Geliebte, nicht einmal ein Diener – eigentlich undenkbar in seiner Position. Damit nicht genug, breitet er den Mantel des Schweigens über seine Reisepläne aus. Lediglich dem Diener Philipp Seidel, der ihm seit Jugendtagen treu verbunden ist, ist das Ziel bekannt. Vom Herzog hat er die Erlaubnis eingeholt, sich für eine unbestimmte Zeit aus Weimar zu entfernen; Charlotte hingegen schreibt er trotzig, er gehe hinaus in die »Einsamkeit der Welt«, da das Verhältnis zu ihr sich nicht in wünschenswerter Weise herstellen wolle. In seinem Tagebuch notiert er, nur wenige Wochen nach dem Aufbruch, sich an die Zurückgelassenen wendend: »Lebt wohl und vergnügt, indes ich durch eignen Willen exiliert, mit Vorsatz irrend, zweckmäßig unklug, überall fremd und überall zu Hause, mein Leben mehr laufen lasse als führe und auf alle Fälle nicht weiß, wo es hinaus will.« Will man sein Leben neu gewinnen, muss man sich erst einmal darin üben, das alte zu verlieren.

Auch an Gepäck spart er, wo er nur kann. Lediglich einen Kleidersack und eine Schultertasche hat er dabei, gefüllt vor allem mit Manuskripten und einem dreibändigen italienischen Reiseführer. Mit seiner offiziellen Kleidung lässt Goethe seine Geheimratsexistenz in Deutschland zurück. Auf italienischem Boden angelangt, wird er sich neu einkleiden, angepasst an die Landessitten. Goethe will kein Tourist sein, zumindest nicht als solcher auffallen. Er reist mit der Postkutsche, leistet sich lediglich die teurere Extrapost, die auch die Nacht durchfährt. Für die Zurückgebliebenen hat sein Aufbruch etwas Jähes, geradezu Unvorhersehbares. Der in den Jahren des Hoflebens zahm gewordene poetische Rebell überrascht alle durch seine Plötzlichkeit. Er macht sich unberechenbar, und die gute Gesellschaft fühlt sich düpiert. Eine Dame aus ihrer Mitte ruft ihm hinterher, er sei ein Deserteur, den sie »gern nach aller Strenge des Krieges Rechts behandeln möchte«. Da hat der Deserteur Goethe mittlerweile schon den Brenner passiert und befindet sich auf der Süd- und Sonnenseite der Alpen und des Lebens.

INKOGNITO

Gipfel der Geheimniskrämerei ist, dass Goethe unter einem Inkognito reist: nicht als Johann Wolfgang von Goethe, Schriftsteller und Weimarer Staatsmann, sondern als Johann Philipp Möller, Maler. Johann ist Goethes eigener erster Vorname, Philipp der Vorname seines Dieners, der gewählte Nachname ist vom Allerweltsnamen Müller nur durch das Goethe'sche Ö unterschieden. Goethe erfindet sich neu; er verzichtet auf Prominenz und Status und macht sich für den Zweck seiner Reise ganz bewusst zu einem Geringeren, als er ist beziehungsweise der Welt erscheint.

Für Adlige, zumal solche in einer herausgehobenen Position, war es damals nichts Außergewöhnliches, inkognito zu reisen, wollten sie unterwegs unerkannt bleiben und ihre Ruhe haben: unbehelligt von Bewunderern und Bittstellern sowie frei von Verpflichtungen. So konnten sie in einem gewöhnlichen Gasthof absteigen, mit den Bauernmädchen schäkern, den Leuten auf den Dörfern Streiche spielen. Der junge Herzog Karl August machte auf Reisen häufig von einem Inkognito Gebrauch, um sich den eigenen Interessen und Bedürfnissen gemäß ausleben zu können.

Auch Goethe hat bereits Erfahrungen damit: Als er im Winter 1777 unter dem Namen Weber von Weimar aus allein zu Pferde in den Harz ritt, die dortigen Silberbergwerke erkundete, einen verzweifelten *Werther*-Leser aufsuchte und schließlich in Schnee und Nebel den Brocken bestieg, schrieb er an Charlotte von Stein: »Mir ist's eine sonderbare Empfindung, unbekannt in der Welt herumzuziehen, es ist mir als wenn ich mein Verhältnis zu den Menschen und den Sachen weit wahrer fühlte.« Was für die Adligen ein Trick war, entwickelt sich bei Goethe zu einem »Tic«, wie er es später in einem Brief an Schiller nennt: Das Ablegen von Name und Status bedeutet ihm auch den Abwurf von Ballast und den Wegfall von Barrieren; inkognito konnte er unbeschwerter unterwegs sein – »leichtsinniger«, so sein Ausdruck – und sich den Menschen und Dingen, denen er begegnete, unverstellter nähern. Mit dem Aufbruch nach Italien wird aus dem Tic eine Strategie, in der Absicht, Wahrheit über sich selbst zu erlangen.

Warum aber bricht Goethe als Maler nach Italien auf? Malen ist eine Passion, die ihn seit seiner Jugendzeit begleitet; auch in Weimar hat er sie gepflegt. Unterwegs nimmt er sich häufig die Zeit, eine Landschaft, die ihm besonders gefällt, oder eine Naturerscheinung, die ihn interessiert, zu skizzieren. Für Goethe waren Zeichnen und Malen Weisen der direkten und unverstellten, aufmerksamen Begegnung mit der sinnlichen Welt. Das aber ist auch das vorrangige Ziel seiner italienischen Reise: der Welt ohne Scheuklappen zu begegnen und die Erlebnisse für sich sprechen zu lassen, von ihnen bewegt und zur eigenen Wahrheit geführt zu werden. Kaum auf italienischem Boden angekommen, notiert er in sein »Reise-Tagebuch«: »Mir ists wie einem Kinde, das erst wieder leben lernen muss.«

SINNGEBUNG DES ANSTÖSSIGEN

In zumindest einer Hinsicht stimmt das mit den aufs Nötigste beschränkten Vorbereitungen jedoch nicht ganz. Goethe hat sich für seine Reise finanziell abgesichert und zugleich dafür gesorgt, dass sein Name als Autor während seiner Abwesenheit nicht völlig in Vergessenheit gerät, vielmehr neuen Glanz gewinnen kann. Gut zwei Monate vor seiner Abreise ist er mit dem Leipziger Verleger Georg Joachim Göschen über eine achtbändige Werkausgabe seiner Schriften handelseinig geworden. Sie soll neben bereits veröffentlichten Werken wie dem *Werther* oder dem *Götz* auch eine Vielzahl von Arbeiten umfassen, die wie das Drama *Egmont* erst halb fertig sind oder mit deren bisheriger Fassung Goethe nicht zufrieden sein kann wie im Fall der *Iphigenie*. Dafür ist weit mehr zu tun, als lediglich bereits vorhandene Texte zusammenzustellen.

Als Honorar hat Goethe den für damalige Verhältnisse bemerkenswerten Betrag von insgesamt zweitausend Talern ausgehandelt, vor allem aber auf die Vereinbarung gedrungen, dass dieser ihm anteilig pro Band ausgezahlt wird, und zwar jeweils als Vorschuss bei Ablieferung des fertigen Manuskripts. So konnte er während der Reise finanziell disponieren und verfügte gegebenenfalls noch über Einnahmen, falls der *worst case* eintreten sollte, dass der Herzog das nicht genehmigte Sabbatical zum Anlass nahm, seine Gehaltszahlungen einzustellen oder empfindlich zu kürzen. Beides traf nicht ein, auch weil Goethe großes Geschick darin bewies, seine lange Abwesenheit Karl August schmackhaft zu machen. Noch vor seinem Aufbruch lieferte Goethe die Manuskripte für die ersten beiden Bände ab, darunter den vollständig überarbeiteten *Werther*. Damit waren fünfhundert Taler fällig, immerhin mehr als das quartalsweise ausgezahlte herzogliche Salär. Mit seinem Diener Seidel hatte Goethe vorher abgesprochen, auf welchem Wege ihn das Geld in Italien erreichen sollte.

Neben der Finanzierung der Reise hatte die Ausgabe noch den weiteren Zweck, dem plötzlichen Aufbruch nach Italien vor den Zurückgebliebenen, aber auch vor sich selbst die nötige Legitimation zu verschaffen. War man Goethe einigermaßen wohlgesonnen, so nahm man ihm ab, dass er als verantwortungsvoller Schriftsteller gehandelt hatte, eigentlich gar nicht anders hatte handeln können: Er musste sich in einer Situation, in der seine Kreativität zu versiegen drohte, zu dichterischer Produktivität wiederherstellen, wie er das später gegenüber Johann Peter Eckermann, dem »geprüften Haus- und Seelenfreund«, beschrieben hat. Und durch den Vertrag mit Göschen versah er das Vorhaben sogar mit größtmöglicher Verbindlichkeit, damit es nicht beim Wunschdenken blieb.

Es ist müßig darüber zu spekulieren, ob die Arbeit an der Gesamtausgabe tatsächlich der tiefreichendste oder womöglich nur ein vorgeschobener Grund für Goethes Flucht nach Italien war. Viel interessanter ist es, den psychologischen Mechanismus zu erkennen, den Goethe für sich genutzt hat: Indem er seinem vorderhand anstößigen Verhalten einen tieferen Sinn gab, zwang er seine Umgebung dazu, es letztlich zu akzeptieren, was sie im Einzelnen auch darüber denken mochte. Dafür ein anderes, uns zeitlich näherliegendes Beispiel: Dem Kinderwunsch, dann mal weg zu sein, wirklich nachzugeben, ist das eine. Dem Abhauen die offizielle Gestalt einer Pilgerreise zu verleihen, wie das der Entertainer Harpe Kerkeling sehr erfolgreich gemacht hat, das andere. Dabei handelt es sich um mehr als nur einen Trick, der die Wunscherfüllung als nicht gar zu asozial erscheinen lassen soll. Es ist auch eine Sinngebung dessen, was man eigentlich nicht tut, indem man dafür eine Form wählt, der wir einen hohen kulturellen Wert zuzuschreiben geneigt sind.

Goethe hat in seinen Briefen aus Italien den in Weimar Zurückgebliebenen stets das Gefühl zu geben versucht, er sei als ihr Abgesandter, in ihrem Auftrag und zu ihrem Nutzen, unterwegs. Dieser teils charmante, teils penetrante Schachzug hat sicherlich dazu beigetragen, dass der Herzog seine plötzliche Abreise und sein langes Fortbleiben nachträglich akzeptierte, später sogar bereit war, seine Abwesenheit noch einmal beachtlich zu verlängern bei Fortzahlung, ja sogar leichter Erhöhung seiner Bezüge. Er bewilligte ihm darüber hinaus einen beträchtlichen Reisekostenzuschuss aus der herzoglichen Kammer, sodass Goethe seine Kosten zum Teil wie eine Dienstreise abrechnen konnte. Sich rar zu machen und dann mal weg zu sein, kann auch dazu führen, dass den Zurückgebliebenen erst zu Bewusstsein kommt, wie wichtig, ja unersetzbar man eigentlich ist. (Eine Garantie gibt es dafür allerdings nicht; gut möglich, dass sogar das Gegenteil eintritt.)

Goethe war als junger Mann ein Unruhegeist mit enormem Bewegungsdrang. Beides brach sich in Gewaltmärschen Bahn, die er bei Wind und Wetter unternahm. Von seinen Darmstädter Freunden, die sich zu einem Kreis zusammengefunden hatten, der sich die »Empfindsamen« nannte, hatte er deshalb den Spitznamen »der Wanderer« erhalten. Vom Winde zerzaust und vom Regen durchnässt kam er oftmals bei ihnen an. Auf den häufig allein unternommenen Fußmärschen verausgabte er sich auf »Schlammpfaden«, und weder Regen noch Sturm jagten ihm »Schauer übers Herz«, wie es in »Wanderers Sturmlied« heißt – einem Gedicht, das wohl auf einer solchen Tour entstanden ist.

In der Attitüde des Wanderers war natürlich, zumindest in den jugendlichen Anfängen, eine gehörige Portion Romantik enthalten, eine Ablehnung des sesshaften bürgerlichen Lebensstils. Aber Goethes Vorliebe für das wilde Umherschweifen war auch Reaktion auf eine Verstörung. So hat er es jedenfalls nachträglich selbst beschrieben. Vordergründig spielte dabei eine unglückliche jugendliche Liebesgeschichte die Hauptrolle. Hintergründig ging es um eine Schuld, die er durch sein Verhalten gegenüber der elsässischen Pfarrerstochter Friederike Brion meinte auf sich geladen zu haben und die ihn aus der Fassung und auf die Straße brachte: »Ich gewöhnte mich, auf der Straße zu leben, und wie ein Bote zwischen dem Gebirg und dem flachen Lande hin und her zu wandern«, berichtet er in *Dichtung und Wahrheit*. »Oft ging ich allein oder in Gesellschaft durch meine Vaterstadt, als wenn sie mich nichts anginge, speiste in einem der großen Gasthöfe in der Fahrgasse und zog nach Tische meines Wegs weiter fort. Mehr als jemals war ich gegen offene Welt und freie Natur gerichtet. Unterwegs sang ich mir seltsame Hymnen und Dithyramben …«

Über den jugendlichen Anlass hinaus bleibt Goethe die Lust am Unterwegs erhalten. Immer wieder sucht er die Herausforderung abseits der begangenen Wege. Wie viele von uns heute ist er beinahe süchtig nach Situationen extremer Lebensintensität, weil ihr Durchstehen das Selbstwertgefühl steigert und die Gewissheit bestärkt, mit den Schwierigkeiten des Alltags fertig zu werden. Den Brocken besteigt er im Dezember bei Schnee und Nebel. Der Förster, den er im Torfhaus am Fuß des Berges antrifft, sagt ihm, bei diesem Wetter sei daran nicht zu denken, er selbst habe es noch nie gewagt und er kenne sich aus. Schlussendlich stehen beide nach beträchtlichen Strapazen »auf der obersten Klippe«: »Alle Nebel lagen unten, und oben war herrliche Klarheit.« Als Goethe 1779 mit Karl August in die Schweiz fährt, dringen sie im November, stets den Wintereinbruch vor Augen, in die Gletscherregionen des Wallis vor, die damals noch nicht unter dem Klimawandel litten. Der durchtrainierte Karl August notierte in seinem Tagebuch, es sei die »ärgste Strapaze, die er je ausgehalten«. Goethe hingegen sprach mit Bedauern von den Rücksichten, die er auf seinen fürstlichen Freund nehmen musste.

Der Wanderer war in mancher Hinsicht die geheimste, aber auch die beständigste Gestalt von Goethes Identität, auch in späteren Jahren. Der Geheime Rat und der Minister, das waren Rollen, die ihm Status verschafften, auf denen er zumal im Kontext der dortigen Hofgesellschaft großen Wert legte. Er verwuchs aber nicht mit ihnen, letztlich waren sie ihm entbehrlich, bisweilen sogar lästig. Nie verwechselte er sie mit dem eigenen Leben. Als er dann 1786 bei Nacht und Nebel nach Italien aufbrach, da kehrte er zurück zum Kern seines Selbstverständnisses, das die Darmstädter Freunde so hellsichtig erkannt hatten. »Mir läuft die Welt unter den Füßen fort und eine unsägliche Leidenschaft treibt mich weiter«, notiert er auf halbem Wege nach Rom in sein Tagebuch.

Die Reise führt ihn über das erklärte Sehnsuchtsziel hinaus bis nach Neapel und von dort weiter nach Sizilien, wohin die wenigsten Italienfahrer sich damals vorwagten und auch Goethes Vater auf seiner Italienreise nicht gelangt war. Als Wanderer hat ihn denn auch Tischbein in seinem berühmten Gemälde »Goethe in der Campagna« gemalt. Allerdings, wie es sich für einen Mann in den besten Jahren gehörte und zur heiteren, arkadischen Umgebung passte, nicht mehr durchs Unterholz und auf Schlammpfaden seinem Ziel entgegenstürmend, sondern in einem Moment des Ausruhens, mit einem weiten Blick, der die unterschiedlichen Epochen und Kulturen umfasst.

Zugleich wird deutlich: Goethe als Wanderer, das ist nicht der Irrende und Unbehauste, wie wir ihm bald schon in der Romantik, bei Schubert, Wordsworth und Baudelaire, im 20. Jahrhundert dann in Jack Kerouacs Apologie des permanenten Unterwegsseins begegnen. Bei Goethe ist das alles schon im Ansatz vorhanden, aber er hat der Versuchung widerstanden, die Lust am Unterwegs bis zum Äußersten, bis zur Selbstpreisgabe, auszuleben. Goethe als Wanderer, das ist einer, der sich der Welt aussetzt, sich selbst und seine Kräfte erprobt, offen gegenüber neuen, unvorhergesehenen Eindrücken, immer aber auch auf der Suche nach sich selbst und nach Gefühls- und Geisteskraft.

Der »Wandering Spirit«, wie Mick Jagger eines seiner Soloalben genannt hat, macht aus Menschen Schwellenwesen. Ethnologen sprechen von »Liminalität«, einem Zustand der Unstrukturiertheit und Undefinierbarkeit zwischen zwei fixierten Positionen. Befreit von dem Zwang, etwas Bestimmtes darstellen zu müssen (den Minister, den Firmenchef, den Pressesprecher, den NGO-Aktivisten), finden wir leichter zu uns selbst. Daher die ungemeine Popularität von Pilgerreisen und Trekkingtouren. Die Goethe-Zeit, in der die Zahl der Wanderer, auch derjenigen, die eine lange Strecke zu Fuß zurücklegten, sprunghaft anstieg, hat mit dem Schwellenzustand des Wanderns auch neue Formen des menschlichen Gemeinschaftsgefühls und der Erfahrung der Natur entdeckt. Unterwegs zu sein verbindet uns womöglich mehr als die Zugehörigkeit zu einem bestimmten sozialen Milieu oder einer Religionsgemeinschaft.

IM GESPRÄCH MIT DEN DINGEN

Als Goethe am 9. September 1786, nur wenige Tage nach seinem Aufbruch aus Deutschland, bei heißem Sonnenschein durch Bozen eilt, so geschieht das, wie er sich eingesteht, weil »der Trieb und die Unruhe« in ihm stecken weiterzukommen, Land zu gewinnen. Wohl hätte er sich gerne »ein wenig umgesehen und alle die Produkte beleuchtet, die sie hierher zusammenschleppen«. Sein Trost sei jedoch, dass das alles »gewiss schon gedruckt sei«. »In unsern statistischen Zeiten braucht man sich um diese Dinge wenig zu bekümmern, ein anderer hat schon die Sorge übernommen.« Bereits zu Goethes Zeiten war die sogenannte Sammelforschung, die »Lehre von den Daten über den Staat«, wie man die Statistik damals definierte, etabliert. Die heute in großem Umfang betriebene Datenverarbeitung – Stichwort etwa »Big Data« – nimmt ihren Ausgang in der in der Aufklärung beginnenden statistischen Einordnung von menschlichen Verhaltensweisen und Eigenschaften. Genau das aber interessiert Goethe auf seiner Reise nicht. Er sammelt keine Daten und Fakten über die Gebiete, die er durchreist, und über deren Bewohner. Das vergangene oder gegenwärtige Italien ist ihm ähnlich schnuppe wie Verwaltungsdinge oder die Zusammensetzung des römischen Establishments.

Was ihn hingegen mehr als alles andere auf dieser Reise beschäftigt: »Mir ist's nur jetzt um die sinnlichen Eindrücke zu tun, die mir kein Buch und kein Bild geben kann ...« Darüber zu informieren, was etwa Bozen an Sehenswertem zu bieten hat, ist eine Tätigkeit, die sich delegieren lässt. Das ist heute Aufgabe etwa von Reportern. Was sich hingegen nicht an andere abtreten lässt, sind die mit bestimmten Erlebnissen verknüpften »sinnlichen Eindrücke«.

Goethe geht es auf seiner italienischen Reise um das Unvertretbare; um jene Erfahrungen, die sich nicht nachlesen lassen; die man selbst machen muss, vor Ort, in Gegenwart der Dinge. Und diese Eindrücke bedeuten ihm so viel, weil er dadurch wieder »Interesse an der Welt« nimmt. »Du weißt, was die Gegenwart der Dinge zu mir spricht, und ich bin den ganzen Tag in einem Gespräche mit den Dingen«, notiert er in Vicenza in sein Tagebuch, das er für die zu Hause gelassene Charlotte von Stein schreibt und ihr von Rom aus zuschickt. Dieses Gespräch mit den Dingen, eine intensive Bindung an die Umgebung, in der er lebt, scheint Goethe in Weimar verloren gegangen zu sein. Gleichgültigkeit gegenüber der Welt, in der man lebt, kann durch Abstumpfung oder Überdruss zustande kommen. Im Alltagsleben sind wir auf unsere Termine und Erledigungen fokussiert; davon eingenommen, neigen wir dazu, den Dingen in unserer Umgebung kaum noch Beachtung zu schenken. Das ändert sich, sobald wir den Alltagsmodus verlassen und etwa verreisen; der gewöhnlichen Geschäftigkeit entronnen, nehmen wir Dinge wahr, an denen wir ansonsten achtlos vorüberrennen würden. Jenseits der Alpen ist für Goethe alles neu, und das, was er sieht, ist in das helle, klare, zuweilen unbarmherzige Licht des Südens getaucht, das er vorher nicht gekannt hat.

Neu ist für ihn auch das Klima. Goethe wird nicht müde, die Vorzüge des warmen, sonnigen italienischen Wetters zu rühmen. Er genießt es, unter einem Himmel zu leben, »wo man den ganzen Tag nicht an seinen Körper denkt, sondern wo es einem gleich wohl ist«. So erstaunt wie voller Sympathie beobachtet er das bis in die tiefe Nacht währende Treiben auf den Straßen. Feigen isst er den ganzen Tag, auch Birnen und Pfirsiche; sein »eigentlich Wohlleben« sei, so schreibt er, »in Früchten«. Ohne Diener unterwegs ist er »mit der ganzen Welt Freund«: »Ich rede mit den Leuten, die mir begegnen als wenn wir uns lange kennten. Es ist mir eine rechte Lust.« Schon in kurzer Zeit habe er »an Menschlichkeit gewonnen«; er fühle nun deutlich, was wir in den »kleinen Souveränen Staaten für elende einsame Menschen sein müssen«, besonders in einer Position wie der seinigen, wo er kaum einmal mit jemandem reden kann, der nicht etwas von ihm will. Fassen wir es so zusammen: Goethe liebt die Version von sich selbst, die er im Süden sein kann.

Das bleibt so auf der gesamten Reise. In Italien findet er all das, was ihm als erwünschter Gegensatz zu seinem

Weimarer Leben erscheint. »Jedermann lebt in den Tag hinein, weil ein Tag dem andern gleicht und man sich auf keine Zeit des Mangels, keinen Winter vorzubereiten hat«, berichtet er etwa seinem in Weimar zurückgebliebenen Zögling, dem fünfzehnjährigen Fritz von Stein. Mehr noch als die Mentalität der Menschen im Süden beschreibt dieser Satz Goethes eigene Verfassung während des zweijährigen Aufenthaltes in Italien: Er selbst lebt tatsächlich in den Tag hinein, weitgehend unbekümmert darum, was die Zukunft bringen wird, lässt sich häufig treiben und hat keine Verpflichtungen außer denen, die er sich selbst auferlegt.

DAS LEBEN DER BOHÈME

»Ich häng mit Künstlern rum, häng jetzt mit Künstlern rum / dein Lebenskompromiss war mir schon lange viel zu krumm / ich häng mit Künstlern ab, da weiß ich, was ich hab / mach mit oder bleib stumm, denn ich häng jetzt mit Künstlern rum«, röhrt die Punkrockband *Die Ärzte* und macht dem Zuhörer auch gleich klar, was ihn erwartet, sollte er sich auf das Rumhängen mit Künstlern einlassen: »Sie leben exzessiv, nur in der Enge frei / sie sind stets depressiv und haben ihren Spaß dabei.«

Sobald er in Rom angekommen ist, hängt Goethe mit Künstlern rum, vorzugsweise deutschen. Unmittelbar nach seiner Ankunft lässt er dem ahnungslosen Maler Johann Heinrich Wilhelm Tischbein, der das Privileg genießt, sich dort bereits zum zweiten Mal für längere Zeit aufzuhalten, eine Nachricht zukommen, dieses eine Mal unter seinem Klarnamen. Tischbein, der natürlich weiß, dass er sein Rom-

Stipendium unter anderem der Fürsprache Goethes verdankt, bietet ihm sofort ein ungenutztes Zimmer in seiner Wohnung am Corso an, und Goethe lebt in Rom fortan in einer Wohngemeinschaft von Malern, als einer der vielen Deutschen, die nach Italien kommen, um sich unter südlichem Licht in der Malkunst fortzubilden. Gewissermaßen wieder Student, doch nicht mehr der Rechte, wie vormals vom Vater erzwungen, sondern nun der freien Künste. »Ich lebte zehn Monate lang zu Rom ein zweites akademisches Freiheitsleben«, bekannte der Fünfundsechzigjährige dem Kanzler von Müller.

Abgesehen von seinem liebenswürdigen Wesen freue ihn an Goethe insbesondere »sein einfaches Leben«, meldet Tischbein nach Zürich an den gemeinsamen Freund Lavater. Er habe von ihm nur ein kleines »Stübchen« erbeten, um zu schlafen und ungestört arbeiten zu können, so wie ein »einfaches Essen«, das er ihm leicht habe verschaffen können. Und da säße er nun und schreibe des Morgens früh bis gegen neun an seiner *Iphigenie* (Tischbein nennt sie Efingenia), danach gehe er aus, um die hiesigen Kunstwerke zu betrachten. Er lasse sich wenig von den großen Weltmenschen stören und empfange keinerlei Besucher außer Künstlern.

In der WG am Corso, einer der Hauptstraßen Roms, lebten neben Tischbein und Goethe noch zwei weitere Künstler, der Anfang dreißigjährige Johann Georg Schütz, der später Goethes Bericht über den römischen Karneval illustrieren wird, sowie der gerade dreiundzwanzigjährige Friedrich Bury. Die beiden waren wie Tischbein und Goethe aus Hessen gebürtig, und so waren die Wohnräume erfüllt von hessischen Nasal- und Labiallauten. In Rom, fernab der Frankfurter Heimat, fühlte sich Goethe, als wäre er in die sprachliche Umgebung seiner Kindheit und Jugend zurückgekehrt. War man des Nachmittags durch die Stadt flaniert und hatte Bauten und Kunstwerke betrachtet, so saß man des Abends bei Käse und Wurst, Trauben und Wein zusammen, ließ die Eindrücke Revue passieren und belehrte sich gegenseitig über die Bedeutung des Gesehenen.

In Italien findet Goethe zu der Lässigkeit und Unbekümmertheit zurück, die Freunde aus der Vorweimarer Zeit an ihm einst bewundert hatten. Charakteristisch dafür sind die kleineren, beiläufig entstandenen Bilder, die Tischbein neben dem repräsentativen, das den Dichter in der Campagna zeigt, von seinem Mitbewohner in Rom schafft. Das bekannteste und schönste davon – eine hingeworfene Bleistiftzeichnung, die mit Kreiden und Aquarellfarben bearbeitet wurde – zeigt ein Rückenporträt Goethes am Fenster seines Zimmers am Corso, während er gerade das Treiben auf der Straße beobachtet. Besondere Beachtung sollte neben den zu einem Zöpfchen geflochtenen langen Haaren und dem bequemen Hemd, das aus der Hose hängt, den Pantoffeln des siebenunddreißigjährigen Dichters geschenkt werden: Sie muten an wie der Inbegriff cooler Sommerschlupfschuhe anno 1786, ein Mittelding von Espadrilles und Flipflops.

Dem etwas älteren Freund Herder war das alles suspekt, und er war nicht der Einzige. »Er hat wie ein Künstlerbursche hier gelebt«, schimpft er zwei Jahre später, als er selbst – Goethe war erst wenige Wochen wieder in Weimar – in Rom eintrifft. Goethe spreche über Rom »wie ein Kind« und habe sich hier »auch wie ein Kind, freilich mit aller *Eigenheit*«, benommen; »deshalb er's denn auch so sehr preiset«. Brieflich beklagt er sich bei seiner Frau darüber, alle Ratschläge, die Goethe ihm »in Ansehung Roms« gegeben habe, würden nichts taugen. »Da schwätzt er und warnt mich vor dem schwarzen Rock, und macht, dass ich den meinigen nicht mitnehme.« Und nun müsse er sich hier einen machen lassen, weil er mit keinem anderen an einer Gesellschaft teilnehmen könne. Des Rätsels Lösung: Goethe meidet in Rom jede Form von Gesellschaften. Als Filippo Miller, wie er sich nun nennt, ist er ein Niemand, kann überall hingehen, ohne dass man ihn erkennt, und wird nicht zu irgendwelchen offiziellen Empfängen gebeten. Herder hätte seinerzeit nur Goethes Briefe genauer lesen müsse. »Mein dezidiertes Inkognito spart mir viel Zeit«, hatte Goethe ihm und seiner Frau im Dezember 1786, knapp einen Monat nach seiner Ankunft in Rom, geschrieben; er gehe »absolut zu niemandem außer zu Künstlern«.

Der Gedanke, dass die Kindheit ein Schlüssel zu einem produktiven Leben sei, ist bereits ein Leitmotiv von Goethes *Werther*. »Sie, die unseresgleichen sind, die wir als unsere Muster ansehen sollten, behandeln wir als Untertanen«, klagt Werther. An dem Gedanken hält Goethe sein Leben lang fest. »Wüchsen die Kinder in der Art fort, wie sie sich andeuten, dann hätten wir lauter Genies«, heißt es etwa in *Dichtung und Wahrheit*. Pablo Picasso, auch nicht gerade ein unproduktiver Künstler, hat sich ganz ähnlich geäußert: »Als Kind ist jeder ein Künstler. Die Schwierigkeit liegt darin, als Erwachsener einer zu bleiben«, soll er gesagt haben. Bedingung dafür dürfte sein, sich Freiräume zu verschaffen, in denen man ungestraft seiner kindlichen Natur folgen, »regredieren« kann, wie die Psychologen das mit der ihnen eigentümlichen Strenge nennen. Goethe hat sich in Italien jedenfalls keineswegs nur durch die Begegnung mit Kunstwerken zu literarischer Produktivität wiederhergestellt, wie die Klassik-Legende will. Mindestens ebenso wichtig waren Spiel und Spaß. Als er mit Tischbein nach Neapel aufbrach, machten sie sich den Jux, das unter russischer Identität zu tun. Goethe nannte sich nun Milleroff. Im römischen Freundeskreis hingegen trug er den Spitznamen »Baron gegen Rondanini über« (weil man Schwierigkeiten mit Goethes Understatement hatte, baronisierte man ihn), Tischbein hieß »Naso storto Flemmaccio« (der krummnasige Phlegmatiker), der junge Bury wurde »Pastorello« (der Hirtenbubi), Jakob Philipp Hackert »Dio Figlio Redentore a causa di pranzi« genannt (Gottsohn, der Erlöser durch freie Mahlzeiten, in Anspielung auf Hackerts Angewohnheit, die ihm vom König von Neapel spendierten Luxuslebensmittel großzügig weiterzuverteilen), und die unerotische Angelika Kauffmann war die »Madonna«.

Wenn Bohème eine Geisteshaltung meint, mit der Absicht, den etablierten Kreisen zu beweisen, dass man auch anders leben kann, dann war Goethes zweimaliger längerer römischer Aufenthalt, unterbrochen durch die Reise nach Neapel und weiter nach Sizilien, genau das: eine Vorform des Bohèmelebens, wie es dann für die künstlerischen Kreise des 19. Jahrhunderts prägend wird. Das Caffè Greco an der Spanischen Treppe, das damals auch Caffè Tedesco hieß, oder Privaträume wie die von Angelika Kauffmann, die zusammen mit ihrem zweiten Mann in einer prächtigen Wohnung lebt, die ehemals dem Maler Anton Raphael Mengs gehört hat, dienen als Treffpunkt. Wie auch Neapel war Rom nicht nur ein antikes Freilichtmuseum, sondern eine pulsierende Großstadt, und Goethes italienische Reise in weiten Teilen eine Erfahrung großstädtischen Lebens, wie es im damaligen Frankfurt, ganz zu schweigen von Weimar, nicht geläufig war.

In dieser beschwingten, durch den Taumel des berühmten römischen Karnevals zusätzlich befeuerten Atmosphäre findet Goethe zu einer sexuellen Liebesbeziehung, womöglich der ersten erfüllten seines Lebens. Seine Wahl fällt auf die vierundzwanzigjährige Witwe Faustina Antonini, Tochter eines Gastwirts und Mutter eines dreijährigen Sohns. Nun vollends kommt ihm Rom wie ein »Paradies« vor. Durch »verschiedene Maßregeln«, die ihn »in neue Verhältnisse« setzten, sei sein Aufenthalt in Rom in den ersten Monaten des Jahres 1788 »immer schöner, nützlicher und glücklicher« geworden, schreibt er arg verklausuliert nach Hause. »Ja, ich kann sagen, dass ich die höchste Zufriedenheit meines Lebens in diesen acht Wochen genossen habe und nun wenigstens einen äußersten Punkt kenne, nach welchem ich das Thermometer meiner Existenz künftig abmessen kann.« Für guten Sex ist es beinahe nie zu spät.

EIN GENIESTREICH

Unter diesen Umständen – literarische Freiheit, müßiggängerisches Bohèmeleben und erfüllender Sex – fand Goethe zu einer neuen Identität. Ab da wusste er, wie er ein eigenes, ein individuelles und selbstbestimmtes Leben führen würde, ja nur führen konnte. Die Lösung dafür liegt dermaßen auf der Hand, dass wir uns die Augen reiben, wenn Goethe darauf zu sprechen kommt, als würde es sich um eine außerordentliche und völlig neue Entdeckung handeln. Dem Vorgesetzten und Freund Karl August schreibt er, das Ergebnis eines selbstbestimmten Lebens ohne Verpflichtungen, Routinen und Kompromisse resümierend: »Ich darf wohl sagen, ich habe mich in dieser anderthalbjährigen Einsamkeit selbst wiedergefunden; aber als was – Als Künstler!« Als Künstler? War Goethe, der Autor des *Götz von Berlichingen*, des *Werthers*, der *Iphigenie*, nicht schon vor seiner Italienreise ein Künstler gewesen? Bedurfte es erst der Erfüllung des Jugendtraumes, der italienischen Vagabondage, um sich als derjenige zu finden und zu fühlen, der er eigentlich schon die ganze Zeit über war?

Wir sehen daran: Etwas zu tun und es zum Kern seines Selbstverständnisses zu machen ist zweierlei. Wir können jahrelang gute Bücher schreiben, ohne unsere Identität daraus zu beziehen. Hatte Goethes Coming-out als Künstler womöglich damit zu tun, dass ihm die römische Erfahrung sein erstes auch sexuell erfülltes Liebesverhältnis bescherte? Goethe und seine Zeitgenossen waren sich über den Zusammenhang von sexueller Abstinenz und bestimmten Formen von Religiosität sehr wohl im Klaren. Sollte für die Kunst, die nach Goethes Vorstellung die Religion als sinngebende Instanz ablöste, nicht Ähnliches gelten? Gab es womöglich zwei gegensätzliche Typen von Kunst, eine, die auf sexuellem Versagen und Sehnsucht, und eine andere, die auf sexueller Erfüllung und Genuss basierte? Sozusagen *Werther*-Kunst und jene andere, die Goethe in den nächsten Jahren entdecken und propagieren wird?

Sex sei gut fürs Denken, hat der Kulturhistoriker Robert Darnton seine reichhaltige Lektüre erotischer und pornographischer Literatur des 18. Jahrhunderts resümiert. Was fürs Denken gut ist, kann für die Kunst kaum schlecht sein, möchte man Darntons bemerkenswertes Aperçu ergänzen. Goethe hat das selbst so gesehen und nach seiner Rückkunft nach Weimar in seiner fünften *Römischen Elegie* auch so beschrieben: Die nächtlichen Stunden des Zusammenseins mit der Geliebten sind auch jene Stunden, in denen sich der Schriftsteller zu literarischer Produktivität wiederherstellt, worin ja das übergeordnete Ziel der italienischen Reise bestanden hatte:

Überfällt sie der Schlaf, lieg ich und denke mir viel.
Oftmals hab' ich auch schon in ihren Armen gedichtet
Und des Hexameters Maß, leise, mit fingernder Hand,
Ihr auf den Rücken gezählt. Sie atmet in lieblichem Schlummer
Und es durchglühet ihr Hauch mir bis ins Tiefste die Brust.

Formuliert hat Goethe sein neues Selbstbewusstsein als Künstler in Diskussionen mit Karl Philipp Moritz während seines zweiten römischen Aufenthalts. Moritz, der etwa zeitgleich mit Goethe in Rom eingetroffen war, hatte von Anfang an zu seinen engsten Bezugspersonen gehört. Nachdem sich der Unglücksrabe bei einem Sturz vom Pferd das Schlüsselbein gebrochen hat, organisierte Goethe eine durchgängige, die Nächte einschließende Betreuung seiner Person durch den Freundeskreis und war regelmäßig selbst mit ihm zusammen, dämpfte, wie Tischbein beobachtet hat, »sein höllisches Fluchen mit sanften Freundes-Worten«.

Als Goethe dann im Juni 1787 von Sizilien über Neapel nach Rom zurückkehrt, ist Moritz immer noch da, und die beiden ungleichen Freunde beschäftigen sich nun verstärkt mit der Rolle von Kunst und Künstler in der Gegenwart. Goethe bestärkt Moritz in der Niederschrift einer Abhandlung, die im Jahr darauf unter dem Titel *Über die bildende Nachahmung des Schönen* erscheinen wird. Im Kern ist der umständlich argumentierende, spröde Text eine Unabhängigkeitserklärung der Kunst und des Künstlers. Neuartig an ihm ist allein schon, dass die verschiedenen Künste wie Literatur, Malerei und Musik unter den einen Oberbegriff Kunst gefasst und von technischen Fertigkeiten wie etwa Kochkunst oder Schiffsbau abgegrenzt werden, die traditionell auch Künste genannt wurden. Das eine vom anderen auf derart resolute Weise zu trennen war damals keineswegs gängige Auffassung. Das zentrale Argument für die Trennung lautet: Im Unterschied zu den Produkten der Technik ist für die Werke der »Kunst« das Merkmal der Schönheit entscheidend. Schönheit definiert sich aber gerade dadurch, dass sie frei ist von irgendwelchem Nutzen. Kunstwerke haben ihren Zweck in sich selbst oder, wie Oscar Wilde es hundert Jahre später in seiner Vorrede zum *Bildnis des Dorian Gray* pointiert fassen wird: »Alle Kunst ist gänzlich nutzlos.«

Was die beiden im römischen Abseits dem Müßiggang frönenden Literaten hier aushecken, hat Züge eines Geniestreichs: Sie erklären das, was sie selbst als Künstler tun für zwecklos und erheben genau diese Nutzlosigkeit zu einem Wert, der ihre Tätigkeit allen anderen überlegen macht. Im Künstler, der schöne, sprich nutzlose Dinge hervorbringt, verbindet sich Gefühlskraft mit Schaffenskraft. Die erste verbindet ihn mehr oder minder mit allen Menschen; insofern jeder Mensch über eine fühlende Seele verfügt, ist er schon ein halber Künstler. Joseph Beuys wird das »halb« zweihundert Jahre später streichen und dem Credo »Jeder Mensch ist ein Künstler« Berühmtheit verschaffen. Und doch gehört zum richtigen Künstler, wie auch Beuys wusste, mehr als nur ausgeprägte Sensibilität.

Die andere Hälfte nennen Goethe und Moritz »schaffendes« oder »bildendes Genie«; ihrem Verständnis nach hebt es den Künstler weit über den gewöhnlichen Menschen hinaus und rückt ihn in unmittelbare Nähe zum Göttlichen. Dieses Göttliche denken sie jedoch nicht mehr in christlichen Begriffen, sondern als schöpferische Natur, an der wir alle mehr oder weniger teilhaben. In Moritz' Abhandlung liest sich das dann so: »Jedes schöne Ganze aus der Hand des bildenden Künstlers ist daher im kleinen ein Abdruck des höchsten Schönen im großen Ganzen der Natur.«

Das ist ein hoher, man könnte auch sagen hochgestochener Begriff von Kunst, selbst wenn Moritz und Goethe zum ersten Mal auf den Gedanken Wert legen, dass auch das Genie sterblich ist. Im Nachhinein sollte es uns jedenfalls schon ein wenig wundern, dass dieser Kunstbegriff sich seitdem allgemein durchgesetzt hat; noch mehr, dass wir bis heute an ihm festhalten. Zwar ist die enge Bindung der Kunst an das Schöne seit Längerem aufgelöst, nicht aber das Bedürfnis, ihr einen hohen, allgemeingültigen Wert zuzuschreiben. Alle Erweiterungen des Kunstbegriffs haben nicht daran rütteln können, dass wir Kunstwerke mit anderen Augen betrachten als gewöhnliche Dinge: voller Bewunderung, Respekt und Hingabe.

Die herausgehobene Rolle, die wir der Kunst zubilligen, hat aber nicht nur mit den Werken zu tun, die uns entzücken, metaphysisch bewegen oder einfach trösten. Sie hat mit den Künstlern zu tun, die diese Werke hervorbringen: Wir verehren sie als einzigartige Menschen, die einen besonderen Zugang zu den Dingen haben und eine nur ihnen gegebene Weise, sie darzustellen. Ohne sie, davon sind wir überzeugt, wäre unser Leben ärmer und die Welt hässlicher.

EIN FÜLLHORN DER NATURWISSENSCHAFTEN

Goethe brachte aus Italien nicht nur das ästhetische Programm der Weimarer Klassik mit, die in den Jahren nach seiner Rückkehr in der Freundschaft mit Friedrich Schiller Gestalt annahm. Die Bucht von Neapel, die gleich dreifache Besteigung des Vesuvs, die Überfahrt von Neapel nach Palermo, schließlich die sizilianische Küste hatten auch sein Bild der Natur auf eine neue Erlebnisgrundlage gestellt. Und so begannen seine »dichterischen Träume«, wie es in der *Italienischen Reise* heißt, in »einem anderen Gespenst« einen bleibenden Nebenbuhler zu bekommen. »Die vielen Pflanzen, die ich sonst nur in Kübeln und Töpfen, ja die größte Zeit des Jahres nur hinter Glasfenstern zu sehen gewohnt war, stehen hier froh und frisch unter freiem Himmel«, berichtet er vom öffentlichen Garten in Palermo. Im Angesicht ihrer Fülle fiel ihm »die alte Grille wieder ein, ob ich nicht unter dieser Schar die Urpflanze entdecken könnte. Eine solche muss es denn doch geben!« Goethe hat offen gelassen, ob es sich bei der »Urpflanze« um ein gedankliches Konstrukt oder eine reale Pflanze handelt. Für beides gibt es Belege. Wichtig war ihm, dass sie existieren könnte. Letztlich aber ist die Urpflanze Goethes Chiffre für eine innere Gesetzmäßigkeit der Natur. Deren Erforschung und Darstellung bestimmt das Leben des nach Weimar zurückgekehrten Goethe nicht minder als das literarische Werk.

Dafür kam neben Schiller ein weiterer Mentor ins Spiel, »ein wahrhaftes Cornu Copiae [Füllhorn] der Naturwissenschaften«, wie Goethe im März 1797 an Karl August schreibt: »Sein Umgang ist äußerst interessant und lehrreich. Man könnte in acht Tagen nicht aus Büchern herauslesen, was er einem in einer Stunde vorträgt.« Es ist Alexander von Humboldt, der jüngere Bruder Wilhelm von Humboldts. Zwischen 1794 und 1797 besuchte er seinen Bruder mehrmals in Jena, wo Wilhelm mit seiner jungen Familie vis à vis von Schiller wohnte. Bei diesen Gelegenheiten sahen sich Goethe und Alexander von Humboldt beinahe täglich. Der erfolgreiche Bergrat und passionierte Experimentator, der auch schmerzhafte Selbstversuche nicht scheute, war vielleicht der einzige Mann, dem sich Goethe geistig unterlegen fühlte. Vom eigenen Lebenstempo und seiner raschen Auffassungsgabe überzeugt, pflegte er trocken zu bemerken, die Leute hielten mit ihm nicht Schritt; wenn sie glaubten, er wäre noch in Weimar, dann sei er schon in Erfurt. Hier aber bekam Goethe es mit einem jungen Mann zu tun, dessen Sturmlauf ihn das Staunen lehrte: »Unglaublich …, was für ein Treiben die wissenschaftlichen Dinge herumpeitscht und mit welcher Schnelligkeit die jungen Leute, das, was sich erwerben lässt, ergreifen«, schrieb er im Frühjahr 1797 an Knebel, als der jüngere von Humboldt wieder in seiner Nähe weilte. Unter seinem Einfluss wandte sich Goethe derart intensiv den Naturwissenschaften zu, dass Schiller eine lebenslange Abneigung zu Alexander von Humboldt fasste, der auf dem besten Wege war, Deutschlands prominentester Naturforscher zu werden.

Gemeinsam trieben sie anatomische Studien und diskutierten, »ob es eine ursprüngliche Pflanzenform gibt, die sich in tausenderlei Abstufungen darstellt«, wie Humboldt, Goethes Vorstellung von der Metamorphose der Pflanzen sehr nah, im August 1794 an Schiller schrieb. Große Faszination übte auf beide die damals in ihren Anfängen steckende

Erforschung der Elektrizität aus. Eines Morgens legte Humboldt einen präparierten Froschschenkel auf eine Glasplatte und verband dessen Nerven- und Muskelenden mit zwei verschiedenen metallischen Leitern. Doch statt dass der Schenkel, wie in Luigi Galvanis berühmten, seit den 1780erjahren unternommen Experimenten, zu zucken begonnen hätte, blieb es bei einer sachten Bewegung. Als Humboldt sich aber darüber beugte, um die Metallverbindung zu prüfen, wurde der Schenkel in derart konvulsivische Zuckungen versetzt, dass er vom Tisch heruntersprang. Goethe wie auch er selbst waren völlig verblüfft, bis Humboldt entdeckte, dass sein feuchter Atem die Reaktion ausgelöst hatte. Die feinen Tröpfchen hatten bei der Berührung des Metalls den Stromkreis geschlossen. Humboldt meinte dazu, es sei das magischste Experiment gewesen, dass er je unternommen hatte: als habe er dem Froschschenkel Lebensatem eingehaucht. In Wirklichkeit aber war er auf dem besten Wege, physiologische Vorgänge mit den Gesetzen der Chemie und Physik zu erklären.

Es war just in dieser Zeit, dass Goethe sich angewöhnte, beim Gehen wild mit beiden Armen zu rudern. Danach befragt, erklärte er, es handle sich um ein Relikt der Fortbewegungsart vierfüßiger Tiere – so gehe er »naturgemäßer«. Humboldt hatte ihn dazu gedrängt, seine Ansichten zur Morphologie systematisch auszuarbeiten, und Goethe arbeitete an dem *Ersten Entwurf einer allgemeinen Einleitung in die vergleichende Anatomie.* Dort spricht er die Vermutung aus, »dass lebendige, einander höchst ähnliche Geschöpfe aus einerlei Bildungs-principio hervorgebracht sein müssten«. Weder Humboldt noch Goethe war die Ansicht fremd, dass Tiere und Menschen einen gemeinsamen Vorfahren haben.

Trotz der Vielzahl von Anregungen, die Goethe Humboldt verdankte, blieb er bei seinen Versuchen, die innere Gesetzmäßigkeit der Natur zu erkennen, letztlich der Künstler, als der er sich in Italien gefunden hatte. Als Künstler entwickelte er für die Dinge der Natur ein überaus feines Sensorium und verstand darüber so einfühlsam wie brillant zu schreiben. Das gilt schon für die kleine Abhandlung *Über den Granit*, die Goethe noch in seiner ersten Weimarer Zeit verfasste, die aber erst lange nach seinem Tod im Druck erschien. Sie zählt zu seinen schönsten Texten. Es gilt aber auch und insbesondere für die gegen Isaac Newtons Theorie des Lichts gerichtete *Farbenlehre*, die Goethe zweitweise als sein wichtigstes Werk erschien, wichtiger noch als der *Faust* und der *Wilhelm Meister*. »Man schließe das Auge, man öffne, man schärfe das Ohr«, heißt es dort auf der ersten Seite, »und vom leisesten Hauch bis zum wildesten Geräusch, vom einfachsten Klang bis zur höchsten Zusammenstimmung, von dem heftigsten leidenschaftlichen Schrei bis zum sanftesten Worte der Vernunft ist es nur die Natur, die spricht, ihr Dasein, ihre Kraft, ihr Leben und ihre Verhältnisse offenbart, sodass ein Blinder, dem das unendlich Sichtbare versagt ist, im Hörbaren ein unendlich Lebendiges fassen kann.«

Als Naturforscher ist Goethe, wie der Chemiker und Wissenschaftshistoriker Otto Krätz festgestellt hat, »ein Mann des 18. Jahrhunderts geblieben, einer Epoche, in der ein gebildeter und wohlhabender Dilettant, ausgerüstet mit scharfem Auge, Korb, Hämmerchen, Mikroskop und Fernglas, viele und auch wichtige Beobachtungen machen konnte«. Als Künstler hingegen ist es ihm gelungen, unseren Erfahrungen mit der Natur eine Sprache zu verleihen, die für die Naturschriftstellerei bis in unsere Tage so stilbildend wie wegweisend ist. Goethe hat der Wissenschaft die Poesie zurückerstattet. Genau darin aber lag auch sein unübersehbarer Einfluss auf einen anfangs vornehmlich an Beobachtungen und Vermessungen interessierten Naturwissenschaftler wie Alexander von Humboldt. Im Mai 1806, nach seiner Rückkehr aus Südamerika, schrieb dieser an Caroline von Wolzogen, die Schwägerin Friedrich Schillers: »In den Wäldern des Amazonenflusses wie auf dem Rücken der hohen Anden erkannte ich, wie von einem Hauche beseelt, von Pol zu Pol nur ein Leben ausgegossen ist in Steinen, Pflanzen und Tieren und in des Menschen schwellender Brust. Überall ward ich von dem Gefühle durchdrungen, wie mächtig jene Jenaer Verhältnisse auf mich gewirkt, wie ich, durch Goethes Naturansichten gehoben, gleichsam mit neuen Organen ausgerüstet worden war …« Treffender und schöner hätte es auch Goethe nicht formulieren können.

Was Andrea Wulf, die englische Biographin Alexander von Humboldts über den Naturforscher und Weltreisenden gesagt hat, trifft gleichermaßen auf den Künstler Goethe zu: »In einer Welt, in der wir dazu neigen, eine scharfe Trennlinie zwischen den Wissenschaften und der Kunst zu ziehen, zwischen Subjektivem und Objektivem, macht Humboldts Einsicht, dass wir die Natur nur wirklich begreifen können, indem wir unserer Phantasie vertrauen, aus ihm einen Visionär.« Auch das ist ein Ergebnis, und vielleicht sogar das Wichtigste, jener Selbstfindung, zu der sich Goethe in der Mitte seines Lebens nach Italien aufgemacht hat.

V.

WIE MAN SEIN LIEBESLEBEN ERNEUERT – UND RICHTIG ÜBER SEX SPRICHT

»Also das wäre Verbrechen …
Dass ich Natur und Kunst zu schauen mich treulich bestrebe
Dass kein Name mich täuscht, dass mich kein Dogma beschränkt?
Dass nicht Stand und Rang und Geschäft mich, den Menschen, verändert,
dass ich der Heuchelei dürrselige Maske verschmäht?«

GOETHE IN DER 1796 ENTSTANDENEN »ELEGIE«, DIE DAS ERSCHEINEN VON *HERRMANN UND DOROTHEA* ANKÜNDIGT

Wie fühlt es sich an, wenn man wie Goethe nach fast zweijähriger Abwesenheit wieder nach Hause zurückkehrt? Die Dinge in der Wohnung sagen einem: Dein bisheriges Leben hat auf dich gewartet. Aber will man dieses Leben noch, passt es einem überhaupt? Man fremdelt in den eigenen vier Wänden, betrachtet die alte Umgebung mit erstaunten, zuweilen kalten Blicken. Nicht mehr los wird man womöglich eine unruhige Energie, die anfangs noch recht ziellos daherkommt.

Die Daheimgebliebenen hingegen sind enttäuscht, dass man nicht einfach glücklich ist, wieder zu Hause zu sein. Sie finden einen verändert, ohne genau sagen zu können, wie und inwiefern. »Aus Italien dem formenreichen war ich in das gestaltlose Deutschland zurückgewiesen, heiteren Himmel mit einem düsteren zu vertauschen«, resümierte Goethe später seine damalige Situation. »Die Freunde, statt mich zu trösten und wieder an sich zu ziehen, brachten mich zur Verzweiflung. Mein Entzücken über entfernteste, kaum bekannte Gegenstände, mein Leiden, meine Klagen über das Verlorne schien sie zu beleidigen, ich vermisste jede Teilnahme, niemand verstand meine Sprache.« Als er und Schiller sich das erste Mal begegnen, fällt diesem die Leidenschaft auf, mit der Goethe über Italien spricht. Goethe verstehe einem klar zu machen, »dass diese Nation mehr als alle anderen europäischen in *gegenwärtigen Genüssen* lebe«. Schillers befremdetes Resümee: Er zweifle, »ob wir einander je sehr nahe rücken werden«. Goethe destilliert diese Erfahrung der Entfremdung auf beiden Seiten zur Lebensweisheit, einzutragen ins Buch des Reisenden unter dem Stichwort »Rückkehr«: »Lust der Gereisten, von ihrem Erfahrenen und Bemerkten zu sprechen. Tick der Zuhausegebliebenen minderen Anteil zu zeigen, wodurch das Gefühl dessen was man entbehrt, nur desto lebhafter wird.«

Goethe kam aus Italien mit zwei verwegenen Plänen zurück. Zum einen wollte er aus Weimar einen Hotspot der Kunst machen. Das gelang ihm in dem Moment, wo er sich mit dem in vieler Hinsicht konträren Friedrich Schiller arrangierte und ihre klassische Freundschaft begann.

Zum anderen wollte er das in Italien genossene Liebesglück nicht an die Erinnerung verlieren, sondern unter Weimarer Bedingungen fortleben lassen. Der zweite Plan hatte den Vorteil, sich schneller realisieren zu lassen als der erste. Goethe suchte sich unter den ansässigen Frauen eine Faustina: jung sollte sie sein, attraktiv, womöglich sexuell erfahren und am besten aus eher bescheidenen Verhältnissen, wo man es mit der bürgerlichen Moral schon deshalb nicht so genau nahm, weil man es sich nicht leisten konnte. Wo man aber auch keinen Ruf zu verlieren hatte, sondern selbst durch ein geheim gehaltenes Verhältnis mit einem berühmten Mann wie Goethe nur gewinnen konnte.

Die dreiundzwanzigjährige Christiane Vulpius entsprach perfekt dem Beuteschema des auf die vierzig zugehenden Heimkehrers.

Christiane ihrerseits ist nicht das Opfer eines langsam in die Jahre kommenden Verführers. Sie ist eine selbstbewusste, berufstätige Frau, die durch ihre Arbeit zum Unterhalt ihrer verarmten Familie beiträgt; der Vater ist stellungslos. Zusammen mit anderen Frauen arbeitet sie in einer kleinen Manufaktur, die die von den Damen der Gesellschaft heißbegehrten Stoffblumen und andere Galanteriewaren herstellt, statt sie teuer aus Paris importieren zu müssen. Die Werkstatt wird von Friedrich Justin Bertuchs Frau geleitet und ist die Keimzelle seines Landes-Industrie-Comptoirs, das Bücher, Karten und vor allem Kunsthandwerk produzierte und zeitweise ein Zehntel der Weimarer Bevölkerung beschäftigte.

Glaubt man den zeitgenössischen Quellen, müssen die beiden schnell im Bett gelandet sein. Christiane hat sich an den berühmten, erst kürzlich von seiner italienischen Reise zurückgehrten Dichter wohl als Bittstellerin im Auftrag ihres drei Jahre älteren Bruders Christian August Vulpius gewandt, der einmal als Autor des Räuberromans *Rinaldo Rinaldini* Berühmtheit erlangen wird. Noch ist er aber ein arbeitsloser Jurist mit abgebrochenem Studium auf der Suche nach einer Stellung.

Christiane ist keine Schönheit, keine zierliche, herausgeputzte junge Dame. Ihre Attraktivität beruht auf etwas anderem: ihrer unkomplizierten, zupackenden Art, ihrer selbstbewussten Körperlichkeit, ihrem vollen, offenen Haar, wohl auch ihrer Erfahrung mit Männern. Die Weimarer sahen in ihr durch die Bank die Dirne. Herders Frau behauptete etwa, sie sei »eine allgemeine H. vorher gewesen«. Natürlich wurden diese Äußerungen getätigt, nachdem Christianes Verhältnis mit dem Dichter ruchbar geworden war. Wohl nicht nur Charlotte von Stein fehlte »eine Nuance zwischen der Dirne und der Göttin«, wie Goethe ihr vorwarf. Es mit einer Frau mit Erfahrung zu tun zu bekommen, dürfte ganz in seinem Sinne gewesen sein.

Nach allem, was wir wissen, waren Einverständnis und Vergnügen auf beiden Seiten zu finden. Goethes Beziehung zu Christiane hatte ein sexuelles Fundament. Alles Weitere baute darauf auf, allein schon die keineswegs selbstverständliche Tatsache, dass sie überhaupt zusammenblieben. Faustina hat Goethe wohl ausbezahlt, als es an die Abreise aus Rom ging. Das Verhältnis mit Christiane hingegen entwickelte sich zu einer Beziehung, die achtundzwanzig Jahre bis zu ihrem Tod am 6. Juni 1816 anhält. In der die Rollenverteilung ganz konventionell war, Christiane aber auch Einfluss und viele Freiräume besaß. Nie spielte sie das liebe Mädchen an seiner Seite, die zu dem ihr in vielen Belangen überlegenen Mann in aller Öffentlichkeit aufschaute. Das Basislager ihrer Zweisamkeit waren Betten, deren Reparatur in schöner Regelmäßigkeit notwendig wurde und durch Rechnungen des zuständigen Schlossers sogar belegt ist. Goethes *Römische Elegien*, die in dieser Zeit entstehen, sprechen von dem Ergötzen, das »des geschaukelten Bettes lieblicher knarrender Ton« bereitet. Das wird, wie ihre Liebesbriefe bezeugen, auch so bleiben, als der erste sexuelle Rausch verflogen ist und er zunehmend der Behaglichkeit des Zusammenlebens weicht, womit der Tisch, an dem gegessen, getrunken, geredet, gelacht und gestritten wird, gleichberechtigt zum Bett hinzukommt.

In den ersten neun Monaten gelang es Goethe und Christiane Vulpius, ihr Verhältnis vor den Augen der neugierigen und klatschsüchtigen Weimarer Öffentlichkeit zu verbergen – schon das darf man angesichts der kleinräumigen Verhältnisse und der engmaschigen Beziehungen als buchenswerte Leistung festhalten. Ausgerechnet Goethes Ziehsohn Fritz soll die beiden dann dabei beobachtet haben, wie sie wohl nach einem Liebesstündchen Goethes altes Quartier in Weimar, das kleine Gartenhaus an der Ilm, verließen. Nun ist es heraus. Nur wenige Wochen später merkt Christiane zudem, dass sie schwanger ist. Goethe reagiert auf diese beiden Umstände mit zwei folgenschweren Entscheidungen. Er wird Christiane nicht preisgeben, wie man von ihm wohl erwartete, was man jedenfalls angesichts ihrer Herkunft nicht weiter schlimm gefunden hätte. Es hätte bedeutet, sie nicht nur wie Faustina mit Geld abzufinden, sondern ihr einen Mann zu besorgen, der das fremde Kind an Vaters statt annimmt. Im Gegenteil, er zieht mit der schwangeren Christiane zusammen und gründet mit ihr eine Familie ohne Trauschein. Das ist eine private, kleine Revolution in jenem Jahr, in dem mit der Erstürmung der Bastille, die große, politische beginnt. Dafür nimmt er sogar in Kauf, das Haus am Frauenplan, in dem er zu dieser Zeit nur eine Wohnung gemietet hatte, für annähernd drei Jahre zu verlassen und ein Ausweichquartier vor den Toren der Stadt im sogenannten Großen Jägerhaus zu beziehen. Der Umzug geschah auch aus Platzgründen, denn Christiane brachte Tante und Stiefschwester mit in den Haushalt, Goethe hingegen zwei Diener und zusätzlich noch den Maler und Kupferstecher Johann Heinrich Lips, einen Freund aus der Zeit in Rom, der soeben in Weimar angekommen war. Vor allem aber war er wohl ein Arrangement auf Betreiben der »ehrbaren Weimarer Frauen« und um der Wahrung der guten Sitten willen.

Im Jägerhaus kommt am ersten Weihnachtstag 1789 Goethes und Christianes Sohn August zur Welt, benannt nach dem Herzog, dem Freund und Gönner. Trotz fünf Geburten Christianes wird es als einziges Kind der beiden die ersten Tage überleben. Bei Christiane und Goethe lag wohl eine sogenannte Rhesusunverträglichkeit vor. Während das erste Kind in solchen Fällen noch gesund zur Welt kommt, führt die Antikörperbildung bei der Mutter danach zur Sauerstoffunterversorgung beim Neugeborenen und zum baldigen Tod. Heute reichen einige Spritzen aus, um der mütterlichen Antikörperbildung vorzubeugen.

WIE MAN EINE TRENNUNG INSZENIERT

In dem Maße, wie wir auf die vierzig zugehen, stellen wir uns unter verschärfte Selbstbeobachtung. Wir suchen nach Symptomen jener Krise an uns, die in einem sowieso schon problematischen Leben als die Mutter und der Höhepunkt aller Lebenskrisen gilt: die Midlife-Crisis. Man spricht von einer U-Kurve des Glücks. Weltweit erhobene Daten von mehr als einer Million Personen aus über siebzig Ländern lassen ein kulturübergreifendes Muster erkennen: Mitte dreißig werden die Menschen unzufriedener, mit vierzig durchschreiten sie die Talsohle, danach nimmt die Lebenszufriedenheit wieder zu. Weder sinkende Hormonspiegel noch nachlassende Gedächtnisleistungen können das Phänomen zureichend erklären. Es ist unverkennbar eine Sinnkrise. Die häufigste Frage in diesem Lebensabschnitt lautet: Habe ich mir mein Leben so vorgestellt? Ist das Leben, das ich führe, wirklich jenes eigene Leben, das zu führen ich angetreten bin?

Nicht wenige beantworten diese Frage letztlich mit Nein. Mag sein, dass sie sich anfangs sogar gegen diese Einsicht wehren. Schließlich aber handeln sie. Neben der beruflichen Veränderung ist ein Partnerwechsel die häufigste Strategie, um mit der Krise des eigenen Lebens in der Lebensmitte umzugehen. Es gibt Fälle, da basiert diese Entscheidung auf einer Fehleinschätzung: Statt sich beispielsweise endlich den nicht eingestandenen Kinderwunsch zu erfüllen, wechselt man den Partner und bekommt nach einem heißen Sommer das heulende Elend. Allerdings ist der Partner nie nur der Partner. Nicht selten hängt an der einmal getroffenen Entscheidung für die Beziehung zu einem Menschen ein kompletter Lebensentwurf, der nun infrage steht oder in eine Sackgasse geraten ist. Der Neustart, wenn man sich ihn denn zutraut oder er unausweichlich ist, gelingt dann leichter mit einem anderen Menschen an der Seite, mit dem die gemeinsame Geschichte noch vor statt zu gewissen Teilen schon hinter einem liegt.

Ungebunden wie er war, scheinen sich Goethe solche Fragen nach der Rückkunft aus Italien kaum gestellt zu haben. Und doch gab es eine Frau in Weimar, die, obwohl tief enttäuscht von ihm, weiterhin Ansprüche erhob und großen Einfluss insbesondere auf die dortige Damenwelt besaß: Charlotte von Stein. Goethe hat denn auch von einem grauenhaften »Fegefeuer« gesprochen, dem er ausgesetzt war, sobald klar wurde, dass er sich in Liebesdingen neu zu orientieren gedachte, und erst recht, als man hinter sein Geheimnis kam.

Nachdem Charlotte von Stein den neuen, aus Italien zurückgekommenen Goethe eine Zeit lang hatte auflaufen lassen, kam es schließlich doch zu einer auch ausgesprochenen Trennung. Wie nicht selten der Fall und bei dieser Beziehung, die sich in weiten Teilen schriftlich vollzogen hatte, auch nicht erstaunlich, geschah das in Briefform. Dieses wunderbare Medium der Intimität erlaubt den Schreibenden, rückhaltlos und offenherzig einander ihre geheimsten

Gefühle mitzuteilen, unter der zweideutigen Voraussetzung, dass es ein Medium der Distanz ist. Der Adressat glänzt durch Abwesenheit, was den Schreiber Scham und Zurückhaltung überwinden lässt, aber auch das Gegenteil erlaubt, Intimität sozusagen in negativer Absicht: dem Empfänger einmal so richtig die Meinung zu sagen, ohne sich lange dabei aufzuhalten, wie sehr man ihn dadurch verletzt.

Charlotte von Stein machte den Anfang, als sie von Goethes Affäre mit einer Frau aus der unteren Mittelschicht erfuhr, was in ihren Augen ein unverzeihlicher Fauxpas war. Begangen zumal von dem Mann, den sie auf ihre unsinnliche, Weise durchaus einmal geliebt hatte. Sie sagte sich, dass nicht Eifersucht, gekränkter Stolz oder Zorn die eigentlichen Motive des von ihr empfundenen Unglücks waren, sondern der Kummer über einen Freund, der im Begriff war, sich selbst und seine Ideale zu verraten. Und so wies sie ihn mit der ihr eigentümlichen eisernen Härte in Fragen der Moral und der Schicklichkeit darauf hin, dass er in sein Verderben renne.

Goethe ließ sich mit der Antwort Zeit, was aber nichts an der Wucht änderte, mit der sie dann kam. Es war eine Abrechnung, wie sie im Buche steht und einem Mann mit der Absicht, eine endgültige Trennung herbeizuführen, auch heute noch zum Muster dienen kann. »Aber das gestehe ich gern, die Art wie du mich bisher behandelt hast, kann ich nicht erdulden«, schreibt er am 1. Juni 1789 an Frau von Stein, nachdem er zuvor umständlich seine vielfältigen und gescheiterten Bemühungen dargelegt hat, ihr nahe zu sein. Und fährt fort: »Wenn ich gesprächig war, hast du mir die Lippen verschlossen, wenn ich mitteilend war, hast du mich der Gleichgültigkeit, wenn ich für Freunde tätig war, der Kälte und Nachlässigkeit beschuldigt. Jede meiner Mienen hast du kontrolliert, meine Bewegungen, meine Art zu sein getadelt und mich immer mal a mon aise [in Missstimmung] gesetzt. Wo sollte da Vertrauen und Offenheit gedeihen, wenn du mich mit vorsätzlicher Laune von dir stießest.«

Einen Mann, den man auf erotischen Seitenwegen vermutet, kann man zur Rede stellen, ihm Vorwürfe und Eifersuchtsszenen machen, ihn anschreien, ihm drohen. Charlotte von Stein scheint das alles unterlassen zu haben, und es hätte auch nur schlecht zu ihr gepasst. Stattdessen flüchtete sie sich in Zickigkeit, ignorierte ihn entweder hartnäckig oder krittelte an ihm herum. Und das alles, so Goethe, lange bevor sie überhaupt von dem Verhältnis wissen konnte, »das dich so sehr zu kränken scheint. Und welch ein Verhältnis ist es? Wer wird dadurch verkürzt? Wer macht Anspruch an die Empfindungen, die ich dem armen Geschöpf gönne, wer an die Stunden, die ich mit ihr zubringe?«

In mancher Hinsicht ist das der Gipfel der Infamie: dem hintergangenen Partner weismachen zu wollen, die neue Beziehung stelle die alte gar nicht infrage, da sie anderen Gesetzen gehorche. So versuchen Ehemänner eine Außenbeziehung herunterzuspielen, indem sie die Geliebte als eine verständnisvolle Freundin ausgeben. Doch hier liegt der Fall genau umgekehrt, und Goethe weiß natürlich, dass er mit seinen Fragen den wunden Punkt trifft. Die Neue ist über jeden Vergleich erhaben, weil sie eine Granate im Bett ist und das Verhältnis mit ihr jene sexuelle Erfüllung bringt, auf die man in der alten Beziehung verzichten musste.

Goethe ist sich durchaus dessen bewusst, dass eine parallele Beziehung zu Christiane wie zu Charlotte schon in gesellschaftlicher Hinsicht ein Ding der Unmöglichkeit wäre, aber mit dem Gedanken zu kokettieren, dass sich eine platonische und eine sexuelle Beziehung eigentlich nicht ausschließen, gefällt ihm ausnehmend gut. Als sie noch auf ihre eigentümliche Weise ein Paar waren, hat er Charlotte einmal von einem Traum berichtet,: »Unter anderem hattest du mich an ein artiges Misel [Mädchen] verheiratet und wolltest, es sollte mir wohlgehen.« Könnte die Freundin sich nicht jetzt so verhalten wie damals im Traum und ihn an die »artige« Christiane überstellen? Unter dieser Voraussetzung wäre er bereit, sogar die Sache mit der Trennung zu überdenken.

»O!!!« – mit diesem spitzen, ungläubigen, gequälten Aufschrei hat Charlotte von Stein den Brief quittiert. Es blieb ihre einzige Antwort, notiert am oberen Rand des Briefes, der bis zum bitteren Ende unversöhnlich war.

Eine Woche später hat Goethe noch einen zweiten Brief hinterhergeschickt, was sich immer empfiehlt, wenn man im ersten rabiat werden musste, um Schluss zu machen: Man fühlt sich danach einfach besser. Der Ton ist nun etwas milder, beinahe versöhnlich gestimmt, an dem vollzogenen Ende der gemeinsamen, immerhin vierzehn Jahre währenden Beziehung aber kann und will er nicht rütteln. »Ich habe kein größeres Glück gekannt als das Vertrauen gegen dich, das von jeher unbegrenzt war«, schreibt er ihr nun zum Abschied und setzt hinzu: »Sobald ich es nicht mehr ausüben kann, bin ich ein andrer Mensch und muss in der Folge mich noch mehr verändern.«

»DANN SAG AMORE, AMORE«

Goethe hat die erste Zeit der Liebe mit Christiane auch über die wechselseitige Entfachung von Lust hinaus produktiv genutzt: parallel zur Bettgeschichte mit dem »Eroticon«, wie er Christiane auch gegenüber Dritten scherzhaft nannte, entstanden »Erotica«, wie er selbst seine Gedichte aus dieser Zeit, darunter insbesondere die *Römischen Elegien*, bezeichnete. Sie zu schreiben war eine weitere, die Sphären der Kunst berührende Maßnahme, um das italienische Glück unter Weimarer Verhältnissen fortzuführen. Wie Karl Philipp Moritz zu seiner Erheiterung entdeckte, als er Goethe im Winter 1788/89 in Weimar besuchte, bewahrte dieser die »ominösen« Gedichte unter einem Totenkopf auf, den Goethe guten Glaubens in Rom als Abguss des Schädels des von ihm verehrten Raffael erstanden hatte. Wie sich nach seinem Tod herausstellen sollte, war Goethe dabei Opfer eines Betrugs geworden, wie er in einer Zeit, die von der Leidenschaft gepackt war, an der Form und den Bildungen des Schädels den Charakter des Menschen, insbesondere sein Genie ablesen zu wollen, wohl öfters vorkam. Die erotischen Gedichte hingegen, die Goethe unter dem falschen Schädel versteckte, waren in mehr als einer Hinsicht authentisch.

Die Geschichte, die in den *Römischen Elegien* erzählt wird, liegt für uns heute unter einer Schicht verborgen, die nicht wenige als Bildungsballast empfinden. Der römische Liebesgott Amor wird da bemüht, überhaupt sind die Gedichte gespickt mit Anspielungen auf römische Götter und Figuren aus der Mythologie. Um das alles nachvollziehen zu können, scheint man sich durch ausführliche, von Spezialisten zusammengestellte Kommentare durcharbeiten zu müssen.

Goethes Zeitgenossen hat das wohl weniger ausgemacht; Kenntnisse der Mythologie, überhaupt des Lateinischen und der römischen Kultur zählten damals zum beinahe selbstverständlichen Bildungsgut der höheren Schichten. Trotzdem wird zu fragen sein, warum Goethe diesen Weg gewählt hat, um seine neue Erfahrung der Liebe in Literatur umzusetzen.

Liest man sich jedoch ein und lässt sich allmählich vom ungewohnten Versmaß des elegischen Distichons forttragen, so wird man Zeuge einer unspektakulären, in ihrer erotischen Innigkeit jedoch bezaubernden Liebesgeschichte zwischen einem Reisenden aus dem Norden und einer selbstbewussten jungen Römerin. Nach dem raschen Beginn der Liebesbeziehung hören wir von der Ungeduld des Wartens auf den Einbruch der Dunkelheit, begleiten die Liebenden ins Bett, während es draußen stürmt, lauschen Gesprächen über die Kindheit, wie Liebende sie gerne führen, sehen der Frau dabei zu, wie sie morgens »das Lager der Liebe« verlässt, um Feuer zu machen, was Stoff bietet, ihre Begabung zu bedenken, die Lust wieder zu entfachen (wozu es dann auch kommt), werden Zeuge von Streit und Versöhnung, bekommen eine Lektion in Sachen Geschlechtskrankheiten und wie man sich davor schützt (durch Treue nämlich), müssen erfahren, dass das Liebesgeheimnis allmählich bei den Leuten im Ort durchsickert und dass die Liebe des Schutzes bedarf, vor Klatsch und Tratsch natürlich, aber auch vor dem grässlichen Fegefeuer, das die Moralapostel entzünden.

Ohne Frage hat Goethe hier Erfahrungen mit Faustina und dann mit Christiane zum Anlass genommen, uns ein Panorama dessen zu geben, was Liebende tun und fühlen, die, ohne sich zu binden, die freie Liebe genießen, auf diesem Weg aber auch alles Unverbindliche hinter sich lassen, das ihre Beziehung anfangs haben mag.

Der Mann wird ausdrücklich mit Werther in Verbindung gebracht, allerdings ganz gegen seine Absicht. »Ob denn auch Werther gelebt? Ob denn auch alles wahr sei?«, wird er ständig gefragt, selbst noch in Rom. Er aber verwünscht schon längst das dumme Buch, das sein jugendliches Leiden an der Liebe unter die Menschen gebracht hat. »Wäre Werther mein Bruder gewesen, ich hätt ihn erschlagen«, entfährt es ihm. Eine stärkere Absage an die Vergangenheit lässt sich kaum denken. Es ist nicht der einzige Widerruf in diesem wunderbaren Gedichtzyklus. Auch das rebellische jugendliche Ich, das sich nicht in die Welt finden mochte und im Namen von Prometheus und Shakespeare gegen die Wirklichkeit aufbegehrte, relativiert sich nun vom Erlebnis der Liebe her. Zum ersten Mal bei Goethe taucht in den *Römischen Elegien* ein lyrisches Wir auf. Das Ich des Mannes hat zwar in der Mehrzahl der insgesamt über zwanzig Elegien das Wort und wird nur einmal abgelöst vom Ich der Frau. Es drängt sich dennoch nicht vor, sondern bleibt eine Stimme unter anderen innerhalb des literarisch-erotischen Spiels, dessen Zeugen wir werden, ein Teil des Liebesglücks, von dem die Elegien handeln. Der Ton ihm gegenüber bleibt bestimmt von einer wohlwollenden, beinahe sanften Ironie.

Zu Anfang betrachtet der »voll Erregung« durch Rom streifende Wanderer aus dem Norden noch Paläste und Kirchen, Ruinen und Säulen, und nicht immer sprechen die Steine zu ihm. Oftmals findet er nur Trümmer, wo er Sinn und Bedeutung erwartet, und diese Enttäuschung lässt ihn stumm und voller Irritation zurück.

Doch bald ist es vorbei, dann wird ein einziger Tempel,
Amors Tempel nur sein der den Geweihten empfängt.
Zwar bist du die Welt, o Rom, doch ohne die Liebe
Wäre die Welt nicht die Welt wäre denn Rom auch nicht Rom.

Damit aus Roma Amor werden kann, muss man den Stadtnamen lediglich von hinten nach vorne lesen – ein schon in der Antike geläufiges Palindrom. So konnte der Name der Hauptstadt der Antike auch zu einer Chiffre für freie Liebe werden. Das lateinische Amor, für uns nur noch ein Bildungsbegriff, besaß in der Goethe-Zeit etwas von der Süße und der Erregung, die heute dem Wort »Amore« innewohnt. Wer im Deutschen von Amore spricht – vorzugsweise mit einem rollenden »R« –, der gibt zu verstehen, dass er nicht die barmherzige und auch nicht die eheliche Liebe meint, sondern jene freie körperliche Liebe, die Goethe in seinen *Römischen Elegien* besingt. »Wenn jemand fragt, wofür du stehst, sag für Amore, Amore«, singt die Wiener Pop-Band Wanda.

Selbst in einer Stadt, deren Name dies nahelegt, findet sich das Gesuchte aber nicht allein infolge von Buchstabierkunst. Sollen die Ruinen sich zu einem Liebestempel fügen, bedarf es der Gelegenheit, die bekanntlich nicht nur Diebe, sondern auch Liebe macht. Goethes Elegien feiern sie als die wahre Liebesgöttin. Ohne den günstigen Augenblick und die Fähigkeit, ihn zu ergreifen, bleibt selbst Rom tot, und finden Mann und Frau nicht zu jenem Liebesglück, das die Welt aus dem Zustand der Absurdität befreit. Aber auch in der Liebe selbst ist der Augenblick kostbar; denn sie ist keineswegs immun gegen den Schrecken der vergehenden Zeit. Nicht nur die entstellende Nachrede, auch die Vergänglichkeit ist eine

Bedrohung des Liebesglücks. Das erklärt die Wahl der Elegie als Form der Gedichte und ihre letztlich schwermütige Grundstimmung. Lässt sich das Vergehen hinauszögern, der Augenblick verlängern, gar verewigen? Bisweilen scheint Goethe darauf eine Probe machen zu wollen, wenn er etwa in der neunten Elegie die Flamme des wärmenden Feuers und die Erregung der Liebe miteinander in Verbindung bringt. So wie die Flamme ständig sich verändert und doch immer gleich bleibt (und dadurch unsere Lust wachhält, ins Feuer zu schauen), so genießen wir auch das Verweilen im zeitlosen Augenblick der Liebe. Und wie sich am Morgen aus der Asche des Vorabends noch neue Flammen erwecken lassen, so ist auch die mit dem Schlaf vermeintlich erloschene Lust mit einigen geübten Handgriffen wieder da. Lust ist eben, wie uns dann später Freud erklären wird, noch etwas anderes als das Stillen eines Bedürfnisses wie Hunger; sie ist weniger auf Erfüllung aus als darauf, immer neu erregt zu werden.

FÜR EINE BESSERE PORNOGRAPHIE

Nun ist das Schreiben von Gedichten durchaus etwas anderes als Sex, wie ein Biograph Goethes hellsichtig und trotzdem etwas altväterlich bemerkt hat. Und so sind die Elegien denn auch durchzogen mit Entschuldigungen, über der Liebe das Dichten zu vernachlässigen, und mit Überlegungen dazu, wie sich beides dennoch vereinbaren lässt. Die Lösung ist so einfach wie bestechend: Gedichtet wird in der Pause zwischen zwei Liebesakten, beim Warten auf die Geliebte oder wie die berühmteste und bereits zitierte Elegie nahelegt, in den Armen der schlummernden Frau, wenn der Dichter ihr das Versmaß »leise, mit fingernder Hand« auf den Rücken zählt und ihr Atem ihm »bis ins tiefste« die Brust durchglüht. In der dreizehnten Elegie geht Goethe so weit, ein Gedicht über die Unmöglichkeit zu schreiben, noch zu dichten, wenn die Geliebte mit ihren Reizen und Blicken den Dichter fesselt, und schafft auf diese Weise eines der vollkommensten Stücke des Zyklus.

Darüber hinaus sind die *Römischen Elegien* auch Goethes erster ernsthafter Versuch, sich die Dichtung einer fremden, in diesem Fall vergangenen Kultur anzuverwandeln, um zu schaffen, was er schließlich »Weltliteratur« nennen wird. Später wird ihm die Literatur Englands und Persiens, aber auch Indiens und Chinas ähnliche Vorstöße ermöglichen. Goethe befreit sich von einer längeren Phase lyrischer Unproduktivität nicht nur durch die Entdeckung des Sex als Kreativkraft, sondern eben auch im Rückgriff auf eine Dichtung, die erst einmal fremd, beinahe aus der Zeit gefallen anmutet. Bei näherer Beschäftigung erweist sie sich aber als eine großartige Sonde, um neuen Erfahrungen poetische Gestalt zu verleihen, die im Rahmen der damaligen Vorstellungen von Anstand und Moral als unaussprechlich galten.

Gegen Ende seines Lebens hat Goethe überlegt, was wohl passierte, würde man den Inhalt seiner *Römischen Elegien* in den Ton und die Versart von Lord Byrons *Don Juan* übertragen. Byrons großes lyrisches Epos erschien 1824 und war das Avancierteste und Gewagteste, das man sich seinerzeit an Dichtung vorzustellen vermochte, stilbildend insbesondere durch den Formenreichtum und die Kühnheit der Reime. Unter dieser Bedingung, so Goethe zu seinem Gesprächspartner Johann Peter Eckermann, »müsste sich das Gesagte ganz verrucht ausnehmen«. Diese Wirkung hatte es auf die Zeitgenossen allerdings ohnehin schon, als Schiller 1795, also mehr als sechs Jahre nach ihrer Entstehung, in seiner Zeitschrift *Die Horen* die Elegien zu veröffentlichen wagte, unter Weglassung derjenigen, die explizites sexuelles Material enthielten, wie wir das heute nennen würden. Doch auch der Rest reichte schon, um die Zeitgenossen in helle Aufregung zu versetzen. Die Horen müssten nun mit »U« geschrieben werden, soll Herder bemerkt haben; insbesondere »alle ehrbaren Frauen« (und natürlich jene Männer, die sich als ihre Beschützer aufspielten) waren empört über die »bordellmäßige Nacktheit«, die sie in Goethes neuer Weise zu dichten fanden.

Heute hingegen und selbst unter Kenntnis der damals aussortierten Stücke mag man es bedauern, dass Goethe nicht den Versuch unternommen hat, den Inhalt später in eine zeitgemäßere Form zu übersetzen. Der Stoff ist gut, wird mancher sagen, aber die Form ein wenig matt und monoton, wie Goethes Freund Knebel, ein erfahrener Übersetzer aus dem Lateinischen, seinerzeit anmerkte. Wir würden uns dann leichter damit tun, jenes Anliegen Goethes nicht aus dem Auge zu verlieren, das seinen formbedachten Interpreten in der Regel gar nicht auffällt, uns aber heute in der Tat noch etwas zu sagen hat: eine Sprache für Sex finden, die nicht pornographisch im herkömmlichen Sinne ist und der es trotzdem gelingt, der Sinnlichkeit, Lust und Erregung Ausdruck zu verleihen.

Glaubt man der Pornographie, aber auch der einschlägigen Ratgeberliteratur, so spielt sich Sex ausschließlich auf der körperlichen Ebene ab, ist eine Frage von Techniken und Stellungen, vielleicht noch von Hormonen. Dabei weiß beinahe jeder aus eigener Erfahrung, dass diese Betrachtung der Dinge eine unzumutbare Verkürzung darstellt. Sie bringt uns um das Beste, was erfüllter Sex zu bieten hat: um jene Ekstase nämlich, die uns aus allen Belangen des Alltags inklusive unseres rationalen Ichs herausreißt und die zugleich verbunden ist mit lustvoller Intimität, wenn wir uns einem anderen Menschen mit Leib und Seele öffnen. Genau diese Dimension von Sex ist es, die Goethes *Römische Elegien* beständig umkreisen. Der üblichen Definition nach sind sie in der Tat »Pornographie«: Darstellung des Sexualakts mit dem zumindest nicht auszuschließenden Ziel sexueller Erregung. Aber sie sind eben auch eine neue Form von Pornographie, alternativ zu jener, mit der sich Goethe in der *Werther*-Zeit als junger Mann zeitweilig beschäftigte. Die sexuelle Erregung, von der sie sprechen und die sie womöglich erzielen, ist in ihnen verbunden mit einer Erfahrung, die im Prinzip jeder von uns machen kann: durch Sex eine bessere, eine menschlichere Version von sich selbst hervorzubringen.

VENEZIANISCHE SCHNAPPSCHÜSSE

Kaum ein Vierteljahr nach der Geburt des kleinen August ist Goethe schon wieder auf Achse – erneut nach Italien, dieses Mal aber nicht in eigener, sondern in hochoffizieller Mission, um die Herzoginmutter Anna Amalia in Venedig von ihrer Italienreise abzuholen. In den knapp zwei Monaten seines zweiten Venedig-Aufenthaltes entstehen die *Venezianischen Epigramme*, die so berüchtigt sind, wie die *Römischen Elegien* berühmt – ein weiterer Versuch, die Italien-Erfahrung produktiv zu machen. Sie sind zudem nichts weniger als die erste

Großstadtlyrik in deutscher Sprache. In den Wochen des Wartens auf die Herzogin, ausgefüllt mit Streifzügen durch die Metropole an der Lagune, setzt Goethe Beobachtungen des Straßenlebens und gedankliche Einfälle beinahe unmittelbar in Aufzeichnungen um. Trotz des wirtschaftlichen und demographischen Rückgangs war Venedig zur Zeit von Goethes Aufenthalt eine Stadt mit immerhin noch hundertvierzigtausend Einwohnen; das entsprach etwa der Größe Berlins oder Hamburgs, hingegen dem Vierfachen Frankfurts oder Leipzigs. Vor allem aber war Venedig (wie auch Rom oder Neapel) eine Stadt mit hoher Bevölkerungsdichte.

Schon bei seinem ersten, ebenfalls mehrwöchigen Aufenthalt in Venedig auf der Hinreise nach Rom hatte Goethe »das Volk, die große Masse« beeindruckt. Nirgends fühle man sich »einsamer als im Gewimmel, wo man sich allen ganz unbekannt durchdrängt«, notierte er in seinem Tagebuch an Charlotte von Stein. Schon damals suchte er nach einer literarischen Form, um jene Augenblickserfahrungen festzuhalten, die sich im bunten Treiben auf den Straßen, im anonymen Gedränge der Gassen und Plätze ergeben, wo man »die unnachahmlichsten Bilder« sieht. Jetzt hat er die Lösung: Es ist das Epigramm, ebenfalls eine in der Antike viel benutzte literarische Kurzform, etwa für Aufschriften auf Grabmalen oder Geschenken. In den geselligen Weimarer Kreisen war sie schon seit Längerem beliebt, Goethe hatte sich in ihr bislang aber nur sporadisch versucht. Nun benutzt er den epigrammatischen Stil wie eine sprachliche Vorrichtung, um Schnappschüsse aufzuzeichnen, sowohl die Beobachtungen des durch die Stadt flanierenden Dichters wiederzugeben als auch seinen Meinungen über Gott und die Welt spontan, möglichst geistreich, häufig satirisch Ausdruck zu verleihen. »Es sind dieses Früchte, die in einer großen Stadt gedeihen«, schreibt er selbst, »überall findet man Stoff und es braucht nicht viel Zeit sie zu machen.« Das Epigramm kommt nicht nur der Fülle der Beobachtungen, Begegnungen und Einfälle im urbanen Kontext entgegen, sondern auch ihrer Flüchtigkeit und dem Bewusstsein, nicht viel Zeit zu haben, da schon wieder andere Beobachtungen, Begegnungen und Einfälle auf einen warten.

Dabei interessiert sich der lyrische Flaneur, den Goethe in seinen Epigrammen für uns ins städtische Treiben schickt, weder für touristische Sehenswürdigkeiten noch für die venezianische Gesellschaft. Stattdessen tauchen wir mit ihm in die Halbwelt der Gaukler und Prostituierten ein. »Lacerten« (von Italienisch »lacerta«, Eichdechse) werden die letzteren in den *Venezianischen Epigrammen* genannt, weil sie so »schnell und beweglich« durch das Gewirr der Gassen huschen, dass der Fremde ihnen kaum mit den Augen zu folgen vermag. Sie sind gleichsam der Inbegriff des chaotischen Treibens auf den Straßen.

Von ihnen geführt, betritt der Flaneur die Spelunken der Stadt und lässt sich von den Schönen zum Kaffee einladen, was damals das geläufige Codewort für einen »Handjob« war. Noch ziert der Künstler sich. In den Epigrammen sehen wir Goethe förmlich dabei zu, wie er zögert, den unheimlichen Ort der Spelunke als jenen zu entdecken, der sein heimliches Zuhause ist, mehr jedenfalls als die gute Gesellschaft etwa des Hofes, ganz zu schweigen von der der städtischen Honoratioren.

Während die *Römischen Elegien* den vaginalen Geschlechtsverkehr zwischen Mann und Frau besingen, beschäftigen sich die *Venezianischen Epigramme* mit den alternativen sexuellen Praktiken. Die zu Goethes Zeiten verpönte Homosexualität wird in den auch ansonsten anzüglichen Versen wenigstens gestreift:

Knaben liebt ich wohl auch, doch lieber sind mir die Mädchen,
Hab ich als Mädchen sie satt, dient sie als Knabe mir noch.

Überhaupt die Homosexualität: In dem Essay *Winckelmann und sein Jahrhundert* aus dem Jahr 1805 wird Goethe das Schönheitsideal der von ihm geschaffenen Klassik auf einen Homosexuellen zurückführen, der es so intensiv darstellte, gerade weil er homosexuell war.

Wiederholt taucht in den Epigrammen die Figur der Gauklerin Bettine auf; sie hatte ihr Vorbild in einer Truppe venezianischer Straßenkünstler: einem Vater und vier gelenkigen Kindern, die akrobatische Übungen vollführten. Bettine war vermutlich die älteste, eine androgyn wirkende Frau, die die Phantasie des Epigrammatikers mächtig auf Touren bringt. Das obszönste Stück seiner erotischen Faszination phantasiert sie bei der Masturbation.

Was ich am meisten besorge: Bettina wird immer geschickter,
Immer beweglicher wird jegliches Gliedchen an ihr;
Endlich bringt sie das Züngelchen noch ins zierliche F<ötzchen>
Spielt mit dem artigen Selbst, achtet die Männer nicht viel.

Als ein von den ärgsten Obszönitäten bereinigter Zyklus venezianischer Epigramme ohne Nennung des Verfassernamens in Schillers *Musen-Almanach für das Jahr 1796* erschien, ganz ans Ende des Bandes verbannt, da amüsierte das die jung verwitwete Professorentochter Caroline Böhmer, die im Jahr darauf August Wilhelm Schlegel heiraten sollte. Es habe sie sehr unterhalten, »dass man die ›Epigramme‹ abseits getan, eine Schranke gezogen und sie, sozusagen, wie junge Ferklein« in einen Schweinekoben gesperrt habe. »Es sind muntre Dinger, und ich mag sie gern.« Jahrzehnte später, als man im Nachlass die von Goethe selbst bereits aussortierten anstößigsten Stücke entdeckte, wagte man diese erst gar nicht zu publizieren. Wie der Goethe-Forscher Daniel Wilson feststellt, gingen die Herausgeber sogar so weit, Text von der Papieroberfläche der handschriftlichen Originale abzuschaben und damit unleserlich zu machen; an besonders missliebigen Stellen griffen sie zur Schere.

Kurzum: Die sich bereits zu Lebzeiten Goethes entwickelnde Klassik-Legende verdankt sich der Kastration. Was mit dem Bild vom Olympier nicht zu vereinbaren war, wurde kurzerhand aussortiert, zum Teil sogar vernichtet. Goethe und seine Leser aber wurden damit um einen wesentlichen Aspekt des Dichters betrogen. Das eigene Leben ist nie identisch mit der Legende, die sich nachträglich darum stricken lässt. Dazu ist es viel zu chaotisch, vielfältig und mehrsinnig. Es entwickelt sich (nicht nur, aber auch) im Widerstand gegen die Konventionen der Zeit, teilweise in gewollten Tabuverletzungen. Vor allem aber: Es ist ohne Sexualität nicht denkbar. Daraus Literatur gemacht zu haben, deren Lektüre bis heute Überraschungen bereitet, ist eine der außerordentlichen Stärken Goethes.

VOM AUSKOSTEN DES AUGENBLICKS

Neben der neuen Identität als Künstler importierte Goethe noch etwas anderes aus dem sinnlichen Süden in den protestantischen Norden, und auch darin war er sich mit Moritz einig und kann uns ein Vorbild sein: eine Lebenslehre des glücklichen, des genießenden Augenblicks.

Was bleibt uns, wenn wir zu Hause angelangt sind, von einer Reise, auf der wir eine andere, eine bessere Version von uns selbst kennenlernen durften? Die einschlägige Antwort darauf lautet: Erinnerung. Aus tiefem Misstrauen gegenüber unserer Fähigkeit, die Gegenwart zu erleben, ist Max Frisch so weit gegangen, die Erinnerung für die eigentliche Erfahrung zu halten. »Wir freuen uns auf eine Reise, vielleicht jahrelang«, schreibt er, »und an Ort und Stelle besteht die Freude größtenteils darin, dass man sich um eine Erinnerung reicher weiß.«

In Italien geht mit Goethe in dieser Hinsicht eine radikale Veränderung vor, die den Rest seines Lebens anhält. »Ich statuiere keine Erinnerung in eurem Sinne«, wird noch der Fünfundsiebzigjährige in einer Gesellschaft schnauben, in der gerade ein Toast auf die Erinnerung ausgebracht wird. »Was uns irgend Großes, Schönes, Bedeutendes begegnet, muss nicht erst von außen her wieder erinnert, gleichsam erjagt werden. Es muss sich vielmehr gleich von Anfang her in unser Inneres verweben, mit ihm eins werden, ein neues besseres Ich in uns erzeugen und so ewig bildend in uns fortleben und schaffen.«

Zweifellos hat das römische Liebeserlebnis Goethe in der auf der Reise gefassten Idee bestätigt, die Quintessenz des Lebens bestehe in der Hingabe an die Lust des Augenblicks und in dessen Anverwandlung zu einem Teil unseres Ichs. Bereits im Resümee des ersten Jahres seines Unterwegsseins schreibt er am 27. Oktober 1787 aus Neapel an Herder: »Auch habe ich dieses Jahr unter fremden Menschen achtgegeben und gefunden, dass alle wirklich klugen Menschen mehr oder weniger, zärter oder gröber, darauf kommen und bestehen: dass der Moment alles ist, und dass nur der Vorzug eines vernünftigen Menschen darin bestehe: sich so zu betragen, dass sein Leben, insofern es von ihm abhängt, die möglichste Masse von vernünftigen, glücklichen Momenten enthalte.«

Hier ist sie ausgesprochen, die neue Lebenslehre, die Goethe in den Schriften, die im Anschluss an die Reise entstehen, immer wieder variiert. Einer dieser »wirklich klugen Menschen«, denen er sie abgeschaut haben will, war der britische Diplomat am Hof des Königs von Neapel, Sir William Hamilton. Goethe besuchte den leidenschaftlichen Vulkanforscher und Kunstsammler vor und nach seinem Aufenthalt in Sizilien. Hamilton war, was man damals einen Epikureer nannte: ein Genussmensch, der die Dinge des Lebens schätzte und ein Händchen dafür besaß, sich eine »schöne Existenz« zu machen, wie Goethe das nannte. Seine neueste Akquise war Emma Hart, Anfang zwanzig und wunderschön, aus einfachsten Verhältnissen stammend, die Marilyn Monroe ihrer Zeit. Hamilton hatte die ehemalige Geliebte seines Neffen zu sich nach Neapel geholt, wo sie zu seinem Entzücken und dem seiner Besucher das Talent entwickelte, Szenen der Malerei und Mythologie in lebenden Bildern, einer Art Ausdruckstanz, nachzustellen. Attitüden nannte sie das. Sie hatte als Modell und Tänzerin gearbeitet, und nun posierte sie für die feine Gesellschaft, den begehrenswerten Körper mehr oder weniger verhüllt, als Iphigenie, Ariadne, Niobe oder Medea. Goethe war hingerissen. Es war eine Kunst, in der alles auf die prägnante Darstellung des charakteristischen, des ergreifenden Moments ankam. »So viel ist gewiss, der Spaß ist einzig«, schrieb er. Zweifellos war Emma die Geliebte des »Ritters Hamilton«, und der war immerhin noch einmal zwanzig Jahre älter als er. Was Goethe hier in der außerhalb Neapels hoch über dem Meer gelegenen Villa Hamiltons fand, war neben einem Leben, das ganz auf den Genuss des Moments abgestellt war, auch das Modell für ein Liebesverhältnis, wie er es zurück in Weimar dann kultivieren wird: älterer Mann mit junger, aber in sexuellen Dingen erfahrener Geliebten.

Bereits in Sizilien beginnt er damit, das Leben im Augenblick poetisch zu gestalten. Die Anfahrt mit dem Schiff auf Palermo – »die Harmonie von Himmel, Meer und Erde« – entzückt ihn, erinnert ihn an Homer. Sogleich versucht er, ein Exemplar der *Odyssee* aufzutreiben, die während des mehrwöchigen Sizilienaufenthaltes zu seinem ständigen Begleiter wird. Mit Homer im Sinn durchstreift er die Landschaften der Insel und beginnt an einem Schauspiel zu arbeiten, das die Begegnung des Odysseus mit der phaiakischen Königstochter Nausikaa zum Thema haben soll, die den schiffbrüchigen Mann am Strand aufliest. Auch hier wird der Moment einer Liebesbegegnung zum Schlüssel für das Geheimnis des Lebens. Das Stück ist Fragment geblieben.

Auf uns gekommen sind jedoch zwei Zeilen, die in ihrer schlichten Vollkommenheit an einen Haiku erinnern und mit zum Schönsten gehören, was Goethe überhaupt geschrieben hat:

> Ein weißer Glanz ruht über Land und Meer
> Und duftend schwebt der Äther ohne Wolken

Goethe entdeckt in Italien den konkreten, gelebten Augenblick als einen Erfahrungsmodus, der uns Menschen angemessener ist und glücklicher macht als die Fixierung auf die Vergangenheit oder die Besessenheit von der Zukunft. Jeder bewusst erlebte, mit Körper und Seele genossene Glücksmoment verleiht unserem Leben Sinn und Bedeutung, wenn wir ihn nur auszukosten verstehen. Er darf uns nicht entwischen. Er ist aber auch nicht etwas für die Erinnerung wie das Foto des prächtigen Sonnenuntergangs, den wir ansonsten gar nicht beachtet haben. Entscheidend ist, dass wir uns den gelebten Augenblick zu Eigen machen; dass er, wie Goethe sagt, ein neues besseres Ich in uns erzeugt und so in uns fortlebt. Die Psychologie spricht hier von »Savoring«, von Auskosten. Der ausgekostete Augenblick, verbunden mit der Fähigkeit, ihn sich anzuverwandeln, ist die entscheidende Ressource eines erfüllten, sinnvollen Lebens.

Wer den Augenblick auskostet, der sagt zu ihm: »Verweile doch! Du bist so schön!« Genau das ist Gegenstand des Teufelspakts zwischen Faust und Mephistopheles in Goethes großer Menschheitstragödie. Wenn er den Augenblick darum bitten werde, zu verweilen, weil er so schön ist, dann solle seine Zeit vorbei sein, bietet der ewig unruhige Lebensunternehmer Faust dem Teufel an: »Dann magst du mich in Fesseln schlagen, Dann will ich gern zugrunde gehn!« Kaum etwas zeigt deutlicher, wie weit sich Goethe im Verlauf seiner Suche nach einem eigenen Leben von seinem Jugendidol Faust entfernt hat, wie dessen Schmähung des erfüllten Augenblicks, der Goethe inzwischen so kostbar ist.

Goethe hatte auf seiner italienischen Reise erlebt, dass das antike Kunstwerk, insbesondere die Skulptur, einen Augenblick vollkommener sinnlicher Befriedigung darstellt. Sollte dazu nicht auch die Literatur in der Lage sein? Das wird nun der Auftrag, aber auch der Anspruch, den er an sie stellt. Neben der Lizenz zur Freizügigkeit in erotischen Dingen, die er römischen Liebesdichtern wie Ovid und Properz abschaut, ist das auch der tiefere Grund für die Anleihen an antike Dichtung, die er sich bis ins Versmaß herausnimmt. Goethe ging davon aus, dass die Menschen der Antike es besser als wir Menschen der Moderne verstanden haben, in der Gegenwart zu leben und den Augenblick zu genießen. Das sei »das Wundersamste des Altertums, dem, der sehen kann, mit Augen zu sehen: die Gesundheit nämlich des Moments und was dieser Wert ist«, wird der Achtzigjährige gegenüber seinem Altersfreund, dem Komponisten Carl Friedrich Zelter, schwärmen. Vom »prägnanten« Augenblick, der sich selbst genug sei, spricht er auch in diesem Zusammenhang.

Doch Goethe wäre nicht Goethe, wenn er es bei diesen Andeutungen, die das Auskosten des Augenblicks ins Historische und Philosophische heben, belassen hätte. Dann wäre das Nachsinnen über den prägnanten Moment und den erfüllten Augenblick zu Recht zum Lieblingsgegenstand einer sich im Metaphysischen verlierenden Germanistik geworden, wie es eine Zeit lang schien. Doch Goethe hat dem selbst vorgebaut und aus seiner italienischen Erfahrung eine »Lebensregel« destilliert, wie sie konkreter und epikuräischer kaum denkbar ist:

Willst du dir ein hübsch Leben zimmern,
Musst dich ums Vergangne nicht bekümmern;
Das Wenigste muss dich verdrießen;
Musst stets die Gegenwart genießen,
Besonders keinen Menschen hassen
Und die Zukunft Gott überlassen.

VI.
WIE MAN ORDNUNG IN SEIN LEBEN BRINGT – UND SICH EINE PRODUKTIVE UMGEBUNG SCHAFFT

»Hast du ein gegründet Haus,
Fleh die Götter alle,
Dass es, bis man dich trägt hinaus,
Nicht zu Schutt zerfalle«

AUS: *Des Epimenides Erwachen* (1815)

Wo und wann findet das eigene Leben statt? Welche Orte und Zeiten sind besonders geeignet, dass statt der gewöhnlichen geschäftigen Umtriebigkeit, den kleinen und großen Herausforderungen des Alltags, sich ein Bewusstsein davon einstellt, dass wir ein eigenständiges, ein einzigartiges Leben führen?

Insbesondere in jüngeren Jahren neigt man zu der Ansicht, dabei müsste es sich um besonders herausgehobene Schauplätze und Zeitfenster handeln – den Gipfel etwa, den man soeben unter Aufbietung der letzten Atemreserven bestiegen hat; oder Stunden außergewöhnlicher Intensität, wie man sie bei großer Liebesleidenschaft, aber auch bei akuter Lebensbedrohung etwa im Krieg erleben kann; oder auch einen Zustand traumloser Klarheit, wie er sich auf dem Weg der Meditation erreichen lassen soll. Viele meinen auch, dass man dafür die Sesshaftigkeit zumindest zeitweise aufgeben müsse; erst im Unterwegssein erschließe sich einem, was Leben wirklich heißt, nämlich unaufhörliche Dynamik.

Gemeinsam ist diesen Vorstellungen die Überzeugung, dass das eigene Leben etwas ist, das sich jenseits des Alltags realisiert. Während wir im Normalzustand durchs Leben stolpern, verloren an die Außenwelt und ihre Suggestionen, im Termin- und Erledigungsstress, ohne ein adäquates Bewusstsein unserer selbst, und dabei stets hinter unseren eigentlichen Möglichkeiten zurückbleiben, stellt sich ein Vollgefühl unserer Individualität und der damit verbundenen Kräfte ausschließlich in herausgehobenen Momenten und vorzugsweise an außergewöhnlichen Orten ein.

Goethe scheint dieser Überzeugung selbst lange Zeit angehangen zu haben. Seine Selbstfindung fand auf Reisen statt, wenn er den Alltag in Frankfurt oder Weimar mit einem weniger einförmigen, täglich neue Eindrücke verschaffenden Leben vertauscht hatte, etwa unterwegs in Italien, diesem Land der Sehnsucht, und dort wieder insbesondere in Augenblicken des Hochgefühls, inspiriert durch ein großes Kunstwerk oder eine ideale Landschaft.

Zurück in Weimar jedoch macht er auch in dieser Hinsicht eine Wandlung durch. Der beste Beleg dafür ist, dass Goethe sich dauerhaft einrichtet, um ein Alltagsleben führen zu können, wie es seinen Bedürfnissen und Interessen entspricht. Mit dem Leben im symbolischen Exil des Jägerhauses vor den Toren der Stadt hat er sich zwar arrangiert, aber dort die ganze Zeit über in der Erwartung gewohnt, dass es sich um einen vorübergehenden Zustand handele. Mit großer Entschlossenheit und dem ihm eigenen diplomatischen Geschick sorgt er im Frühjahr 1792 dafür, dass der Herzog das zum Verkauf stehende Haus am Frauenplan erwirbt und ihm nun zur vollständigen Nutzung überlässt. Als die Transaktion abgeschlossen ist, gibt Goethe sofort weitreichende Umbauten in Auftrag, als wollte er die herzogliche Entscheidung unumgänglich machen. Erst zwei Jahre später wird ihm Karl August das Haus inklusive Garten zum Geschenk machen, und es wird geraume Zeit verstreichen, bis dieser Vorgang beurkundet wird. Aber da hat sich Goethe am Frauenplan samt Familie und Entourage längst auf Lebenszeit eingerichtet.

GOETHES HÄUSER

Goethe ist in einem Stadthaus aufgewachsen, dessen Zuschnitt wir heute großbürgerlich nennen würden. Diesen Eindruck vermittelte das Haus am Frankfurter Großen Hirschgraben allerdings erst seit dem Umbau durch den Vater in den Jahren 1755 und 1756, als Goethe sechs beziehungsweise sieben Jahre alt war. Von dem bisherigen Ensemble zweier düsterer und ungleich hoher Fachwerkhäuser war das größere weitgehend erhalten geblieben, während das kleinere vollständig ersetzt und dem Haupthaus angeglichen worden war. Auch das Dach war rundum erneuert worden. Das Ergebnis war ein äußerst geräumiges Stadthaus mit achtzehn nach dem neuesten Geschmack eingerichteten Zimmern (die Wirtschaftsräume und Dienstbotenstuben nicht eingerechnet) sowie einheitlicher Straßenfront. Es bot für alle Belange seiner vier Bewohner genügend Platz und vermittelte dem Besucher schon durch seinen zentral angelegten, großzügigen Treppenaufgang mit dem aufwändigen schmiedeeisernen Geländer den Eindruck von Gediegenheit und Wohlhabenheit. Hier hat Goethe gelebt, bis er sechsundzwanzigjährig nach Weimar ging.

Auch dort bezog er bald ein Haus – das sogenannte Gartenhaus vor den Toren der Stadt, das ihm der Herzog zum Geschenk machte, um ihn in Weimar zu halten. Den ersten Weimarer Winter hatte er noch als Gast des Kammerpräsidenten Karl Alexander von Kalb verbracht, dessen Sohn ihn in Frankfurt abgeholt hatte. Mit Beginn des Frühjahrs 1776 dann mietete er Zimmer am Burgplatz mit Blick auf die verrußte Schlossruine. Doch nur einen Monat später schon nahm er die vom Herzog geschenkte Immobilie in Besitz.

Mit deren Erwerb erlangte er auch Weimarer Bürgerrecht, was wiederum die juristische Voraussetzung dafür bildete, dass er im Herzogtum ein Amt übernehmen konnte. Idyllisch auf der stadtabgewandten Seite der Ilm gelegen, am Fuß eines Hochufers, wo einst Wein angebaut worden war, entsprachen Lage und Zuschnitt ganz dem naturnahen Lebensstil, den die Generation Goethe mit dem von ihr verehrten Rousseau verband. Das Haus war vernachlässigt, der Garten verwildert. Goethe ließ beides nach seinen Vorstellungen herrichten. Schon bald stach er eigenen Spargel, den er Charlotte von Stein zum Geschenk machte. In lauen Sommernächten übernachtete er auf dem Altan, den er auf der Südseite des Hauses, vor seinem Schlafzimmer, hatte errichten lassen. Im Garten wurden Blumenbeete angelegt. Ein beidseitig mit Malven bestandener Weg führte zu einer sonnigen Wiese mit Obstbäumen, und hinter dem Haus pflanzte Goethe Laub- und Nadelgehölze.

Als Schiller den Garten einmal besuchte – da war sein Eigentümer schon in Italien und Karl Ludwig von Knebel zwischenzeitlich in das Häuschen eingezogen –, berichtete er seinem Freund Gottfried Körner, Goethes Geist habe hier alle Menschen, die sich zu seinem Zirkel zählen, »gemodelt«. Eine »stolze philosophische Verachtung aller Spekulation und Untersuchung« und eine bis zur Affektiertheit getriebene Verbundenheit mit der Natur gehöre zum guten Ton; »kurz eine gewisse kindliche Einfalt der Vernunft bezeichnet ihn und seine ganze hiesige Sekte. Da sucht man lieber Kräuter oder treibt Mineralogie, als dass man sich in leeren Demonstrationen verfinge.« Und etwas abschätzig fügte er hinzu: Die Idee könne ja ganz gesund und gut sein, »aber man kann auch viel übertreiben«.

Das Haus erwies sich jedoch als zugig und im Winter schwer zu beheizen. Zudem war das Tal im Frühjahr, wenn die Schmelzwasser aus dem Thüringer Wald die Ilm über die Ufer treten ließen, nicht passierbar und Goethe von Hof und Stadt abgeschnitten. Deshalb behielt er bis 1782, als er endgültig zurück in die Stadt zog, die ganze Zeit über Ausweichquartiere bei: zuerst die Räume am Burgplatz, später einige Zimmer im Erdgeschoss des Fürstenhauses – mit direktem Kontakt zum Herzogpaar –, schließlich ein kleines Haus in der Seifengasse, in unmittelbarer Nachbarschaft zu dem Stadtpalais, in dem Charlotte von Stein residierte, wenn sie in Weimar war. So pendelte Goethe stets zwischen seinen Quartieren und hatte vermutlich ständig etwas von dem einen ins andere zu schaffen. Doch mit Diener war das zu bewältigen.

Mit den Jahren aber scheint ihm das lästig geworden zu sein. Auch stiegen seine Ansprüche nicht nur an Komfort, sondern vor allem an Repräsentation. So bezieht er am 2. Juni 1782 als »Abmieter«, wie man seinerzeit sagte, den westlichen Teil des Stadthauses am Frauenplan; den Garten erhält er zur alleinigen Nutzung. Verschwörerisch schreibt er an Charlotte von Stein, der Ausgang durch den Garten sei »nicht das geringste von den Annehmlichkeiten dieser Wohnung«. So kann sie in dem kleinen Weimar, wo man kaum einen Schritt tun konnte, der nicht registriert wurde, weitgehend unbeobachtet bei ihm ein- und ausgehen.

Der Zufall will es, dass Goethe nur einen Tag später, am 3. Juni, sein Adelsdiplom aus Wien erhält. Weitere acht Tage später betraut ihn der Herzog zudem interimsmäßig mit der Funktion des Kammerpräsidenten, nachdem er von Kalb entlassen hat. Binnen nicht einmal zwei Wochen nimmt Goethe das Haus in Besitz, das er, abgesehen von den beiden

Unterbrechungen der Italienreise und des Exils im Jägerhaus, bis zu seinem Tod fünfzig Jahre später nicht mehr verlassen wird. Zur gleichen Zeit steigt er zum mächtigsten Mann in Weimar nach dem Herzog auf und entwächst zumindest dem Titel nach dem ungeliebten Bürgerstand.

Dieses Zusammentreffen von lebensbedeutsamen Ereignissen muss man erst einmal verkraften. Am 16. Juni zieht er gegenüber Karl August in unübertrefflicher Lakonie ein erstes Resümee: »In meinem neuen Hause breite ich mich aus und alles kommt in die schönste Ordnung. Dabei rekapituliere ich mein Leben, vergleiche die Epochen und setze das Charakteristische des Gegenwärtigen fest. Sie gewährt mir gute Hoffnungen und Aussichten.« Wie sehr ihm »die neue Einrichtung« die Arbeit erleichtere, könne er kaum sagen: »ich kann in eben der Zeit und mit gleicher Mühe noch einmal so viel tun«.

Die vielen politischen und administrativen Verpflichtungen lassen ihm allerdings auch keine andere Wahl, als so effektiv und effizient wie möglich vorzugehen. Doch die Sätze an den Herzog deuten darüber hinaus an, worin Goethes Bindung an dieses Haus bestehen wird und weshalb er es, als sich dann die Gelegenheit bietet, unbedingt in seinen Besitz bringen will: Hier hat er die Chance, sich jene vielseitige häusliche Umgebung zu schaffen, die er braucht, um seinen zahlreichen Interessen nachzugehen und die Dinge unterzubringen, die ihm dafür zur Hand sein müssen. Schon jetzt wachsen seine künstlerischen und naturkundlichen Sammlungen, und sie werden bis zu seinem Tod Musemsausmaße erreichen. In diesem Haus kann er sich einen Alltag organisieren, wie er seiner vielfältigen Produktivität und seiner zunehmenden Prominenz entspricht; einerseits von der Außenwelt abgeschirmt, zugleich aber mit der Möglichkeit, auf seine Weise an der Welt teilzuhaben. Hier kann er Ordnung in sein Leben bringen und sich die bestmöglichen Voraussetzungen dafür verschaffen, dass es sein eigenes Leben wird und bleibt.

ZU BESUCH BEI GOETHE

Wer heute Goethes Wohnhaus in Weimar besucht, betritt es nicht mehr, wie zu Goethes und noch zu DDR-Zeiten, durch den dem Platz zugewandten Haupteingang. Vielmehr geht er durch die linke Hofeinfahrt und gelangt in das Wohnhaus von der Rückseite her, vorbei am ehemaligen Wirtschaftstrakt und den Dienstbotenstuben. Hier hielt sich zu Goethes Lebzeiten gewöhnlich auch der Hausdiener auf, der dem Besucher die Tür aufsperrte, dessen Anliegen entgegennahm und dem Hausherrn das Empfehlungsschreiben oder die Visitenkarte überbrachte.

Der Vorteil des Zugangs von hintenherum ist immerhin der, unmittelbar anschaulich zu machen, dass es sich bei Goethes Haus am Frauenplan eigentlich um zwei Häuser handelt, ein Vorder- und ein Rückgebäude. Aneinandergekoppelt sind sie an ihren beiden seitlichen Enden durch verhältnismäßig enge Stiegenhäuser und ein zimmergroßes Verbindungsstück in der Mitte, das man entdeckt, wenn man im Innenhof den Blick nach oben richtet. Goethe selbst hat es einbauen und mit einem Tonnengewölbe versehen lassen. Es diente der Verbindung der beiden Haushälften, hatte aber zugleich den Zweck, die hintere Haushälfte vor Besuchern abzuschirmen.

Franz Theodor Kugler, später ein berühmter Kunsthistoriker, hat Goethe am 24. April 1827 als Neunzehnjähriger aufgesucht. Der auf die achtzig zugehende Goethe war längst eine Persönlichkeit von internationalem Rang. Ständig wurden Besucher von auswärts vorstellig, die den Umweg über Weimar nicht scheuten, um Goethe leibhaftig zu begegnen. Einige kamen sogar unangemeldet und zudem ohne Empfehlungsschreiben. Manche wurden gar nicht erst vorgelassen, denn so der Hausherr: »Man muss den Leuten abgewöhnen, einen unangemeldet zu überfallen. Man bekommt doch immer andere, fremde Gedanken durch solche Besuche, muss sich in ihre Zustände hineindenken. Ich will keine fremden Gedanken, ich habe an meinen eignen genug und kann mit diesen nicht fertig werden.«

Der junge Kugler war da besser beraten. Er hatte einen Brief von Goethes Altersfreund, dem einflussreichen Komponisten Carl Friedrich Zelter, dabei. Im Anschluss an seinen Besuch hielt Kugler seine Eindrücke fest; anders als bei der Mehrzahl der auf uns gekommenen Schilderungen fällt der betont ungezwungene, so gar nicht ehrfürchtige Ton auf. Der alte Weimarer Goethe war für den jungen Berliner Studenten bereits ein Relikt aus einer früheren Zeit, das er interessiert bestaunte, ohne sich aber in ihm wiederzuerkennen:

»Sein Haus sieht von außen ziemlich rumplig aus, wie der Sitz irgend eines Collegiums. Auf dem Flur linker Hand ist das Zimmer eines feinen Bedienten, dem du dein Anliegen vorbringst; er nimmt dir den Brief ab, erkennt an der Leier auf dem Siegel, dass er vom alten Zelter geschrieben ist, und eilt die Treppe hinauf. Derweil Goethe den Brief liest, hast du Zeit, dir die bronzierten und bestaubten Gipsabgüsse von Antiken, die unten in einigen Nischen stehen, zu betrachten.

Der Diener erscheint wieder und verneigt sich winkend. Du folgst ihm hinauf durch ein Entree, in welchem mancherlei Sachen stehn und hängen, die du aber aus Mangel an Zeit nicht in Augenschein nehmen kannst. Er öffnet die Tür eines schönen großen Zimmers; auf der Schwelle empfängt dich statt Fausts Pentagramma ein großes, schon etwas abgetretenes ›Salve‹. Du wirst gebeten, einige Augenblicke zu verzeihen, und beschaust dir das Zimmer. Gipsabgüsse des kolossalen Jupiter und Junokopfes und anderer Antiken, an den Wänden eine Menge Zeichnungen von Antiken, Landschaften und Porträts … Der Meister erscheint …«

Gottlieb Friedrich Krause, seit einigen Jahren Diener bei Goethe, dürfte den jungen Kugler bei seinem Besuch in das Junozimmer geleitet haben. Es heißt so, weil neben der Tür der Gipsabguss einer römischen Kolossalbüste aufgestellt ist. Goethe hatte das Original 1786 in Rom gesehen und gleich einen Abguss in seinem WG-Zimmer am Corso aufgestellt. Bei seiner Abreise hatte er ihn der Malerin Angelika Kauffmann geschenkt. Erst einige Jahre vor Kuglers Besuch hat er endlich einen neuen Gipsabguss als Geschenk erhalten und gleich im Salon seines Hauses platziert. Dass es sich um eine Darstellung der römischen Göttin Juno handelte, hatte Goethe bei Winckelmann, seinem Gewährsmann in diesen Dingen, gelesen. Heute wissen wir es besser: Es war ein idealisiertes Bildnis von Antonia der Jüngeren, der Mutter des Kaisers Claudius, der Großmutter Caligulas und der Urgroßmutter Neros.

Das Junozimmer nutzte Goethe ebenso wie das sich anschließende so genannte Urbinozimmer, um Besuch zu empfangen. Nur in Ausnahmefällen stand die gesamte Zimmerflucht zur Straßenseite des Vorderhauses Gästen so offen, wie es heute der Besucher von Goethes Wohnhaus erlebt. In der Regel blieb die Tür zu den anderen drei Zimmern versperrt, die anfangs von Christiane und ihm als gemeinsame Wohn- und Schlafräume genutzt wurden und nach Christianes Tod als Sammlungszimmer dienten. Sie waren bis unter die Decken vollgestopft mit seiner Kunstsammlung, die bis zu seinem Tod auf sechsundzwanzigtausend Werke anwuchs: Büsten, Gemälde, Graphiken, Majolika, Medaillen, Autographen. Die Mineraliensammlung, die annähernd achtzehntausend Steine umfasste, hatte Goethe da längst schon in die beiden Gartenhäuschen ausgelagert.

Wollte Goethe seine Besucher weiter herumführen, so geleitete er sie zurück in den sogenannten gelben Saal, durch den sie bereits beim Betreten des Stockwerks gekommen waren, und von dort aus zur Gartenseite des Hauses. Bei diesen Gelegenheiten kam das erwähnte Brückenzimmer ins Spiel. Durch diesen Durchgang mit seiner kapellenhaften Anmutung, in dem weitere Abgüsse von Antiken zu besichtigen waren und dessen florales Deckenmuster den Besucher bereits auf das Kommende einstimmte, kam er über fünf Stufen geradewegs in einen Raum mit Zutritt zum Garten. Ins Gespräch mit dem Hausherrn vertieft, war er unversehens vom Vorder- ins Hinterhaus gewechselt und von dort über eine überdachte Holztreppe ins Freie gelangt, wo er nun mit Goethe zwischen Rabatten, Kräuter- und Blumenbeeten promenierte.

Ebenso wie das Brückenzimmer hatte Goethe auch die Treppe zur Beletage 1792 einbauen lassen, dafür sogar mehrere Zimmer im Erdgeschoss geopfert. Ursprünglich war der Zugang zu den Wohnräumen über eine Holzstiege erfolgt. Goethe ließ sie entfernen und ersetzte sie durch ein großzügiges Treppenhaus, bei dessen Entwurf er sich an Gebäuden der italienischen Renaissance orientierte. Es führt den Besucher über dreimal elf sanfte Stufen entlang von gipsernen, später bronzierten Kopien antiker Standbilder, die aus der weimarischen Kunstfabrik des Hofbildhauers Martin Gottlieb Klauer stammen, bequem nach oben. Diese Treppe ist auch der junge Kugler hinauf- und hinabgeschritten. Hätte er auf dem zweiten Absatz etwas aufmerksamer hingeschaut, wären ihm zwei Schiebetüren aufgefallen. Während sich hinter der rechten lediglich eine Art Wandschrank verbirgt, führt die linke über vier schmale Stufen in Goethes Arbeitsbereich. Doch das gehört zu den vielen Geheimnissen seines Hauses, die der Hausherr nur den wenigsten enthüllte.

DIE LIEBE ZU SCHÖNEN DINGEN

Um seinen Gast zu empfangen, hatte Goethe einen anderen Weg genommen. Statt durch das neue Treppenhaus war er vom Hinterhaus kommend fünf Stufen hinaufgestiegen und dann durch einen Durchgang direkt ins Urbinozimmer geschlüpft. Dieses durchquerend hatte er den Salon betreten, die »Juno« im Blick. Dort saß er nun mit seinem Besucher und machte Konversation. Je nach Interessenlage und Sympathie zeigte er ihm auch ausgewählte Stücke aus seinen Sammlungen. Für Goethe war es ein unumstößliches Prinzip, dass Kunstgespräche in Gegenwart der Werke als Anschauungsobjekte zu geschehen hatten. Da Originale kaum zu beschaffen waren und ihr Erwerb jenseits seiner Privatmittel und auch denen des Fürstentums lag, hatte er sich bei den Skulpturen, Statuetten, Gemmen und Gemälden, die seine

Wohnräume bevölkerten, auf Reproduktionen, Kopien, Abgüsse und Repliken verlegt. Das war einesteils Importware, wie sie an den Originalschauplätzen, etwa Rom oder Neapel, hergestellt und feilgeboten wurde. Aber auch in Weimar selbst und im Fürstentum entwickelte sich nach und nach eine Industrie, die die steigende Nachfrage nach Reproduktionen zu befriedigen wusste. Rationalisierte Herstellungsverfahren und materialtechnische Innovationen führten zu günstigeren Preisen, was wiederum die Ausweitung der Sammeltätigkeit aristokratischer wie bürgerlicher Kreise begünstigte. Wer zur Goethe-Zeit etwas auf sich hielt und ein repräsentatives Haus führte, der nannte auch eine kleinere oder größere Kunstsammlung sein Eigen. Diese war in der Regel nicht separat untergebracht, sondern Bestandteil der Einrichtung, sie wurde gleichsam »bewohnt«.

Wie nicht anders zu erwarten sagte sie dabei etwas über den Status ihres Besitzers aus, über seinen sozialen Stand und sein gesellschaftliches Prestige, über seine Bildung, seine Wohlhabenheit, seinen Geschmack. Doch damit musste es nicht sein Bewenden haben. Die Einbettung in den Alltag führte zur wiederholten Auseinandersetzung mit den Dingen. Goethe zum Beispiel wusste über beinahe jedes Stück seiner vielfältigen Sammlungen etwas zu erzählen: Wo und wann er es zum ersten Mal im Original gesehen hatte, aus welcher Epoche es stammte und welche besondere Bewandtnis es damit hatte, aber auch aus welcher Entfernung und welcher Höhe man es am besten betrachtete.

Für den Kunstsammler und Kunstkenner Goethe waren das keine äußerlichen Fragen, die man getrost vernachlässigen konnte. Für die Laokoon-Gruppe etwa, eine der bedeutendsten Darstellungen der Antike und zu Goethes Zeiten ein Schlüsselwerk der Kunsttheorie, empfahl er die Betrachtung aus »gehöriger Entfernung«, anfangs »mit geschlossnen Augen« – »man öffne und schließe sie so gleich wieder«. Durch dieses nervöse Blinzeln werde man »den ganzen Marmor in Bewegung sehen«. So wie sie dastehe, sei die Skulptur nämlich »ein fixierter Blitz, eine Welle, versteinert im Augenblicke, da sie gegen das Ufer anströmt«.

Bewegung ist auch in anderer Hinsicht ein Schlüssel zu Goethes Sammlungstätigkeit und zu seinem Haus. Anders als dem heutigen Besucher suggeriert wird, hatten die Dinge zu Goethes Lebzeiten keinen festen Platz. Was wir heute sehen, ist nicht nur ein rekonstruierter Zustand (Teile des Hauses wurden am 9. Februar 1945 durch eine Bombe zerstört, die Einrichtung war bereits 1942 in einen Luftschutzkeller ausgelagert worden), sondern darüber hinaus auch ein eingefrorener Zustand. In Wirklichkeit war die Sammlung zu Goethes Lebzeiten ständig in Bewegung. Er liebte es, die Dinge neu zu gruppieren, um Zusammenhänge sichtbar zu machen und überraschende Kontraste herzustellen. Mit dem wachsenden Fundus, aus dem er sich dafür bedienen konnte, wuchsen seine Optionen und seine Spielfreude. Neue Stücke, die er etwa auf einer Auktion erstanden hatte, wurden ausgepackt, geordnet und dann »einrangiert«. War ein bedeutendes neues Werk darunter, so war es längere Zeit Gesprächsthema: »Gehen Sie geschwind hin, und nehmen Sie noch ein paar Augenvoll, ehe die Suppe kommt«, konnte Goethe etwa dann einen Gast an der Mittagstafel, in diesem Fall den Mitarbeiter Johann Peter Eckermann, ermuntern.

Wie den Besuchern auffällt, sind beim Rundgang durch das Goethe-Haus an vielen Stellen Stufen zu bewältigen. Das hat damit zu tun, dass das Gelände vom Frauenplan bis zum Garten um gut zwei Meter ansteigt. Schaut man vom Garten auf das Hinterhaus, so ist es einstöckig, vom Hof aus gesehen ist es hingegen zweistöckig (jeweils plus Mansarde). Wenn dem jungen Kugler bereits das Vorderhaus zum Frauenplan hin rumpelig vorkam, was hätte er erst zum winkeligen Hinterhaus gesagt, das an ein bescheidenes kleinstädtisches Bürgerhaus erinnert und deshalb bestens ins provinzielle Weimar passte. Gesteigert wird der Eindruck der Rumpeligkeit noch dadurch, dass die beiden Haushälften nicht parallel, sondern in einem leichten Winkel zueinander stehen. Das führt etwa dazu, dass keines der ehemals von Christiane bewohnten Zimmer rechtwinklig ist.

Die Räume im Hinterhaus, aus denen Goethe kam, wenn er seine Besucher empfing, grenzen beinahe unmittelbar an die von ihm eingebaute Querachse mit Brücken- und Gartenzimmer. Eine Verbindungstür sucht man hier allerdings vergebens. Anfangs konnten auch die Privatzimmer Christianes, die sich auf der anderen Seite anschließen, von hier aus nicht betreten werden. Erst nach ihrem Tod 1816 ließ Goethe eine Tapetentür einbauen. Sein Arbeitstrakt aber blieb weiterhin unzugänglich und vor fremden Blicken geschützt. Es ist zwar richtig, wenn betont wird, dass Goethe mit dem Umbau der Kleinteiligkeit des alten Barockhauses das Flair von Großzügigkeit zu geben verstanden hat. Zugleich aber hat er eine neue Kleinteiligkeit geschaffen, die dem Zweck diente, seinen privaten Arbeitsbereich vor dem Rest des

Hauses abzuschirmen. Denn dort war von seinen Gästen niemand willkommen, und von seinen Bekannten auch nur die engsten Mitarbeiter – sowie der Großherzog.

Anders als die Zimmer des Vorderhauses erinnert Goethes Arbeitsbereich durch seine Kargheit an das Gartenhaus, das er die ersten Weimarer Jahre bewohnte: keine verzierten Decken, schlichte Holzfußböden, keine Kunstgegenstände, nur einige wenige Erinnerungsstücke, einfache Möbel. Alles ist zweckmäßig und macht zwar keinen ärmlichen, aber einen unprätentiösen, äußerst zurückhaltenden Eindruck. Kein »Design« lenkt von der eigentlichen Bestimmung ab: Es herrscht eine Atmosphäre konzentrierter Arbeit. Der über vierzigjährige Goethe, der 1792 hier einzog, hatte ein Großteil des Werkes, das wir heute mit seinem Namen verbinden, noch nicht geschrieben: weder die beiden Wilhelm-Meister-Romane, noch *Die Wahlverwandtschaften* oder die *Farbenlehre*, selbst der *Faust* war bislang nur ein Fragment und die großen autobiographischen Schriften wie *Dichtung und Wahrheit* und die *Italienische Reise* noch Zukunftsmusik. Alles das entsteht hier im Arbeitsbereich des Hinterhauses, hier werden die Materialien dafür zusammengetragen, durchgesehen und sortiert; die notwendigen Informationen beschafft sich Goethe aus dem eigenen Bücherbestand oder als eifriger Nutzer der Anna-Amalia-Bibliothek. Mit der Zeit verlagert Goethe auch die amtlichen Tätigkeiten in sein Arbeitszimmer.

Gegenüber den Zimmern des Vorderhauses hatten Goethes Arbeitsräume einen entscheidenden Vorzug: Sie lagen auf der Südseite des Hauses und gingen zum Garten hinaus. Die Zimmer waren im Sommer von mildem Sonnenlicht durchflutet, und Goethe gelangte jederzeit bequem in den Garten, in dem man sich an schönen, warmen Tagen für

Momente so fühlen kann, als bewege man sich unter einem italienischen Himmel. So hatte sich Goethe in seinem Haus am Frauenplan, so gut es ging, eine südliche Atmosphäre zu schaffen verstanden – eine weitere Maßnahme, um das italienische Glück unter den Weimarer Verhältnissen fortzuführen. »Sein Haus frappiert«, meinte etwa Jean Paul 1797 nach dem Besuch bei Goethe: »es ist das einzige in Weimar mit italienischem Geschmack.«

In seinen letzten Lebensjahren hat Goethe insbesondere im Winter häufig nur noch »seine« vier Zimmer des Hinterhauses genutzt. Die spartanische Kammer, in der er schlief, ist mit seinen knapp neun Quadratmetern so klein, dass er den Kleiderschrank im Vorzimmer aufstellte. Die Bibliothek, eher ein Büchermagazin, beansprucht mit ihren mehreren tausend Bänden einen eigenen Raum, der ebenfalls ans Arbeitszimmer grenzt. Er ist sogar größer als der Schlafraum, allerdings war er zu Goethes Zeiten unbeheizbar. Als vierten Raum gibt es noch die vom Schlafzimmer aus erreichbare Schreibstube. Eine Zeit lang muss darin eine Holzwanne gestanden haben, in der Goethe badete. War er krank, schlief sein Diener dort. Hier wurden aber vor allem von einem Schreiber die Reinschriften von Goethes Diktaten und Manuskripten angefertigt, häufig zur gleichen Zeit, während der Autor im Arbeitszimmer an den gerade entstehenden Werken diktierte oder seine umfangreiche Korrespondenz erledigte. Hier saßen auch die Mitarbeiter, derer sich Goethe für die Ausgabe letzter Hand bediente, über die er 1826 einen Vertrag mit dem Verleger Cotta geschlossen hatte. Es galt die schriftstellerischen Ergebnisse eines ganzen Lebens zu sammeln, zu sichten und zu ordnen; vierzig Bände sollten es schließlich werden. Goethes Arbeitsbereich ähnelte weniger der Studierstube eines einsamen Genies als einer Literaturmanufaktur, in der ein Lebenswerk druckfertig gemacht wurde, das schon in seinem Umfang einzigartig dasteht.

Das Kraftzentrum dieser Hinterhauswerkstatt ist Goethes Arbeitszimmer. Obwohl seine Einrichtung wie die der anderen Räume von 1942 an für sieben Jahre ausgelagert war und 1949 rekonstruiert werden musste, lebt es bis heute von der Aura der Authentizität. Zahlreiche, zum Teil kuriose Dinge beleben die Phantasie des Besuchers:

- ein Tintenfass aus gedrechseltem Laubholz auf dem Mitteltisch;
- hundertfünfundfünfzig auf eine Schnur gefädelte Visitenkarten, die die Besucher des letzten Lebensjahres von Goethe ankündigten;
- ein mit einem Quadratnetz überzogenes Papier in einem grünen Pappfutteral plus eine Glasscheibe nebst einer Erläuterung, wie damit die Länge von Blitzen zu berechnen ist;
- eine Spanschachtel aus unbehandeltem Nadelholz, welche Skelettteile eines Fisches, Muschelschalen und Pflanzenreste enthält;
- ein Flakon mit einem Stöpsel in Form einer Napoleonbüste, ein Geschenk Eckermanns, das Goethe außerordentlich wertschätzte; nicht nur wegen Napoleon, dem er 1808 in Erfurt persönlich begegnet war, sondern weil das Gefäß aus Opalglas das Sonnenlicht in einer Weise reflektierte, die er als Beweis für seine Farbenlehre nahm;
- der Fahrplan der Postkutschen, die Weimar nach verschiedenen Richtungen passierten, angebracht an der Tür zum Schlafzimmer.

Der eigentliche Clou des Raums sind die auffällige Vielzahl und die seltsame Anordnung von Tischen und Tischflächen. Wenn überhaupt, dann enthüllen sie das Produktionsgeheimnis der außerordentlichen Kreativität, die hier einst herrschte. Im Zentrum von Goethes Arbeitszimmer steht ein Tisch aus Nadelholz, dessen seitliche Flächen heute beide hochgeklappt sind und der deshalb mehr Platz beansprucht, als dies zu Goethes Zeiten gewöhnlich der Fall gewesen sein mag. An diesem Tisch nahm der Schreiber Platz. Umgeben ist er von einer umlaufenden Tischlandschaft, zum Teil mit aufgesetzten Regalen sowie zwei Stehpulten. Den zwischen dem Mitteltisch und den Tischen an den Wänden verbleibenden kreisförmigen Raum von der Breite eines Ganges hat Goethe beim Diktieren durchschritten. Dabei hat er die weiträumigen Ablageflächen auf verschiedenen Höhen dazu genutzt, Bücher, Zeitschriften, Briefe, Manuskripte sowie Anschauungsobjekte so aufzustellen, dass er sie regelmäßig passierte, sie aufnehmen und wieder ablegen konnte. Dabei konnte es natürlich geschehen (und war wohl auch so erwünscht), dass sich Zusammenhänge ergaben, die so gar nicht vorauszusehen gewesen waren.

Goethe hat die Möblierung seines Arbeitszimmers den täglichen Arbeitsabläufen angepasst und dafür auch Möbel umgebaut, erweitert oder sie optisch integriert. So hat er sich ein kreatives Setting geschaffen, das gänzlich auf seine Bedürfnisse zugeschnitten war. Dabei kam es ihm auf zweierlei an: Die Konzentration sollte nicht abgelenkt, die Kraft der Assoziation hingegen angespornt werden. Während er unermüdlich die Tischlandschaft durchschritt, hat er einen Großteil seines Werkes geschaffen. Noch hier, im geheimsten Winkel seiner Behausung war er ein Wanderer.

»Prächtige Gebäude und Zimmer sind für Fürsten und Reiche«, hat Goethe einmal gegenüber Eckermann geäußert. Wenn man darin lebe, fühle man sich beruhigt, man sei zufrieden und wolle nichts weiter. Seiner Natur sei das ganz zuwider. »Ich bin in einer prächtigen Wohnung, wie ich sie in Karlsbad gehabt, sogleich faul und untätig. Geringe Wohnung dagegen, wie dieses schlechte Zimmer worin wir sind [und womit er sein Arbeitszimmer meinte], ein wenig unordentlich ordentlich, ein wenig zigeunerhaft, ist für mich das Rechte; es lässt meiner inneren Natur volle Freiheit, tätig zu sein und aus mir selber zu schaffen.«

»Ein wenig unordentlich ordentlich, ein wenig zigeunerhaft« – so charakterisiert Goethe die vagabundierende Aufmerksamkeit, die er in seiner Arbeitsumgebung herzustellen verstand. Dazu gehörte, sämtliche Störungen der Außenwelt auszublenden, um sich selbst in einen Zustand der psychischen Entspannung und Aufnahmebereitschaft zu versetzen. Was so möglich wurde, war ein freies, gleichwohl von den Dingen und Büchern um ihn herum angeregtes, schöpferisches Assoziieren. Die Goethe vertraute empirische Erkenntnistheorie seiner Zeit nahm an, dass sich die Fähigkeit dazu bei jedem Menschen finde; bei einem Mann von Genie sei ihre Kraft jedoch so stark, dass, sobald ihm ein Einfall käme, dieser ihn unmittelbar zu damit verknüpften Ideen führe. Genau das ist es, was wir noch heute unter Kreativität verstehen: die Fähigkeit, Analogien zu bilden und ihnen zu folgen. Goethe hat es verstanden, dieser Geisteskraft, die ihm in hohem Maße zu Eigen war, eine Umgebung konzentrierter, gleichwohl flexibler Aufmerksamkeit zu verschaffen, wo sie sich so frei wie möglich, aber zugleich im Rückgriff auf die Dinge der Welt und seines Lebens entfalten konnte.

»So wie wir schreiben, bauen wir auch: um Zeugnis von dem abzulegen, was uns wichtig ist«, hat der Londoner Lebensphilosoph Alain de Botton einmal gemeint. Häuser, so könnte man diesen Gedanken etwas konventioneller formulieren, sind ein Spiegel ihrer Bewohner. Doch das ist nur die halbe Wahrheit. Sie prägen ihre Bewohner auch, indem sie ihnen ermöglichen, jene Züge ihrer Persönlichkeit zu entfalten, auf die es ihnen ankommt. In vieler Hinsicht schaffen sie sogar die Voraussetzung dafür. Natürlich suchen wir von alters her Schutz in den Häusern, die wir bewohnen. Noch das prächtigste Gebäude ist, wie Goethe wusste, seiner elementaren Funktion nach eine Hütte. Zugleich aber wollen wir, dass die von uns bewohnten Häuser zu uns sprechen, dass sie jene Aspekte unserer Persönlichkeit beleben, an deren Entfaltung uns liegt.

So betrachtet ist das Haus am Frauenplan ein Vexierbild von Goethes vielschichtiger, komplexer Persönlichkeit. Er war in diesem Hause der Einzige, der es bis in alle seine Winkel hinein bewohnte. Alle anderen hatten ihren eigenen Bereich. Christiane etwa, immerhin die Hausherrin und zuständig für die Führung des großen Haushalts, den linken Trakt des Obergeschosses: die Zimmer zum Garten hin als ihren eigenen, privaten Bereich, die Zimmer des Vorderhauses als gemeinsame Wohnung mit Goethe. Letzterem war es vorbehalten, von Bereich zu Bereich zu wechseln, je nach der Rolle, die er gerade verkörperte: Familienvater, Schriftsteller, Sammler, Forscher, Hofkünstler, Staatsminister.

Das erklärt Goethes Faszination an dem Haus und seine lebenslange Treue zu ihm. Es ermöglichte ihm, ja spornte ihn geradezu an, die vielen Identitäten, die er sich zu Eigen gemacht und mit der Zeit zu verkörpern gelernt hatte, auszuleben. Wenn er in seinem Arbeitszimmer diktierte, war er voll und ganz Dichter oder Forscher. Begrüßte er im Urbinozimmer einen Gast, war er, mit unübersehbarer steifer Art, Weimarer Repräsentant. Und wenn er am Mittagstisch mit Christiane saß oder mit dem Sohn spielte, war er liebevoller Partner und Vater. Das soll nicht heißen, dass Goethe ohne sein Haus das alles nicht gewesen wäre. Das Haus gab ihm aber die Möglichkeit, die vielen Identitäten in ein ausgewogenes Verhältnis zu bringen. In welche er auch immer gerade schlüpfte, er blieb dabei Herr im eigenen Haus, dessen einzelne Bereiche so durchlässig waren wie Goethes Persönlichkeit.

»Er ging in die Tiefe der Wohnung, in die Winkel des Schlosses, denn künstlich war es gebauet«, heißt es in *Reineke Fuchs*, dessen Fabel Goethe 1793 – zu einer Zeit, als er das Haus am Frauenplan für seine Zwecke umbaute – mit großem Vergnügen neu erzählt hat: »Löcher fanden sich hier und Höhlen mit vielerlei Gängen, / Eng und lang und mancherlei Türen zum öffnen und schließen, / Wie es Zeit war und Not.« In wenigen Zeilen hat Goethe hier umrissen, wie sein Haus für ihn funktionierte. Mochte er auch weniger Grund haben, sich vor seinen Feinden zu verbergen als der listige, seiner Mitwelt übel mitspielende Fabelfuchs – der Besitzer des Baus am Frauenplan verstand sich darin, die einzelnen Bereiche seines Hauses durch kleinteilige Übergänge, unscheinbare Türen und eine grundsätzliche Verwinkeltheit voneinander abzugrenzen – durchsichtig und durchlässig nur für ihn, nicht für die Außenstehenden. Goethes Haus gleicht in der Tat einem Fuchsbau, und sein Bewohner hat etwas von einem Fuchs, von dem es von alters her heißt, dass er sich auf viele Dinge zugleich verstehe.

So erfüllte das Haus am Frauenplan für Goethe zwei elementare Funktionen zugleich, die noch heute unsere Liebe für ein Zuhause bestimmen: Es war für ihn ein Ort der Selbstentfaltung und zugleich der »Beschirmung«, wie es in *Reineke Fuchs* heißt – ein Rückzugsort. Jeden Tag, den er hier verbrachte, zeigte ihm das Haus, was alles in ihm steckte, aus wie vielen verschiedenen Persönlichkeiten sich dieses Wesen namens Goethe, das er war, zusammensetzte. Gleichzeitig bewirkte das Haus aber auch, dass sich die zum Teil divergierenden Einzelpersönlichkeiten nebeneinander behaupten konnten. Es war die Basis ihrer Koexistenz, ohne die es ihnen womöglich an Zusammenhalt gefehlt hätte. Je mehr sich Goethe in das von ihm umgebaute Haus einlebte, je sichtbarer er es zu einem Spiegel seiner komplexen Existenz machte, desto abhängiger wurde er in vieler Hinsicht auch von dieser Umgebung, die seiner seelischen und geistigen Verfassung jene Robustheit und Selbstverständlichkeit verlieh, die alle Welt an »Goethe« so bewunderte.

Goethe stand am Anfangspunkt einer Entwicklung, die zu einer beispiellosen Ausweitung und Auffächerung der Identitäten geführt hat, die in einer Person zusammenfinden. Er war nicht nur ein Avantgardist des eigenen, sondern auch des vielfältigen Lebens. Und er war das eine, indem er auch das andere war, denn die beiden Dinge widersprechen sich nicht nur nicht, sie gehören zusammen. Ein eigenes Leben, das sich auf die Verfolgung eines einzigen Ziels beschränkt, bringt einen Grad von Verarmung und Zwanghaftigkeit mit sich, der uns zögern lässt, noch von einem eigenen Leben zu sprechen. Andererseits bleibt auch ein multiples ein eigenes

Leben, solange der Betreffende nicht die Kontrolle darüber verliert, solange er sich weiterhin als Akteur dieser Vielseitigkeit begreifen kann.

Das Haus am Frauenplan verlieh Goethes Leben jenen Zuschnitt, den wir, nicht minder mit der Aufgabe konfrontiert, viele Leben gleichzeitig führen zu müssen, heute häufig vermissen. Die meisten von uns haben es da ungleich schwerer als Goethe; denn sie verbringen große Teile ihres Alltagslebens in Umgebungen, die nicht zu ihnen sprechen, die ihren Elan und ihre Entschlossenheit stumpf werden lassen und Niedergedrücktheit und Beklemmung in ihnen wachrufen. Und selbst zu Hause verfügen sie selten über ein eigenes Zimmer derart, dass es ihre Kreativität ansporrnt und das Potenzial widerspiegelt, das in ihnen steckt.

Goethes Haus am Frauenplan zu besuchen, kann in dieser Hinsicht beinahe so etwas wie eine therapeutische Funktion haben. Nicht etwa deshalb, weil wir voller Verehrung für den großen Meister seine Lebensspuren bestaunen, die sich doch längst verflüchtigt haben und nur noch in seinen Werken gegenwärtig sind. Sondern weil wir erfahren, was es heißen kann, sich eine Umgebung zu schaffen, die anregend auf uns wirkt, unsere Interessen bereichert, uns motiviert, unser Bestes zu geben, und unsere geistige Verfassung stärkt. Und das nicht beschränkt auf herausgehobene Momente an besonderen Orten, denen wir schon bald wieder den Rücken kehren, sondern im Alltag, dort, wo wir zu Hause, bei uns selbst sind, und das heißt nichts anderes als bei den vielen Identitäten, die wir in unserem Leben verkörpern.

EINE SCHRECKENSNACHT UND IHRE FOLGEN

Am frühen Morgen des 14. Oktober 1806, einem Dienstag, dringt Kanonendonner nach Weimar herüber. Er ist auch im Garten von Goethes Haus deutlich zu vernehmen und kommt aus der Richtung von Jena, wo über fünfzigtausend preußische Soldaten rund sechsundneunzigtausend französischen unter dem Oberbefehl Napoleons einander gegenüberstehen. Seit sechs Uhr morgens nehmen die Franzosen im dichten Nebel die preußische Vorhut unter Beschuss – zu deren völliger Überraschung mit einer starken Artillerie, die in der Nacht unbemerkt über einen Steilhang auf den Landgrafenberg vorgedrungen ist.

Als der Lärm im Laufe des Vormittags nachlässt, setzt sich die Familie Goethe zusammen mit Friedrich Wilhelm Riemer, der seit drei Jahren den mittlerweile siebzehnjährigen Sohn August unterrichtet, wie gewöhnlich um fünfzehn Uhr zu Tisch. Doch kaum hat man aufgetragen, bereiten Kanonenschüsse ganz in der Nähe der Mahlzeit ein jähes Ende. Als Goethe und Riemer in den Garten eilen, pfeifen gerade Kanonenkugeln über das Haus hinweg. Geschrei und Lärm dringen von der Nachbargasse herüber. Über der Gartenmauer schwanken »die Spitzen der Gewehre und sonstigen Waffen« der ansonsten unsichtbaren Soldaten hin und her – ein Bild, das sich Riemer besonders einprägt. Die preußische Armee befindet sich auf dem Rückzug, »in der grässlichsten Verwirrung«, wie er später schreiben wird.

Danach legt sich erst einmal »eine furchtbare Stille« über den Platz vor Goethes Haus.

Schon bald aber sind die ersten französischen Soldaten auf

den Straßen zu sehen. In den nächsten Stunden dringt in das kleine Weimar eine Armee von Zigtausenden Soldaten ein, die meisten von ihnen hungrig und durstig, einerseits erschöpft, anderseits aufgeputscht von der soeben gewonnenen Schlacht. Sie biwaken auf den Plätzen, plündern Läden und Keller, versuchen, in die Häuser einzudringen. Mit Einbruch der Dunkelheit werden Häuser angezündet, um den noch immer heranströmenden Truppen zu signalisieren, dass die Franzosen die Residenzstadt des Großherzogtums Sachsen-Weimar-Eisenach besetzt haben.

Goethe eilt zum Schloss. Von dort lässt er ausrichten, dass in seinem Haus Marschall Michel Ney sowie ein Dutzend Kavalleristen einquartiert werden sollen. Während Letztere sofort vor der Tür stehen, schnell die ihnen angebotenen Flaschen Bier und Wein herunterstürzen und sich dann in den Bedienstetenzimmern zur Ruhe legen, wird der Marschall die ganze Nacht über auf sich warten lassen. Als er bei Tagesanbruch endlich kommt, findet er das für ihn vorbereitete Zimmer von zwei Marodeuren besetzt vor, die er wütend mit Degenhieben vertreibt. Sie haben sich in der Nacht mit Gewalt Eintritt in das Haus verschafft und sind, wahrscheinlich mit gezückten Bajonetten, sogar Goethe aufs Zimmer gerückt, der sich zur Ruhe begeben hat. Noch schlaftrunken hat sich der auf die sechzig zugehende Hausherr gegen diese Bedrohung nicht zu wehren gewusst. Christiane, so einige Berichte, habe sich »den Wütenden« mutig in den Weg gestellt und sie aufgehalten. Anderen Berichten zufolge hat sie einen der vielen Weimarer zu Hilfe gerufen, die sich, selbst von Plünderung betroffen, in Goethes Hinterhaus geflüchtet hatten. Dieser habe die Kerle hinausgejagt und die Türen von Goethes Zimmer verriegelt.

»Plünderung u. schreckliche Nacht«, vermerkt Goethes Tagebuch. »Erhaltung unseres Hauses durch Standhaftigkeit u. Glück.« Vom Haus, spricht Goethe, und nicht, was doch erst einmal nähergelegen hätte, vom eigenen Leben.

Anderen erging es wesentlich schlimmer. Die französischen Soldaten schonten weder Frauen noch Alte. Die junge Frau von Goethes Schwager, des Bestsellerautors Christian Vulpius, wurde vergewaltigt. Johann Heinrich Meyer, der den Umbau von Goethes Wohnhaus geleitet und dort bis 1802 gewohnt hatte, musste sein Haus verlassen und flüchtete sich mit seiner Familie zu den Schwiegereltern. Doch auch deren Haus wurde verwüstet. Goethe sagte, »er habe nie ein größeres Bild des Jammers gesehen« als Meyers Schwiegervater, einen alten, gebrechlichen, ordnungsliebenden Mann, »im leeren Zimmer, rund um ihn alle Papiere zerrissen und zerstreut, er selbst saß auf der Erde kalt und wie versteinert, er sah aus wie König Lear, nur dass Lear toll war und hier war die Welt toll«. Auch bei Charlotte von Stein wurde geplündert. Der siebzigjährige Maler Georg Melchior Kraus, bislang Leiter des Weimarer Zeicheninstituts, Frankfurter wie Goethe und ein Freund von ihm, wurde geschlagen und musste mitansehen, wie die Marodeure seine Bilder zerstörten und sein Haus anzündeten. Wenige Wochen nach der Schreckensnacht erlag er seinen Verletzungen.

Auch in Goethes nächstem Tagebucheintrag steht das Haus im Fokus. »Beschäftigt mit Sicherung des Hauses und der Familie«, notiert er unter dem Datum des 15. Oktober. Goethe bemüht sich um eine sogenannte »Sauvegarde«, einen Schutzbrief, der sein Haus vor weiteren Übergriffen sichert. Dafür wendet er sich an den General Jean Lannes und den von Napoleon eingesetzten Stadtkommandanten Weimars, den gebürtigen Kurpfälzer Georg Friedrich Dentzel. Das Billet, das dieser ihm schickt, zeugt von Goethes elementarer Verunsicherung und großer Nervosität: »Der Generaladj. des Kayserlichen Stabs bittet Hr. Hofrat Göthe ganz ruhig zu seyn. Der unterschriebene Commandant der Stadt Weimar wird auf Ersuch des Hr. Marschall Lannes und in Rücksicht des großen Göthe's alle Mittel nehmen, die Sicherheit Hrn Göthes und Ihres Hauses zu besorgen. G. F. Dentzel.«

Es ist wohl schon an diesem Tag, dass Goethe weitreichende Konsequenzen aus der Erfahrung der Schreckensnacht zieht, in der ihn, wie er später schreiben wird, die »Weltgeschichte« »am eigenen Herd« aufgesucht habe. Er fasst drei Entschlüsse:

- Er wird Christiane heiraten.
- Er wird den Herzog bitten, das bislang ihm nur überlassene Haus in sein Eigentum überzuführen.
- Er wird, konsequenter als bislang, sein schriftstellerisches Werk vorantreiben.

Diese drei Entschlüsse gehören zusammen, wie Gustav Seibt gezeigt hat, und sie haben ein offensichtliches Gravitationszentrum: das Haus mitsamt dem Leben, das es Goethe ermöglicht – mit der Familie als dem einen und der schriftstellerischen Arbeit als dem anderen Pol. Mit der Fortexistenz des Herzogtums nach dem Sieg Napoleons steht auch Goethes bisherige höfisch-feudale Lebensform auf dem Spiel. Indem er das Verhältnis zu Christiane legalisiert, sich das Eigentum an seinem Haus sichert und sich auf die Arbeit an seinem literarischen Werk konzentriert, befreit er sich weitgehend aus der Abhängigkeit von seinem Mäzen und stellt sein Leben auf eine bürgerliche Basis.

Nachdem er fast achtzehn Jahre in »wilder Ehe« mit Christiane zusammengelebt hat, sie nach außen hin als seine »Haushälterin« galt und auch der gemeinsame Sohn als uneheliches Kind aufgewachsen ist, hat Goethe es plötzlich eilig. Noch am Samstag, keine vier Tage nach der Schreckensnacht, gelingt es ihm, sich einen offiziellen Erlaubnisschein zu besorgen, der ihn von allen Formalitäten der Eheschließung wie dem dreimaligen Aufgebot entbindet. Die Trauung findet dann in der Tat bereits am Sonntag im kleinsten Kreis statt, mit Riemer und Goethes Sohn August als Trauzeugen.

Gut möglich, dass bei dem Zeitdruck auch das Kalkül eine Rolle spielte, die umstrittene Hochzeit ohne Einwilligung des abwesenden Herzogs und unter Ausschluss der Öffentlichkeit »durchzuziehen« – in einem Weimar, das – kaum dem Schlimmsten entronnen – mit Aufräumarbeiten und der Bewältigung von Traumastörungen zu tun hatte. Wie Charlotte Schiller maliziös anmerkte, wurde die Trauung unter diesen Umständen in einer Kirche vorgenommen, »wo Tote, Verwundete Tags vorher lagen, wo man sicher erst alle Spuren der vorhergehenden Tage sorglich verwischt hatte« – eine Zeremonie zumal, von der sie meinte, dass jeder Mensch »sie nur in den glücklichsten Tagen seines Lebens oder nie feiern sollte«. Sie hätte es lieber gesehen, wenn auch der Freund ihres verstorbenen Mannes imstande gewesen wäre, »sich durch eigene große Kraft über die Welt« zu erheben, statt aus »panischem Schrecken« einen Schritt zu tun, der für sie »etwas Unberechnetes« hatte.

Doch da unterschätzte sie den Realismus Goethes. Angesichts einer Katastrophe, wie sie mit Napoleons Sieg nicht nur über das alte Weimar, sondern die gesamten deutschen Verhältnisse hereingebrochen war, schien ihm die Berufung auf die »eigene große Kraft« etwas Kindisches und Abgeschmacktes zu haben. Nicht Trotz oder Oppositionsgeist waren für ihn das Gebot der Stunde, sondern Wirklichkeitssinn und Pfiffigkeit.

»Panischer Schrecken« also wohl schon – doch die Konsequenz, die aus dieser Erfahrung zu ziehen war, macht den Unterschied. Goethe hat in die Ringe, die er mit Christiane tauschte, das Datum des 14. Oktober als unverlierbares Memento eingravieren lassen. Zeichen dafür, dass diese Ehe nicht aus romantischem Überschwang geschlossen wurde, sondern angesichts der Erfahrung von jäh hereinbrechender Zerstörung und der Labilität der eigenen Lebensverhältnisse, aber auch der Möglichkeit eines Aufbruchs in eine neue Epoche. In diesem Sinne war es eine Vernunftehe – nicht weil ihr keine Liebe zugrunde lag, sondern weil die Entscheidung zur Eheschließung aus Vernunftgründen getroffen wurde.

Damit war aber auch die letzte der Bedenklichkeiten entfallen, von denen Goethe vermutete, dass sie den Herzog seinerzeit dazu bewogen hatte, die Überlassung des Hauses unter einen Eigentumsvorbehalt zu stellen. Und so pirscht er sich in einem langen, umständlichen Brief, den er teils diktiert, teils von Hand schreibt, auch an die Erreichung dieses Ziels heran. Anfang des neuen Jahres liegt die wenn auch etwas kühle Einwilligung des Herzogs vor.

Zuvor aber hat Goethe schon Maßnahmen zur weiteren Professionalisierung seiner Autorentätigkeit unternommen; zu stark haben sich ihm die Bilder der Unglücklichen eingeprägt, deren Lebenswerk in der Nacht des 14. Oktober im Handstreich zerstört wurde. »In jener unglücklichen Nacht waren meine Papiere meine größte Sorge, und mit Recht«, schreibt er an seinen Verleger Cotta. »Denn die Plünderer sind in anderen Häusern sehr übel damit umgegangen und haben alles wo nicht zerrissen, doch umhergestreut. Ich werde nach dieser überstandnen Epoche um desto mehr eilen meine Manuskripte in Druck zu bringen. Die Tage des Zauderns sind vorbei …«

Und Goethe belässt es nicht bei der Ankündigung. Die *Farbenlehre*, an der er gerade arbeitet, gibt er schon in den Druck, als sie noch längst nicht fertiggestellt ist. Und auch bei den *Wahlverwandtschaften*, die er selbst als sein bestes Buch bezeichnet und in denen er die Gründe und Abgründe des Standes der Ehe erforscht, in den er selbst gerade getreten ist, lässt er mit Satz und Druck beginnen, bevor der Text zu Ende geschrieben ist. »Wir haben den Druck des Romans angefangen, ohne zu wissen, wie wir damit zu Ende kommen wollen«, berichtet er seiner Frau. Ohne einen solchen selbstauferlegten Zwang käme man aber zu gar keinem Abschluss. Er komme sich vor »wie jene Schwangere, die weiter nichts wünscht, als dass das Kind zur Welt komme, es sei übrigens und entstehe was will«, schreibt er an anderer Stelle, einen Monat vor Erscheinen des zweiten Teils des Buches. Der Goethe nach der Nacht des 14. Oktober hat das Bedürfnis, die Dinge, an denen er arbeitet, zu Ende und der Welt zur Kenntnis zu bringen.

VII.
WIE SICH LEIDENSCHAFT ERKLÄRT – UND WARUM WIR WIEDER RUINIERT WERDEN MÜSSEN

»Überhaupt werden Sie finden,
dass im mittleren Leben eines Menschen häufig
eine Wendung eintritt und dass, wie ihn in seiner Jugend
alles begünstigte und alles ihm glückte, nun mit
einem Mal alles ganz anders wird, und ein Unfall und
ein Missgeschick sich auf das andere häuft.
Wissen Sie aber, wie ich es mir denke? –
Der Mensch muss wieder ruiniert werden!«

GOETHE ZU JOHANN PETER ECKERMANN,
11. MÄRZ 1828

Seit seinen ersten Liebeserfahrungen als Vierzehnjähriger hat Goethe die Frage umgetrieben, was Liebe ist und wie sich Leidenschaft erklärt. Die Antwort, die er als noch junger Mann in *Werthers Leiden* gab, ist ganz aus der Binnenperspektive des verliebten Mannes erzählt: Liebe, so erfährt der Leser dort, ist ein Gefühl wider alle Ordnung und Vernunft. Sie hat das Zeug, die Welt, wie wir sie kannten, aus den Angeln zu heben. Wer liebt, dem gehen die Augen auf für die Schönheit und die Dynamik des Lebens, den durchströmt eine bislang unbekannte Energie, die die gerade noch schwer lastende Wirklichkeit plötzlich leicht und formbar erscheinen lässt.

Das ist die eine Seite. Schon damals aber hat Goethe die Erfahrung machen müssen, dass dieses Hochgefühl rasch umschlägt in Niedergeschlagenheit und Verzweiflung, die bis zur Todessehnsucht gehen kann. Für die Betroffenen geschieht das ganz plötzlich, von einem Augenblick auf den anderen. So abhängig sind sie bisweilen von der Bereitschaft der geliebten Person, auf ihre Signale und Wünsche einzugehen, dass sie aus einem Zustand überschießender Energie jäh in den völliger Perspektivlosigkeit abstürzen. Die Liebe scheint in vieler Hinsicht mit dem verwandt zu sein, was die Psychologie eine bipolare affektive Störung nennt, der sich jeder Kontrolle entziehende Wechsel von manischen und depressiven Episoden.

Freudvoll und leidvoll, gedankenvoll sein;
Langen und bangen in schwebender Pein;
Himmelhoch jauchzend, zum Tode betrübt;
Glücklich allein ist die Seele, die liebt.

So hat Goethe dieses Wechselbad der Gefühle in die Verse eines Liedes gebannt und dieses einer jungen Frau, dem Clärchen seines Schauspiels *Egmont*, in den Mund gelegt. Auch sie wird angesichts der Unmöglichkeit, ihre Liebe zu Egmont zu leben, schließlich Suizid verüben. Zum Staunen bringt einen der ungebrochen positive Schlussvers, der nur vom Glück spricht, wo doch das Unglück der Liebe schon im Lied selbst und erst recht im Stück mit Händen zu greifen ist.

Wer von der Liebe richtig gepackt wird, so der Tenor ihrer Darstellung in Goethes Werken, den treibt es über alle Grenzen hinaus, sogar die des eigenen Lebens und der Selbsterhaltung. Liebe, von der die meisten Menschen denken, dass sie uns am Leben und im Leben hält, kann, zumal wenn sie nicht erwidert wird, eine Fliehkraft entwickeln, die selbst vor dem Tod nicht haltmacht. Mag sein, dass Werther, wie eine Passage des Romans nahelegt, noch daran glaubt, dass er die Geliebte einst im Jenseits wiedersehen wird. Doch nicht aus diesem Kalkül heraus sucht er letztendlich den Tod, sondern weil ihn nichts mehr hält im Leben; ohne die Nähe der Geliebten ist es, besonders in seinen alltäglichen Bewandtnissen, sinnlos geworden.

Die Wahlverwandtschaften sind fünfunddreißig Jahre später entstanden, Goethe ging auf die sechzig zu und lebte seit langer Zeit in einer festen Partnerschaft, die kürzlich sogar zur Ehe geworden war. Auch in diesem Roman lernen wir mit Eduard einen Mann kennen, der bedingungslos liebt. Er ist nicht mehr ganz so jung wie Werther, hat bereits eine (kurze) erste Ehe sowie eine (lange) Reise hinter sich und ist nun das zweite Mal verheiratet. Dennoch ist der Befund in beiden Fällen ähnlich: Die Leidenschaft für einen anderen Menschen kann so ungeheure Ausmaße annehmen, dass sie das gesamte Leben umkrempelt, mit der Folge, dass nicht nur das bislang geführte Leben entwertet, sondern das Leben schlechthin zur Disposition gestellt wird. Auch in den *Wahlverwandtschaften* endet die Geschichte mit einem gleich doppelten Suizid: Ottilie, die junge Geliebte von Eduard, hungert sich zu Tode, nachdem sie zuvor verstummt ist, und Eduard folgt ihr wenig später nach. Und auch dieses Mal hat Goethe den Roman wohl geschrieben, um sich aus einem stürmischen Element zu retten, noch bevor die Wellen drohten, über ihm zusammenzuschlagen.

Doch ansonsten ist der Unterschied immens: In den *Wahlverwandtschaften* bekommen wir es nicht mehr mit den (fingierten) Selbstzeugnissen eines Verliebten zu tun, sondern mit einem fiktiven Experiment. Der Roman ist das Werk eines Mannes, der an Reife zugelegt und sich dabei die Fähigkeit erobert hat, mit kühlem Kopf über jene Gefühle zu schreiben, die ihn beinah um den Verstand bringen. Dadurch ist er unserer heutigen Haltung zur Liebe näher, die wir bei allem Überschwang gelernt haben, einen kalten Blick auf unser Gefühlstreiben zu werfen und es zum Gegenstand systematischer Erforschung zu machen.

Die Wahlverwandtschaften sind Goethes innovativstes Buch. Mit ihm hat er den Roman zu einem Erkenntnisinstrument geschärft, das in einem so raffinierten wie eleganten Versuch die Natur von Liebe und Leidenschaft und ihre Konflikte mit der sozialen Welt erforscht. Dazu hat er sich auf einen kleinen Weltausschnitt beschränkt, in dem eine überschaubare Anzahl von Haupt- und Nebenakteuren agiert, die in ihrem Treiben, den Verhältnissen, die sie eingehen, und ihren Reaktionen vom Erzähler beobachtet werden. Die leitende Hypothese des Experiments ist, dass sich Liebe und Leidenschaft als Naturkräfte erforschen lassen und dass uns diese Betrachtungsweise in ihrer Analyse und unserem Selbstverständnis sehr viel weiter bringt, als wenn wir moralisch darüber urteilen oder sie im Hinblick auf die Absichten der Menschen verstehen wollen würden.

DIE VERSUCHSANORDNUNG

Ein Mann und eine Frau in den besten Jahren, nennen wir sie Eduard und Charlotte, wollen sich ein schönes Leben machen. Sie kennen sich seit Langem – eine Jugendliebe. Beide mussten auf Geheiß ihrer Eltern arrangierte Beziehungen eingehen, die ihnen zwar kein Glück brachten, aber das Vermögen noch beträchtlich vermehrten. Doch durch den frühen Tod ihrer beiden Partner wurden sie bald frei und fanden sich wieder. Eduard drang auf eine rasche Verbindung, Charlotte willigte schließlich ein. Der Plan: »das früh so sehnlich gewünschte, endlich spät erlangte Glück ungestört genießen.« Dafür hat Charlotte sogar ihr einziges Kind aus der ersten Verbindung, die Tochter Luciane, in Pension gegeben. Und auch weitere Voraussetzungen für ein schönes Leben sind vorhanden: Beide brauchen nicht zu arbeiten, sondern können sich damit befassen, ihren Alltag und ihre Umgebung so zu gestalten, dass sie optimal ihren Wünschen entgegenkommen.

Doch statt die ersehnte Zweisamkeit zu genießen, sinnen sie schon bald darauf, ihren Kreis zu erweitern. Eduard, impulsiv wie er ist, will einen alten Freund, der in eine Lebenskrise geraten ist – ohne eigenes Verschulden, wie er betont –, zumindest vorübergehend in ihre Gemeinschaft aufnehmen. Charlotte trägt durchaus nachvollziehbare Bedenken gegen das Vorhaben ihres Mannes. Hatten sie sich ihre Zweisamkeit nicht »so bequem, so artig, so gemütlich« vorgestellt? Ihre Intuition widerspricht diesem Vorhaben. Nichts sei bedeutender in jedem Zustande »als die Dazwischenkunft eines Dritten«, wendet sie ein. Sie habe »Freunde gesehen, Geschwister, Liebende, Gatten, deren Verhältnis durch den zufälligen oder gewählten Hinzutritt einer neuen Person ganz und gar verändert, deren Lage völlig umgekehrt wurde«.

Eduard kehrt darauf den lebenserfahrenen, aufgeklärten, seiner selbst bewussten Mann heraus. Ihre Befürchtung beträfe doch wohl ausschließlich Menschen, »die nur dunkel vor sich hin leben«, versetzt er, nicht aber solche, »die schon durch Erfahrung aufgeklärt sich mehr bewusst sind«. Da ist sich Charlotte nicht so sicher, und der Fortgang der Handlung wird ihr recht geben. »Das Bewusstsein, mein Liebster«, entgegnet sie, »ist keine hinlängliche Waffe, ja manchmal eine gefährliche für den, der sie führt.« Schon vorher hatte sie sich auf »unbewusste Erinnerungen glücklicher und unglücklicher Folgen« berufen, um ihren Vorbehalt zu erklären. Die Stelle ist eine der ersten in der deutschen Literatur, in der das Phänomen des Unbewussten grundsätzlich thematisiert wird. Wie sich zeigen wird, kommt ihm gerade in Dingen der Liebe eine wahrhaft ungeheure Bedeutung zu.

Als die Sache am nächsten Tag erneut zur Sprache kommt,

ist bei Charlotte schon eine Sinnesänderung im Gange. Denn auch sie kennt mit ihrer Nichte Ottilie eine Person, der die Verhältnisse, in der sie ausharren muss, nicht gemäß sind, und die es verdient, in andere zu gelangen. Schließlich einigen sich die Eheleute darauf, beide auf Zeit zu sich zu nehmen. »Lass uns den Versuch machen«, willigt Charlotte ein. Alle solche Unternehmungen seien »Wagestücke. Was daraus werden kann, sieht kein Mensch voraus. Solche neuen Verhältnisse können fruchtbar sein an Glück und an Unglück, ohne dass wir uns dabei Verdienst oder Schuld sonderlich zurechnen dürfen.«

Wer *Die Wahlverwandtschaften* bis zu Ende liest, erkennt, dass die besonnene Charlotte auch dieses Mal richtig liegt – wie meistens. Die Dazwischenkunft Ottiliens und des Hauptmanns, wie er nur genannt wird, bringt allen Beteiligten in der Tat »Glück und Unglück«. Verdient hat dies näher besehen keiner der vier, Schuld daran ist er oder sie aber auch nicht. Es geht in diesem Roman zwar schon um Glück und Unglück, aber nicht in Zusammenhang mit moralischen oder sittlichen Fragen.

Man nehme ein Ehepaar, das eigentlich allen Grund hätte, mehr als leidlich zufrieden zu sein, und lasse es auf zwei weitere Personen treffe, die mit ihm in einem durchaus komplexen Beziehungszusammenhang stehen. Dazu gehört etwa, dass die Eheleute sich als Wohltäter der Hinzukommenden verstehen, zugleich aber, wie die ersten Seiten des Romans dezent andeuten, selbst von gepflegter Langeweile bedroht sind. Denn alles, was Eduard und Charlotte vorhaben, läuft darauf hinaus, dass sie gemeinsame und getrennte Erinnerungen kultivieren und sich auf diese Weise das Leben schön machen wollen: erholsam, ohne große Beschwerlichkeiten und Widerstände, aber letztlich ohne Zukunft. Trotz des jüngeren Alters erinnern sie in ihren Lebensplänen ein wenig an ein heutiges Seniorenpaar der Babyboomer-Generation: Geld ist ausreichend vorhanden, man hat im Leben eigentlich schon alles gehabt, sich kaum etwas versagen müssen – und nun?

Dem Schwanken des Ehepaars, welche Entscheidung in dieser Situation die richtige ist, macht die Ankunft eines Briefes des Hauptmanns ein Ende. Darin teilt er dem Freund seinen Entschluss mit, »eine der ihm angebotenen Stellen anzunehmen, ob sie ihm gleich keineswegs gemäß war. Er sollte mit vornehmen und reichen Leuten die Langeweile teilen, indem man auf ihn das Zutrauen setzte, dass er sie vertreiben würde«. Genau das aber wird er auch auf Eduards und Charlottes Landgut tun – vornehmen und reichen Leuten die Langeweile vertreiben. Goethes Roman ist voll von versteckter Ironie.

So weit die Versuchsanordnung. Nun beobachten wir, was passiert. Dass es dabei so kommt, wie in Goethes Roman dargestellt, ist nicht unbedingt gesagt. Es lassen sich auch andere Reaktionen und Verkettungen vorstellen. Aber es wird etwas passieren, und es wird uns etwas über die menschliche Natur sagen.

IM LIEBESLABOR

Der US-amerikanische Psychologe John Gottman ist durch sein Ehelabor berühmt geworden. Er lässt Ehepaare interagieren, oft nur wenige Minuten, zeichnet ihr Verhalten mit Videokameras auf und unterwirft ihre Mimik, das, was sie sagen und den Ton, in dem das geschieht, einer statistischen Analyse. Im Anschluss daran sagt er mit neunzigprozentiger Wahrscheinlichkeit voraus, welche Paare zusammenbleiben und welche sich im Laufe der nächsten Jahre scheiden lassen werden.

Zwei Jahrhunderte vor Gottman hat Goethe mit literarischen Mitteln ein solches Laboratorium entworfen. Minutiös führt er auf den ersten Seiten seines Romans das Verhalten, die Sprechakte und die Reaktionen seines Probandenpaares vor. Schon nach der Lektüre der ersten beiden Kapitel, die keine Viertelstunde in Anspruch nimmt, weiß der Leser: Diese Ehe wird nicht halten.

Wie Gottman herausgefunden hat, sind es vor allem fünf Formen negativen Verhaltens, die eine Partnerschaft systematisch ruinieren, falls man nicht aktiv gegensteuert: Kritik, Verteidigung, Verachtung, Rückzug, Machtdemonstration. Gottman nennt sie drastisch »apokalyptische Reiter«. Von ihnen ist im Liebeslabor der *Wahlverwandtschaften* kaum etwas zu spüren. Obwohl die Protagonisten, ihre Gäste und Bekannten ausgiebig über Sinn und Zukunft der Ehe diskutieren und obwohl der Ehe von Eduard und Charlotte das Fundament abhandenkommt, sind *Die Wahlverwandtschaften* letztlich kein Eheroman, jedenfalls keiner, wie wir ihn zu kennen meinen. Handfeste Auseinandersetzungen und Beschimpfungen, Eskapaden und Hasstiraden, Alkoholexzesse und Versöhnungen, beinahe selbstverständliche Zutaten des Genres – alles Fehlanzeige. Das Auseinanderdriften vollzieht sich gespensterhaft durchsichtig und beinahe lautlos wie unter einer Glasglocke. Selbst Eifersucht spielt im Grunde keine Rolle, eigentlich undenkbar für eine Geschichte, die von Liebesverrat und Ehebruch handelt.

Eine der entscheidenden Absichten der Aufklärung war es, Aberglauben, ja Vorurteile überhaupt durch Erfahrungswissen zu entkräften, wie es sich auf experimentellem Weg gewinnen lässt. Schon bald drang die empirische Forschung vom Gebiet der natürlichen in das der seelischen und sozialen Phänomene vor. Die Faszination und Popularität des experimentellen Vorgehens ließ es auch in Literatur, Kunst und auf dem Theater heimisch werden. Mozarts berühmte Oper *Così fan tutte* wurde knapp zwanzig Jahre vor Erscheinen der *Wahlverwandschaften* uraufgeführt. Auch sie ist ein Experiment mit der Liebe, vorgeführt und moderiert von einem lebens- und weltklugen Mann. Er wettet mit zwei jungen Offizieren, die auf ihre Freundinnen nichts kommen lassen wollen, dass sie genauso treulos wie alle Frauen sind. Um seine Hypothese zu beweisen, lässt er die beiden jungen Männer vorgeblich in den Krieg ziehen. Kurz darauf kehren sie zurück – als exotische Fremde verkleidet und von den Frauen nicht erkannt, denen sie sogleich Avancen zu machen beginnen. Und siehe da: Nach anfänglichem Widerstreben verlieben sich die beiden jungen Frauen, jedoch über Kreuz, jeweils in den Freund der anderen. Es ist der perfekte Partnertausch, perfekter noch als in Goethes Roman. Eine Doppelhochzeit wird anberaumt, und die beiden Männer heiraten – zum Schein – jeweils die Geliebte des anderen. Der Experimentator hat den Beweis seiner Hypothese von der

Untreue der Frauen erbracht und die Wette gewonnen. Was er aber wohl in Wahrheit bewiesen hat, ist die Unbeständigkeit und Wankelmütigkeit der Liebe selbst: »Dass es sie gibt, behauptet jeder; wo sie ist, weiß keiner.«

Goethe hatte für derlei halb ernste, bald scherzhafte Experimente mit der Liebe durchaus etwas übrig. Ihm sagte vor allem die moralische Unvoreingenommenheit zu, mit der sie sich der Sache annahmen. Statt sogleich Forderungen aufzustellen, wie wahre Liebe auszusehen habe und welches Verhalten ihr angemessen sei und welches nicht, machten sie die verborgene Natur von Liebe und Leidenschaft zum Thema, ihre Sprunghaftigkeit und Eigenwilligkeit sowie das Risiko, das damit verbunden ist, sich auf sie einzulassen.

Trotzdem hatte Goethe Zweifel an dem Erkenntniswert der so zustande gekommenen Erklärungen. Zu sehr schienen sie ihm von dem Bestreben geprägt, der Liebe alles Ungeheure und Inkommensurable zu nehmen und sie kalkulierbar und konsumierbar zu machen. Das war sozusagen die Kehrseite der entschiedenen Amoralität. Seinen Einwand hat er in einem Brief an den Freund Schiller dahingehend zusammengefasst, dass derlei Werke die menschlichen Leidenschaften wie »Kartenbilder« behandeln, »die man durcheinander mischen und wieder ausspielen kann, ohne dass sie sich im geringsten verändern«. Es sei »keine Spur von der zarten chemischen Verwandtschaft« vorhanden, »wodurch sie sich anziehen und abstoßen, vereinigen neutralisieren, sich wieder scheiden und herstellen«. In *Così fan tutte* etwa renkt sich am Ende alles wieder ein; die vier jungen Leute, denen arg mitgespielt wurde, sind seelisch zwar gestresst, manche Interpreten meinen sogar ein wenig traumatisiert, aber sie sind auch klüger geworden, jedenfalls kommt es ihnen so vor.

Nun wissen sie, dass Gelegenheit Verhältnisse macht, wie das Charlotte auf unübertreffliche Weise in den *Wahlverwandschaften* formuliert, und fühlen sich gegen die unberechenbare Natur der Liebe etwas besser gewappnet. An ihrem grundsätzlichen Verhältnis, auch untereinander, aber hat sich gar nichts geändert; der versuchsweise Partnertausch bleibt ohne Folgen, er wird einfach rückgängig gemacht und als Lehrstück betrachtet.

Völlig anders sieht es hingegen aus, sobald die Chemie der Leidenschaft ins Spiel kommt.

DIE CHEMIE DER LEIDENSCHAFT

Noch bevor die blutjunge Ottilie das Quartett vervollständigt, unterhalten sich das Ehepaar und der Hauptmann eines Abends mit dem Vorlesen eines Chemiebuches. Das ist keine so seltsame Beschäftigung, als die sie uns heute erscheinen mag. Die seinerzeit auch Scheidekunst genannte Wissenschaft vom Aufbau, den Eigenschaften und der Umwandlung von Stoffen stand bei den Gebildeten der Goethe-Zeit hoch im Kurs. Sie war im Begriff, den Rang einer Leitwissenschaft einzunehmen, die imstande war, auch soziale und psychische Phänomene zu erklären, so wie Neurowissenschaft und Hirnforschung heute, von deren Erkenntnissen wir uns Aufschlüsse über unsere Natur und unsere geheimen Wünsche versprechen.

Obwohl seine eigenen Kenntnisse in wissenschaftlicher Chemie eher lückenhaft waren, hat Goethe sich schon früh für chemische Prozesse und Versuche interessiert. Ein Chemie-Laboratorium wurde für Weimar angeschafft, und mit

Friedrich August Göttling, einem ehemaligen Gehilfen der Hofapotheke, und seinem Assistenten Alexander Scherer wurden zwei Hochbegabte systematisch zu Forschern und Hochschullehrern im Bereich der Experimentalchemie aufgebaut. Scherer hielt eine Zeit lang in Weimar jeweils samstags von sechzehn bis siebzehn Uhr »chemische Vorlesungen für alle Stände«. Unter den Zuhörern waren nach dem Bericht eines Anwesenden regelmäßig auch Damen sowie »in den unterhaltenden Stunden« der Herzog mit seinen Prinzen. In Parknähe hatte man dem Vortragenden dafür die untere Hälfte eines großen Gebäudes eingeräumt, wo sich Scherer »so stark und belagerungsmäßig« ausgetobt haben soll, »dass die Bewohnerin des oberen Teils des Hauses eine Bittschrift für die Erhaltung ihres Lebens bei dem Regenten einzureichen für gut fand, weil sie jeden Augenblick in die Luft gesprengt zu werden fürchtete. Umsonst! … Man sprach jetzt in Weimar von nichts als von Gas, Oxigena, brennbaren Stoffen, leicht und strengflüssigen Dingen. Alle Weimaraner und Weimaranerinnen schienen Chemiker und Weimar ein großer Schmelzofen werden zu wollen …«

Um sich ein Zubrot zu seinem schmalen akademischen Gehalt zu verdienen, brachte Göttling »Vollständige chemische Probiercabinette zum Handgebrauch für Scheidekünstler, Ärzte, Mineralogen und Naturliebhaber« in den Handel, mit anderen Worten Chemiebaukästen, wie sie bis heute gebräuchlich sind. Einen solchen Kasten hat der Hauptmann auch für seine neuen Gastgeber bestellt. Er will damit verschiedene Versuche anstellen, »die sehr unterhaltend sind und einen bessern Begriff geben als Worte, Namen und Kunstausdrücke«. Bis zum Eintreffen des kleinen Labors müssen ihnen die Lektüre des Chemiebuches und die gesprächsweise Erläuterung des darin Beschriebenen genügen. Der Leser erfährt aber auch so alles, was er wissen muss, um nachvollziehen zu können, wie Goethe sein Experiment mit der Liebe angelegt hat.

Das Buch, aus dem Eduard vorliest, enthält eine Darstellung der Theorie der chemischen Wahlverwandtschaften, die der Schwede Torbern Olof Bergman bereits 1775 aufgestellt hatte. Bergman, ein bedeutender Chemiker, versuchte das Phänomen der Wechselreaktionen zwischen Verbindungen zu erklären. Wie kommt es, dass der eine von zwei Bindungspartnern die bestehende Verbindung plötzlich verlässt und sich mit einem anderen zusammentut? Dass man im Deutschen hierbei von Wahlverwandtschaft sprach, erklärt sich aus dem Glauben der Zeit, Stoffe, die miteinander reagieren, müssten eine Art Verwandtschaft besitzen. Bergman wies mit seiner Theorie der späteren Lehre von der »Triebkraft chemischer Reaktionen« den Weg. Goethe hingegen nutzte seine Theorie, um die Triebkraft menschlicher Liebesverhältnisse dazustellen.

Wie stets seien »die verwickelten Fälle die interessantesten«, bemerkt Eduard während ihrer abendlichen, chemischen Plauderei. Das ist das Stichwort für den Hauptmann, der von den dreien der mit dem größten naturwissenschaftlichen Sachverstand ist. Und so erläutert er die Wahlverwandtschaft »gleichsam übers Kreuz«. Sie kommt dort zustande, »wo vier, bisher je zwei zu zwei verbundene Wesen in Berührung gebracht, ihre bisherige Vereinigung verlassen und sich aufs neue verbinden«. Aus A und B sowie C und D werde dann A und D sowie B und C. Eduards Part ist die Nutzanwendung der Theorie:

»Du stellst das A vor, Charlotte, und ich dein B; denn eigentlich hänge ich doch nur von dir ab und folge dir wie dem A das B. Das C ist ganz deutlich der Kapitän, der mich für diesmal dir einigermaßen entzieht. Nun ist es billig, dass, wenn du nicht ins Unbestimmte entweichen sollst, dir für ein D gesorgt werde, und das ist ganz ohne Frage das liebenswürdige Dämchen Ottilie, gegen deren Annäherung du dich nicht länger verteidigen darfst.«

Dass Eduard hier ein Übertragungsfehler unterläuft, ahnt der Leser unmittelbar. Die kluge Charlotte meldet denn auch gleich Zweifel an: das Beispiel, so scheine ihr, passe nicht »ganz auf unseren Fall«. Schon zuvor hatte sie gewisse Vorbehalte geäußert, als die Rede von Wahlanziehungen war; sie würde »hier niemals eine Wahl, eher eine Naturnotwendigkeit erblicken«. Aber auch diese kaum: »denn es ist am Ende vielleicht gar nur die Sache der Gelegenheit«. Wenn von Naturkörpern die Rede sei, so scheine ihr »die Wahl bloß in den Händen des Chemikers zu liegen, der diese Wesen zusammenbringt. Sind sie aber einmal beisammen, dann gnade ihnen Gott!«

»DANN GNADE IHNEN GOTT!«

Woran lässt sich erkennen, ob eine Frau und ein Mann, die sich soeben kennengelernt haben, sagen wir in einer Bar, diese in absehbarer Zeit gemeinsam verlassen werden? Wie Psychologen herausgefunden haben, beginnen sie in diesem Fall zuvor ihre Bewegungen aufeinander abzustimmen, geraten womöglich in einen Gleichtakt: Er greift zu seinem Glas, sie ebenfalls; sie lehnt sich zurück, er tut es ihr nach; er legt seine rechte Hand in den Nacken, sie ihre linke auf den Barhocker. Nicht nur im Gespräch, auch zwischen den Körpern kommt es zur Kommunikation. Je intensiver und komplexer es dabei zugeht, desto höher die Wahrscheinlichkeit, dass die Beziehung der beiden sexuelle Formen annimmt.

Mit den Beschäftigungen und Beziehungen sei es »wie mit dem Tanze; Personen, die gleichen Schritt halten, müssen sich unentbehrlich werden; ein wechselseitiges Wohlwollen muss notwendig daraus entspringen«, erklärt Goethe in den *Wahlverwandtschaften* in der ihm eigenen Dezenz diese universale Form des menschlichen Balzverhaltens. Wiederholt wird geschildert, wie sich insbesondere zwischen Eduard und Ottilie ein solcher Gleichtakt ergibt. Beim Lesen etwa rücken sie aneinander heran, und Eduard wartet geduldig, bis auch Ottilie am Ende der Seite angelangt ist. Vor Kurzem hatte er noch gereizt und abweisend reagiert, als seine Frau ihm beim Vorlesen über die Schulter schaute: Wenn ihm jemand ins Buch sehe, so hatte er sich da verteidigt, sei es ihm immer so, als würde er »in zwei Stücke gerissen«. Nun stellt sich mit der anderen Frau bei demselben Vorgang mühelos ein Gleichtakt ein, ja eigentlich noch mehr: eine emotionale Vereinigung.

Begleitet Ottilie Eduards Flötenspiel am Klavier, so passt sie sich dabei mimetisch seiner eigenwilligen, mangelhaften, »bald zögernden, bald voreilenden« Spielweise an. Anders als bei seiner Gattin, die eine gehörige Portion von »Geschicklichkeit und freiem Willen« aufbringen muss, um sich in Eduards Spielweise einzufühlen, macht Ottilie unbewusst seine Fehler so vollständig zu den ihrigen, »dass daraus wieder eine Art von lebendigem Ganzen entsprang, das sich zwar nicht taktgemäß bewegte, aber doch höchst angenehm und gefällig lautete«.

Nicht taktgemäß, aber im Gleichtakt. Die perfekte Passung, die sich zwischen Ottilie und Eduard bei dieser und vielen anderen Gelegenheiten herstellt, wird von Charlotte und dem Hauptmann mit einer Mischung aus Bewunderung und Besorgnis beobachtet, »kindischen Handlungen« vergleichbar, die man weder gutheißen noch schelten kann, »ja vielleicht beneiden muss«. Ihre sich parallel entwickelnde Zuneigung geht dann auch mit größerer Zurückhaltung und Besonnenheit einher. Die seelischen Auswirkungen sind weniger offensichtlich, was ihre Wahlverwandtschaft jedoch nicht weniger gefährlich macht, eher im Gegenteil, wie der Erzähler konstatiert.

Goethes Roman experimentiert in den beiden neuen, sich übers Kreuz herstellenden Paarkonstellationen mit zwei unterschiedlichen Ausprägungen von seelischer Anziehung. Diejenige zwischen Eduard und Ottilie vollzieht sich völlig unbewusst und hängt überhaupt nicht von Faktoren ab, die etwas mit »Geschicklichkeit und freiem Willen« zu tun haben. An einer Stelle ist von einer »unbeschreiblichen, fast magischen Anziehungskraft« die Rede. In der Tat erinnert das Verhältnis der beiden an Hypnose, die man damals unter dem Begriff des »seelischen« beziehungsweise »animalischen Magnetismus« kannte. Nach dem Namen seines Begründers, des Arztes Franz Anton Mesmer, sprach man auch von »Mesmerismus«. Als Goethe mit der Arbeit an den *Wahlverwandtschaften* begann, hatte das »Mesmerisieren« mit dem Durchbruch der Elektrochemie in den Augen vieler Zeitgenossen gerade ein neues wissenschaftliches Fundament erhalten. Goethe hat die entsprechenden Versuche aufmerksam verfolgt; seine ersten Notizen zu den *Wahlverwandtschaften* sind in unmittelbarem Zusammenhang mit einem Vortrag über die neue chemische Elektrizität entstanden. Sie ließ den seelischen Magnetismus als den ersten ernst zu nehmenden Versuch erscheinen, eine wissenschaftliche, nämlich elektrochemische Erklärung für die erotische Anziehungskraft zwischen Menschen zu geben. Auch Sigmund Freud hat in seiner Schrift *Massenpsychologie und Ich-Analyse* aus dem Jahr 1921 den Zustand der Verliebtheit im Rückgriff auf das Phänomen der Hypnose erläutert: »Dieselbe demütige Unterwerfung, Gefügigkeit, Kritiklosigkeit gegen den Hypnotiseur wie gegen das geliebte Objekt. Dieselbe Aufsaugung der eigenen Initiative …«

So rein und so absolut wie in der Beziehung von Eduard und Ottilie ist die erotische Anziehung in Wirklichkeit allerdings äußerst selten anzutreffen. Goethe war das sehr wohl bewusst. Um das »Urphänomen« der leidenschaftlichen, obsessiven Liebe möglichst klar und eindeutig herauszupräparieren, hat er es idealtypisch überzeichnet. Das ist insbesondere gegen Ende des Romans der Fall, als Ottilie bereits unterwegs in den Tod ist und das Verhältnis der beiden Liebenden noch einmal beschworen wird, in Sätzen, die man so schnell nicht mehr vergisst: »Selbst ohne gerade aneinander zu denken, mit andern Dingen beschäftigt, von der Gesellschaft hin und her gezogen, näherten sie sich einander. Fanden sie sich in Einem Saale, so dauerte es nicht lange, und sie standen, sie saßen nebeneinander. Nur die nächste Nähe konnte sie beruhigen, aber auch völlig beruhigen, und diese Nähe war genug; nicht eines Blickes, nicht eines Wortes, keiner Gebärde, keiner Berührung bedurfte es, nur des reinen Zusammenseins. Dann waren es nicht zwei Menschen, es war nur Ein Mensch im bewusstlosen, vollkommnen Behagen, mit sich selbst zufrieden und mit der Welt. Ja, hätte man eins von beiden am letzten Ende der Wohnung festgehalten, das andere hätte sich nach und nach von selbst, ohne Vorsatz, zu ihm hinbewegt. Das Leben war ihnen ein Rätsel, dessen Auflösung sie nur miteinander fanden.«

Nach wie vor betrachten wir viele der Merkmale, anhand derer der Roman die Beziehung zwischen Eduard und Ottilie beschreibt, als charakteristisch für das romantische Liebesgefühl: die Fokussierung auf die positiven Eigenschaften des anderen, das obsessive Nachdenken über seine Person, das Auftreten großer Stimmungsschwankungen, das Gefühl starker Empathie mit dem geliebten Menschen, die Neigung, den Tagesablauf neu zu ordnen und auf den anderen auszurichten, die Bedeutung emotionaler noch vor der sexuellen Vereinigung, schließlich die Unkontrollierbarkeit der Leidenschaft.

In Wirklichkeit jedoch ähneln unsere Beziehungen, wie wir mit Bedauern einsehen müssen, weniger dem poetischen Verhältnis von Eduard und Ottilie als dem prosaischen von Hauptmann und Charlotte, den beiden Verstandesmenschen des Romans. Statt von Euphorie und Bedingungslosigkeit ist ihre Beziehung von Ängstlichkeit und schlechtem Gewissen, von innerlicher Zerrissenheit und Selbstbeherrschung geprägt. Parallel zu ihrer Leidenschaft füreinander wachsen auch ihre Versuche, dieser entgegenzutreten und sie unter Kontrolle zu bringen. »Und für mich, was darf ich hoffen?«, fragt der Hauptmann zuletzt. Und bekommt von Charlotte die sybillinische, aber niederschmetternde Antwort: »Wir haben nicht verschuldet unglücklich zu werden, aber auch nicht verdient zusammen glücklich zu sein.«

»Nie habe ich so enthusiastisch, so gescheit und so dumm und absurd über etwas sprechen hören als über diesen Roman«, meinte Marianne von Eybenberg, eine Karlsbader Bekanntschaft Goethes. Nie seien auch die Buchhändler so bestürmt worden – »es war wie vor einem Bäckerhause, in einer Hungersnot«. Dennoch konnten viele Zeitgenossen mit den *Wahlverwandtschaften* wenig anfangen oder lehnten das Buch sogar rundheraus ab. Man sah in ihm ein »Machwerk«, nur verfasst, um »einige hundert Louisd'or« aus der Kasse des Verlegers in die des Autors zu transportieren, wie Christoph Martin Wieland notierte, oder empörte sich über den »doppelten Ehebruch durch Phantasie« am Anfang und die »Himmelfahrt der bösen Lust« am Ende des Buches. Der Philosoph Friedrich Heinrich Jacobi brachte die Vorbehalte der Kritiker auf den Punkt, wenn er meinte, dieses Goethe'sche Werk sei »durch und durch materialistisch oder … rein physiologisch«.

Einige wenige aufgeklärtere Geister erblickten genau darin seine Qualität und prophezeiten ihm eine große Zukunft: »Wenn wir jemals zu einer tieferen Kenntnis der Geheimnisse unserer Natur gelangen«, meinte etwa Karl Friedrich Reinhard, ein französischer Diplomat deutscher Herkunft, »so ist es möglich, dass Ihr Buch alsdann als eine wunderbare Antizipation von Wahrheiten dastehe, von denen wir jetzt nur eine dunkle Ahnung haben«.

Zu diesen Wahrheiten zählt, dass Goethe in den *Wahlverwandtschaften* die Chemie als die verborgene Natur der menschlichen Leidenschaften offenlegt. Die Gelegenheit schafft Verhältnisse, um noch einmal Charlotte zu bemühen;

deren Basis aber ist Chemie – Biochemie, wie wir heute präzisieren würden. Gegründet auf die Forschung der vergangenen Jahrzehnte, hat die US-amerikanische Anthropologin Helen Fisher diesen Sachverhalt pointiert so zusammengefasst: Die tatsächlichen Gefühle, die wir haben, während wir einer Leidenschaft erliegen, sind chemisch verursacht. Dabei hat sich die Erforschung jener Stoffe, aus denen Leidenschaft gemacht ist, mittlerweile weit von Elektrochemie und seelischem Magnetismus entfernt, die zur Zeit der Entstehung der *Wahlverwandtschaften* der aktuelle Stand der Wissenschaft in Sachen Liebesforschung waren. Heute gehen wir davon aus, dass die gefühlsmäßige Anziehung zwischen Menschen an ein bestimmtes Niveau von Hormonen und Neurotransmittern im Zentralnervensystem gekoppelt ist; etwa an ein hohes Niveau von Dopamin und Norepinephrin und an ein niedriges Niveau von Indolamin und Serotonin.

Goethe ist in den *Wahlverwandtschaften* aber noch weiter gegangen. Während die Liebesforschung seiner Zeit die sinnliche Liebe als ein einheitliches Phänomen betrachtete, hat er sie im Liebeslaboratorium seines Romans fein säuberlich in ihre Bestandteile zerlegt: in Anziehung (seelischer Magnetismus), sexuelle Lust und eheliche Verbundenheit. Mit dem Ergebnis, dass die Liebe als ein Aggregat mehrerer Funktionen erscheint, die sich zwar verbinden können, aber nicht müssen.

Während die Beziehung von Eduard und Charlotte zu Anfang noch darauf beruht, dass seelische Anziehung, sexuelle Lust und eheliche Verbundenheit miteinander interagieren, ist die eigentliche Liebesbeziehung des Romans zwischen Eduard und Ottilie dadurch charakterisiert, dass sich der chemische Magnetismus, der zwischen beiden herrscht, verselbstständigt. Am Kipppunkt der Handlung wird das besonders deutlich – als die beiden Verheirateten noch einmal miteinander schlafen und dabei feststellen müssen, dass ihre Leidenschaft in Wirklichkeit schon jeweils einem anderen Menschen gehört. So vollziehen sie in dieser Nacht die Ehe, wie man einst sagte, und brechen sie zugleich. Statt ihre emotionale Bindung zu bekräftigen, treibt die sexuelle Lust sie auseinander, und die neue Leidenschaft geht ihrer Wege. Schon am nächsten Tage gestehen sie Ottilie beziehungsweise dem Hauptmann ihre Liebe.

Zum Teil mag das Auseinanderdriften der Liebe in ihre Bestandteile den Umständen geschuldet sein: Das Kind, das Eduard und Charlotte in ihrer letzten Liebesnacht noch zeugen, ertrinkt durch ein Versehen Ottilies, kurz nachdem sie Eduard zum ersten Mal leidenschaftlich geküsst hat. Daraufhin leistet sie konsequent Abbitte: entsagt sowohl der sexuellen als auch der ehelichen Vereinigung mit Eduard. Ihre unbedingte Leidenschaft füreinander hingegen setzt sich darüber hinweg, beinahe spielend, möchte man sagen. Sie ist stärker als alle Beschränkungen und Versagungen, die sich Ottilie auferlegt. Sie führt nicht nur zur Zerrüttung der Ehe von Eduard und Charlotte, sondern ihre gefährliche stete Flamme brennt auch alle sozialen Normen nieder. In der Literatur werden wir einer solchen unbedingten Leidenschaftlichkeit erst in Verbindung mit einer freizügigen Darstellung von Sinnlichkeit und Sex wiederbegegnen, wie sie dann viele Romane des 20. Jahrhunderts, etwa *Lady Chatterleys Liebhaber* von D. H. Lawrence aus dem Jahr 1928, praktizieren.

Indem *Die Wahlverwandtschaften* die chemische Natur der Liebesleidenschaft herausarbeiten, machen sie zugleich Aussagen darüber, wie sich Libido, Leidenschaft und Ehe zueinander verhalten: nämlich mehr oder weniger arbiträr, zufällig. Statt in Korrelation zeigt der Roman die verschiedenen Dimensionen der Liebe auf Kollisionskurs. Man bekommt den Eindruck, es handele sich um unterschiedliche Dimensionen, von denen sogar unklar ist, ob sie überhaupt miteinander verwandt sind. Das ist eine Ansicht, die die moderne, neurowissenschaftlich, biochemisch und biologisch fundierte Liebesforschung bestätigt. Sie zeigt, dass in den drei Gefühlssystemen der Liebe – der sexuellen Lust, der seelischen Anziehung und der partnerschaftlichen Verbundenheit – jeweils andere Hormone und Neurotransmitter im Spiel sind, weil sie im Laufe der Evolution für verschiedene Aufgaben optimiert wurden.

Wir alle wissen, dass ein Mensch sich leidenschaftlich in einen anderen verlieben, mit ihm ins Bett gehen und sich daraus sogar eine dauerhafte Partnerschaft entwickeln kann. Selbst arrangierte Ehen können zu libidinösen, zuweilen sogar zu leidenschaftlichen Beziehungen führen. Menschen können jedoch genauso gut, wie Helen Fisher konstatiert, »eine tiefe Verbundenheit mit einem langjährigen Partner empfinden, *während* sie sich von einem anderen Individuum angezogen fühlen und *während* sie sexuell auf Reize reagieren, die mit keiner dieser Personen in Zusammenhang stehen«.

Goethe selbst hatte sich zehn Jahre lang leidenschaftlich zu einer älteren Frau hingezogen gefühlt, ohne dass es mit ihr zu einer sexuellen Vereinigung oder einer ehelichen Verbindung gekommen wäre. Die Beziehung zu Christiane bestand anfangs nach allem, was wir wissen, vor allem aus sexuellem Vergnügen, bald aber war sie eine Partnerschaft nicht zuletzt zur Aufzucht des gemeinsamen Sohnes. Ein seelischer Magnetismus, wie ihn Goethe im Verhältnis zu Charlotte von Stein erfahren und in tausendsechshundert Briefen zu Papier gebracht hatte, nahm in der handfesten Beziehung zu Christiane lange nicht diesen Raum ein. Der Autor der *Wahlverwandtschaften* selbst hatte die Liebe, als deren Dichter er sich betrachtete, in ihren unterschiedlichen Formen kennengelernt. Er kannte sich aus.

DER FÜNF-JAHRES-PLAN

Selbst wenn *Die Wahlverwandtschaften* kein Eheroman ist, sondern ein experimenteller Liebesroman, macht er doch auf der Grundlage eines chemischen Verständnisses der menschlichen Anziehung Aussagen über die Ehe. Und auch diese Aussagen haben keineswegs zur Beruhigung der Zeitgenossen beigetragen, im Gegenteil ihre Vorbehalte und Aversionen noch verschärft. Goethe hat gemeint, seiner eigentlichen Absicht, mit der er das Buch verfasst habe, entspräche das Geständnis einer sehr schönen, liebenswürdigen jungen Frau: »sie habe die *Wahlverwandtschaften* gelesen und nicht verstanden; sie habe sie *nicht* wieder gelesen, und verstehe sie jetzt. Mehr sagte sie nicht.«

Die traditionelle Ansicht von der Unauflöslichkeit der Ehe ist in den *Wahlverwandtschaften* ausgerechnet der groteskesten Gestalt des Romans in den Mund gelegt. Ihr sprechender Name könnte der einer Figur aus einem Possenspiel sein: Mittler heißt das Individuum. Er ist eine Art reisender Eheberater, der sich überall dort aufdrängt, wo er Probleme vermutet, und der doch alles andere als hilfreich ist, vielmehr moralinsaure Lehrsätze absondert, wie sie dem Eheberatungsbuch eines christlichen Verlags noch unserer Tage entstammen könnten. Etwa der, dass gar nicht berechnet werden könne, »was ein Paar Gatten einander schuldig werden«, oder der andere, dass wir auch mit unserem Gewissen verheiratet seien.

Als aber derjenige die Bühne des Landguts betritt, der dazu ausersehen ist, in der Tat Vernünftiges und Bedenkenswertes zur Institution Ehe zu sagen, macht Mittler auf dem Absatz kehrt. Vorgeblich, weil besagter Graf, obgleich noch verheiratet, in Begleitung einer anderen, geschiedenen Frau anreist, mit der er seine Sommer zu verbringen pflegt, und Mittler das für das Ende aller Kultur hält, als deren Anfang er die Ehe preist. Letztlich aber in der richtigen Ahnung, dass er mit seinen Lehrsätzen gegen die Argumente des Aufklärers wenig auszurichten vermöchte.

Im Gespräch erfährt Charlotte, dass eine Jugendfreundin kurz vor der Scheidung stehe, und beklagt daraufhin die Wechselhaftigkeit des menschlichen Lebens. Das ist das Stichwort für den Grafen. Eigentlich, »meine Beste«, so versetzt er, seien wir selbst daran schuld, wenn wir uns auf solche Weise überraschen lassen: »Wir mögen uns die irdischen Dinge und besonders auch die ehlichen Verbindungen gern so recht dauerhaft vorstellen«. Was den letzten Punkt betreffe, so seien es insbesondere die Lustspiele, die uns zu Vorstellungen verführten, die mit dem Gang der Welt alles andere als übereinstimmen. »In der Komödie sehen wir eine Heirat als das letzte Ziel eines durch die Hindernisse mehrerer Akte verschobenen Wunsches, und im Augenblick, da er erreicht ist, fällt der Vorhang, und die momentane Befriedigung klingt bei uns nach.« Gleiches ließe sich bis heute von den meisten Liebeskomödien sagen, gerade auch denen in

Film und Fernsehen. In der Welt, so fährt der Graf fort, sei es hingegen anders; »da wird hinten immer fortgespielt, und wenn der Vorhang wieder aufgeht, mag man gern nichts weiter davon sehen noch hören«.

Das zielt keineswegs nur auf den Alltag, mit dem es Ehe und Partnerschaft über kurz oder lang unvermeidlich zu tun bekommen und der uns fertig macht, wie Anton Tschechow meinte. Dem Grafen geht es auch um das »Bewegliche«, wie er es ein wenig dunkel nennt: die ständige Veränderung und Verbesserung der Dinge und das Verheißungsvolle daran. In die eng umgrenzte Welt von Eduard und Charlotte wurde diese Dynamik durch den modern denkenden Hauptmann eingeschleppt. Er brachte die neuesten Ideen zum Design des Lebens und der Umgebung, in der es sich abspielt, mit. Seit seiner Ankunft sind die Eheleute ständig damit beschäftigt zu überlegen, wie sie ihre Lebenswelt noch komfortabler, noch schöner, noch dynamischer gestalten können. Die Zukunft ist offen, es gibt viel zu tun und erleben, packen wir es an.

Angesichts dieser neuen Beweglichkeit aller Lebensverhältnisse gerät, so der Graf, die Ehe mit ihrer »entschiedenen ewigen Dauer« in eine Schieflage. Mit der Zeit, so darf man seine aufklärerische Prognose wohl ergänzen, wird sie ihren zentralen Stellenwert einbüßen, womöglich sogar zu einem Auslaufmodell im Repertoire der Beziehungsformen werden. Sein Gegenvorschlag: »Eine jede Ehe solle nur auf fünf Jahre geschlossen werden.« So würde sie dem Umstand gerecht, dass die Welt und die Menschen in ihr sich ständig verändern.

Dabei denkt er sich diese gesetzliche Begrenzung verbunden mit der Option auf Verlängerung um weitere fünf Jahre. Die vernünftige Charlotte begreift sofort den Ernst dahinter;

denn mit der zeitlichen Begrenzung wird zugleich ein Anreiz gesetzt, sich desto stärker um den Partner zu bemühen, »je mehr man sich dem Termin der Aufkündigung nähere«. Sollte das indessen nichts fruchten, trennt man sich, wie vereinbart, ohne Hass, bereit für eine neue Bindung. Wie weltweite Statistiken heute zeigen, ist das verflixte Jahr, in dem die meisten Ehen geschieden werden, gar nicht erst das siebte, sondern bereits das vierte. Goethes Graf liegt mit seinem Vorschlag des automatischen Auslaufens einer Ehe nach fünf Jahren also gar nicht so weit daneben. Dritte Ehen hingegen sollen nach seiner Auffassung unauflöslich sein. Denn wer zum dritten Male heirate, bekenne »unwidersprechlich«, dass er die Ehe »für etwas unentbehrliches halte«. Zudem sei es dem neuen Partner zuzumuten, sich bei den früheren nach den Eigenheiten und Eigenschaften zu erkundigen, die zur Trennung geführt haben, und daraus seine Schlussfolgerungen zu ziehen.

Der Fortgang der Handlung widerspricht dem Vorschlag des Grafen in keiner Weise, im Gegenteil. Charlottes Widerstand gegen die von Eduard gewünschte Scheidung ist mit ein Auslöser der Katastrophe, die den Tod des noch mit Eduard gezeugten Kindes und letztlich auch den Tod von Ottilie und Eduard zur Folge hat. Besser, Charlotte hätte dem Drängen Eduards nach einer Scheidung rechtzeitig stattgegeben; dann hätte die Katastrophe durch bedingungslose Leidenschaft wenn schon nicht in Gänze verhindert, vielleicht aber doch gelindert werden können.

Dennoch sind die Zweifel spürbar, die in den *Wahlverwandtschaften* an der Position des Grafen laut werden. Sie sind nicht moralischer oder ethischer Natur; sie haben mit der Chemie der Leidenschaft zu tun, der Goethes Roman das Wort redet. Deren Triebkraft ist es, die der Graf bei seinen ansonsten schlüssigen Überlegungen zur Humanisierung der Ehe übersieht; dass es in der leidenschaftlichen Liebe »keine Vier- und Fünf-Jahres-Pläne« gibt, wie es Sándor Márai, ein ungarischer Romancier des 20. Jahrhunderts, formulieren wird. Goethes Roman sagt es etwas allgemeiner: »Denn so ist die Liebe beschaffen, dass sie allein Recht zu haben glaubt und alle anderen Rechte vor ihr verschwinden.«

DER SINN DES RUINS

Glaubt man dem Bild, das *Die Wahlverwandtschaften* von der Liebe zeichnen, so scheint der Wunsch nach einem eigenen, selbstbestimmten Leben, den wir als Goethes entscheidende Antriebsfeder ausgemacht haben, keinen ärgeren Widersacher zu kennen als die Schicksalhaftigkeit und Unkontrollierbarkeit entfesselter Leidenschaft. Das schöne Leben, das sich Eduard und Charlotte machen wollten, wird jedenfalls unter den Trümmern der Katastrophe, die die Chemie der leidenschaftlichen Anziehung auslöst, begraben.

Zugleich wird man aber sagen müssen, dass es nichts gibt, was den Menschen seiner Bestimmung näherbringt und stärker bei ihm das Gefühl auslöst, ihr bedingungslos zu folgen, als eben die Liebesleidenschaft mit ihrem chemischen Magnetismus und ihrer alle Konventionen niederreißenden Hingabe.

Hat man also zu wählen? Einerseits zwischen einer besonnenen Lebensführung, die sich der Liebe nur so weit öffnet, als sie einem ermöglicht, gesünder, ruhiger, befriedigter zu existieren – wozu uns heutzutage die reichlich vorhandenen

Liebes- und Partnerschaftsratgeber mit immer neuen Tipps versehen. Und andererseits einem Leben, das Ernst macht mit unserem vitalen Bedürfnis nach verzehrender Leidenschaft, verbunden jedoch mit dem Risiko, jene Erfahrung zu machen, die Eduard letztlich zugrunde gehen lässt und die im Roman so beschrieben wird: »Von diesem Augenblick an war die Welt für Eduarden umgewendet, er nicht mehr was er gewesen, die Welt nicht mehr was sie gewesen.«

Goethes Roman entlarvt diese Alternative als Scheinalternative. Die Suche nach dem eigenen Leben und die Suche nach Leidenschaft gehören zusammen, verbunden schon durch das Risiko, das beide Formen der Suche beinhalten: viel gewinnen, aber auch schrecklich scheitern zu können.

Der mehr oder weniger besonnene Weg, den Charlotte und der Hauptmann einschlagen, führt trotz aller Klugheit und Selbstbeherrschung, die beide Figuren auszeichnet, gerade nicht zu jenem eigenen Leben, das man sich davon versprechen mag. Darin ist das Experiment, das Goethe in seinem Roman unternimmt, unbarmherzig konsequent. Die Unterwerfung der Leidenschaft unter gut gemeinte Rücksichten, vermeintlich bewährte Institutionen und rationale Strategien macht sie stumpf und glanzlos, löscht sie letztlich aus, mit der Folge, dass das Leben danach mehr oder weniger trostlos wird. Die Schönheit, die ohne Leidenschaft übrigbleibt, sieht einer Mondlandschaft zum Verwechseln ähnlich.

Der Wunsch nach einem eigenen Leben hingegen kann gar nicht anders, als sich der Leidenschaft und ihren unberechenbaren Folgen auszusetzen. Vielleicht muss man sich nicht gar so kriegerisch in sie stürzen, wie Eduard das tut, und sie auch nicht gar so passiv hinnehmen, wie es Ottilie vorexerziert. Aber nur wer leidenschaftlich liebt, wird ein Leben führen, das der eigenen Natur gerecht wird. Bei ihm stellt sich dann aber auch das Gefühl ein, dass es wirklich sein eigenes Leben ist – jenes, in dem er sein Bestes gegeben hat. In der Liebe, so sagt es heute der Biologe Thomas Junker, machen wir die Erfahrung »wie sehr wir im Grunde unseres Herzens Naturwesen geblieben sind, denen der kulturelle Zuckerguss von Moral und Erziehung nur wenig anhaben konnte«.

Auch um dieser schlichten, ernsten Wahrheit der Liebe willen hat Goethe in den *Wahlverwandtschaften* zu einem Modell aus der Naturwissenschaft gegriffen, als er die zwischen Menschen mögliche Anziehungskraft beschreiben wollte. Für Goethe war Liebe in erster Linie ein Naturphänomen; wer liebte, zumal wenn er es mit derart bedingungsloser Hingabe tat wie Eduard und Ottilie, machte diese Wahrheit für sich geltend. Als Naturtatsache hat die Leidenschaft die Macht, den Menschen aus bestehenden sozialen Verbindungen herauszureißen; ihn anschließend gegebenenfalls wieder in eine neue Verbindung eintreten zu lassen; womöglich ihn aber auch, wie im Experiment der *Wahlverwandtschaften*, vollständig zu ruinieren.

Die bis heute vielleicht größte Provokation von Goethes Roman ist es, diesen Ruin aus Leidenschaft als einen nicht nur menschengemäßen, sondern auch als einen sinnerfüllten Weg zu begreifen. Ottilie, die aufgrund ihrer Leidenschaft unfreiwillig zur Kindsmörderin wird, hat, nachdem sie für den Rest ihres kurzen Lebens Abbitte geleistet hat, sogar das Zeug zur Heiligen, wie das Ende des Buches zu verstehen gibt – zu einer Heiligen, die den aus Leidenschaft Untröstlichen Trost spendet. »Trocknet nicht, trocknet nicht Tränen unglücklicher Liebe« – diese Verse aus Goethes bereits 1775 verfasstem Gedicht »Wonne der Wehmut« könnten auch auf ihrem und Eduards Grabstein stehen. Die Liebesleidenschaft ist für Goethe der höchste Sinn des menschlichen Lebens; es ist auch der mit dem höchsten Einsatz. Durch Liebe ist das Dasein gerechtfertigt, ganz egal, ob der Liebende gewinnt oder scheitert und wie hundserbärmlich er auch immer darunter zu leiden hat.

VIII.
WIE MAN DER EIGENEN KREATIVITÄT FOLGT – UND ÜBER SICH HINAUSWÄCHST

»Ich gleiche ziemlich einem Chamäleon.«

DER VIERZEHNJÄHRIGE GOETHE
IN EINEM BEWERBUNGSSCHREIBEN

Das neue Jahrhundert war erst wenige Jahre alt, da waren in Goethes unmittelbarer Weimarer Umgebung die Anzeichen von Altern und Tod so unübersehbar, dass einem der Schrecken in die Glieder fahren konnte, selbst wenn man nicht so phobisch wie Goethe darauf reagierte. Johann Gottfried Herder, der Freund noch aus Jugendtagen, starb 1803; Friedrich Schiller, mit dem Goethe eine späte, doch umso intensivere Freundschaft verband, starb 1805 mit gerade einmal fünfundvierzig Jahren; die Herzoginmutter Anna Amalia starb 1807. Zwischen den beiden Toden lag die Schreckensnacht des 14. Oktober 1806 mit den bekannten Folgen. Goethes Mutter starb 1808, der Vater war bereits 1782 gestorben. 1809 feierte Goethe seinen sechzigsten Geburtstag, und der Tod machte vier Jahre lang Pause. 1813 dann starb Christoph Martin Wieland, nach einem langen Leben mit achtzig Jahren; 1816 starb Christiane, nur wenige Tage nach ihrem einundfünfzigsten Geburtstag, wohl als Alkoholikerin, nachdem sie im Jahr zuvor bereits einen Schlaganfall erlitten hatte.

Der Tod ist die große Unbekannte im Leben, die wir alle fürchten. Goethes Umgang mit dem Sterben war durch größtmögliche Distanz bestimmt; so ging er etwa nie zu Beerdigungen, selbst der seiner Frau nicht. Daraus folgt nicht, dass die Einschläge, deren Häufigkeit mit dem Alter zunahmen, ihn nicht erschüttert hätten. In der Regel lassen wir genau dasjenige nur mit großer Vorsicht an uns heran, von dem wir spüren, dass es die Macht hat, uns aus der Bahn zu werfen. Dass genau das der Fall war, geht aus Goethes Äußerungen immer wieder hervor.

Der erste große Einschlag ereignete sich, da war er keine zwei Jahre in Weimar. Mitte Juni 1777 erreicht ihn an einem sonnigen Morgen in »so glücklichen Zeiten«, wie er sagt, die Nachricht vom Tod seiner Schwester Cornelia. Zu ihr hat er in Kinder- und Jugendtagen ein äußerst nahes, manche meinen ein beinahe inzestuöses Verhältnis gehabt. Drei Wochen nach der Geburt ihrer zweiten Tochter ist sie gestorben, gerade sechsundzwanzig Jahre alt. »Dunkler zerrissner Tag«, steht in Goethes Tagebuch. Seiner Mutter schreibt er: »Mit meiner Schwester ist mir so eine starke Wurzel, die mich an der Erde hielt, abgehauen worden, dass die Äste, von oben, die davon Nahrung hatten, auch absterben müssen.« Zu dem »Kopfschnitt« der ersten Weimarer Zeit kam noch ein »Wurzelschnitt« hinzu, verursacht durch den Tod Cornelias.

Goethe hatte seine Schwester zwei Jahre nicht mehr gesehen, ihr nicht einmal mehr geschrieben. In Cornelia stand ihm ein Schicksal vor Augen, das zu seinem eigenen Leben, dessen Gestalt sich mehr und mehr abzuzeichnen begann, den denkbar größten Gegensatz bildete. Es war ein nahezu gesichtsloses, beinahe ungelebtes Leben, dem der frühe Tod nun die letzte Chance nahm, sich noch zum Guten zu wenden. Der Gedanke, dass ein Leben, bevor es richtig begonnen hat, im tödlichen Elend enden kann, und nicht nur irgendein Leben, sondern das eines Menschen, der ihm einmal so nahegestanden hat wie kein anderer, muss Goethe zutiefst deprimiert haben.

Der letzte Einschlag ereignete sich zu einer Zeit, als Goethe bereits jene Lebensphase erreicht hatte, die die Altersforscher heute das vierte Alter nennen. Jetzt nimmt die Fertigkeit, Verluste zu regulieren, mehr und mehr ab. Als man ihm am 10. November 1830 möglichst schonend beibringen will, dass sein einziges Kind, der wie seine Frau unter schweren Alkoholproblemen leidende August, gestorben ist, schneidet er dem Überbringer der Botschaft, noch bevor sie ausgesprochen ist, das Wort ab mit dem Ausruf: »Ich weiß, dass ich einen sterblichen Sohn gezeugt habe.« August starb ausgerechnet in Rom, wohin er wie sein Vater gereist war, um sich selbst zu finden.

Der amerikanische Psychologe George Vaillant, der große Erforscher unserer Lebensläufe, nennt den Tod eines Kindes das eine von drei Rezepten für »garantiertes Unglück« (die anderen sind der Tod des Ehepartners und die Wahl des falschen Ehepartners). Immerhin zwei dieser drei Rezepte sind Goethe vom Schicksal verschrieben worden. Dass Kinder vor ihren Eltern, insbesondere vor den Müttern sterben, ist noch heute kein Einzelfall. Paradoxerweise trägt die zunehmende Langlebigkeit mit dazu bei. Denn trotz der ungleich höheren durchschnittlichen Lebenserwartung ist die Zahl der Menschen, die durch Unfall, Krankheit oder Suizid vorzeitig aus dem Leben scheiden, immer noch beträchtlich; lange nicht mehr so hoch wie noch zur Goethe-Zeit, doch so verbreitet, dass jeder eine solche Geschichte aus seiner Familie oder seinem Freundeskreis zu erzählen weiß.

Goethe hat auch dieses Unglück durchgestanden, indem er es mit literarischer Produktivität beantwortet hat – seine in einem langen Leben bewährte Methode, Schicksalsschläge zu verarbeiten. Am Tag vor der Todesnachricht hat er sich *Dichtung und Wahrheit*, seine Autobiographie, wieder vorgenommen, deren vierter Teil seit über zehn Jahren des Abschlusses harrt. Nun greift er ihn »mit Gewalt« an, wie er seinem Freund Carl Friedrich Zelter schreibt, und innerhalb von vierzehn Tagen treibt er die Sache so weit voran, »dass der Band, wie er liegt, gedruckt werden könnte«. Dann aber kommt es zu einer »Explosion«, wie Goethe selbst es nennt: »Der unterdrückte Schmerz und eine so gewaltsame Geistesanstrengung« führen zu einem plötzlichen Lungenblutsturz, »so stark, dass, wäre nicht gleich und kunstgemäße Hilfe zu erhalten gewesen, hier wohl die ultima linea rerum [der Schlussstrich] sich würde hingezogen haben.«

Goethe hat noch sechzehn Monate weitergelebt, bis ein an sich harmloser grippaler Infekt sein Leben tatsächlich zu einem Ende kommen ließ. Er ist in der ihm verbliebenen Lebensfrist keineswegs untätig gewesen. So gelang es ihm, nachdem er sich von dem Blutsturz erholt hatte, noch den *Faust* abzuschließen. Dessen zweiter Teil erweitert die ursprüngliche Geschichte von Verführung und Schuld zur großen Menschheitstragödie und nimmt die Verwandlung der Welt, wie sie sich Anfang des 19. Jahrhunderts im Gefolge von Industrieller Revolution und kapitalistischer Wirtschaft abzeichnete, in vieler Hinsicht deutend vorweg.

Am 22. Juli 1831 ist das »Hauptgeschäft«, wie Goethe es nennt, »zustande gebracht«. Ob er die Reinschrift wirklich versiegelt, wie er Freunden und Bekannten mitteilt, wissen wir nicht; an eine Veröffentlichung noch zu Lebzeiten denkt er jedenfalls nicht. Der Tag sei »wirklich so absurd und konfus«, heißt es in seinem letzten Brief, den er nur wenige Tage vor seinem Tod schreibt, dass er zu der Überzeugung gekommen sei, seine »redlichen, lange verfolgten Bemühungen um dieses seltsame Gebäu« würden im Falle einer Publikation »schlecht belohnt und an den Strand getrieben, wie ein Wrack in Trümmern daliegen und von dem Dünenschutt der Stunden zunächst überschüttet werden«.

KEINE BEKENNTNISSE

Doch nicht nur der *Faust*, auch *Dichtung und Wahrheit* hat Goethe bis zuletzt beschäftigt. Auch hier blieb der Teil, der die Vorgeschichte von Goethes Aufbruch nach Weimar erzählt, zu Lebzeiten unveröffentlicht und wurde von ihm nicht mehr für den Druck vorbereitet. Das besorgte Johann Peter Eckermann, der dazu von Goethe testamentarisch beauftragt war. Seine redaktionellen Eingriffe waren nicht unerheblich; trotz gewisser stilistischer Härten und kleiner Inkonsequenzen geben heutige Ausgaben den Text deshalb zusehends nach Goethes Handschrift wieder.

Man muss sich bewusst machen, dass das Genre der Autobiographie zu Goethes Zeiten keine derartige Selbstverständlichkeit besaß wie heutzutage. Als Goethe 1809, nicht lange nach der Veröffentlichung der *Wahlverwandtschaften*, mittlerweile sechzig Jahre alt, das Schema seiner Lebensbeschreibung zu entwerfen begann, die ursprünglich bis zur unmittelbaren Gegenwart reichen sollte, existierte das Wort selbst erst gut zehn Jahre. Herder hatte es wohl aufgebracht, in der von ihm angeregten, 1796 erschienenen Sammlung »Selbstbiographien berühmter Männer«.

Vorbilder gab es dennoch. Goethe selbst hatte von 1796 an die Mitte des 16. Jahrhunderts entstandene, aber erst 1728 erschienene Lebensbeschreibung des Renaissance-Bildhauers und -Graveurs Benvenuto Cellini übersetzt. Die lang anhaltende Beschäftigung mit dieser Übersetzung, die eher den Charakter einer Nachdichtung hatte, indem sie das ausufernde Original kürzte, teilweise neu ordnete, dabei »logischer« machte und kommentierte, übte auf Goethe einen großen Reiz aus. Zeitweise muss er wohl gewünscht haben, selbst ein literarischer Cellini zu sein: kein problematisches Individuum wie die Mehrzahl seiner Zeitgenossen und in vieler Hinsicht auch er selbst, sondern einer, der schafft, ohne über seine Arbeit nachzudenken, so wie ein Vogel sein Nest baut, weil er sich in der beneidenswerten Lage befindet, nur die Forderung des Augenblicks und die gegenwärtige Aufgabe gelten zu lassen. Ein solcher Mensch, ausgestattet mit einem soliden Selbstwertgefühl, hat natürlich auch das Zeug zum gewissenlosen Draufgänger, was Cellini zweifellos war. Raufereien und Abenteuer, so belegt es seine Lebensbeschreibung, waren ihm jedenfalls wichtiger als Fragen von Sinn und Identität.

Cellinis Lebenserinnerungen sind zudem ein früher Versuch, die Welt vom individuellen Erleben her neu zu ordnen. Er entwickelt eine immense Freude an der eigenen Person, und zwar gerade an ihren Eigenheiten und ihrem Nonkonformismus. Ob die Begebenheiten bis ins Detail wirklich so geschehen sind, wie er sie berichtet, ist ihm beinahe gleichgültig. Viel wichtiger ist ihm, dass sie der Vorstellung entsprechen, die er sich von sich selbst macht und die er auch über den eigenen Tod hinaus gesichert wissen möchte. Autobiographien wollen der Welt in der Regel eine attraktive Version des eigenen Lebens zeigen. Mit den Augen des Autobiographen sollen wir sein Leben und die Welt sehen. Zwar erfahren wir aus Cellinis Erinnerungen viel über das Jahrhundert, in dem sich sein Leben abspielt, aber wir erfahren es »durch die Augen dieses confusen Indivudui«, wie Goethe das so hübsch gelehrt formulierte. Denken wir uns diese Augen weg, verlieren wir rasch das Interesse an dem Gegenstand.

Mit *Dichtung und Wahrheit* und den Fortsetzungen von Goethes Lebensbericht verhält es sich nicht grundsätzlich anders. Zwar ist seine Darstellung weniger konfus und ungleich reflektierter als die Cellinis. Doch der eigentliche Reiz liegt darin, die Welt mit Goethes Augen zu sehen; sich seiner Person als Führer durch seine Zeit anzuvertrauen, mit allen Begrenzungen und Eigenwilligkeiten, die das mit sich bringt; aber auch mit allen Aufschlüssen und Aha-Erlebnissen, die einem dadurch zuteilwerden.

Und noch etwas anderes hat sich Goethe für seine eigene Autobiographie von der Cellinis abschauen können: einen entspannten Umgang mit sich selbst, inklusive der Irrtümer, die das Leben unvermeidlicher Weise mit sich bringt, sowie vor allem das Fehlen jeder Art von verkrampfter Fokussierung auf das eigene Ich. Goethes Autobiographie hat so wenig wie die von Cellini den Charakter von Bekenntnissen. Dabei hätte nichts nähergelegen. Als Goethe zum ersten Mal den Plan einer eigenen Lebensbeschreibung fasste, war es kaum zehn Jahre her, dass Rousseaus Autobiographie erschienen war, die das Wort »Bekenntnis« schon im Titel führt. Und wenn ein Autor den autobiographischen Boom der damaligen Zeit ausgelöst hat, dann ist es Rousseau mit diesem postum erschienenen Text gewesen.

»Ich beginne ein Unternehmen, welches beispiellos dasteht und bei dem ich keinen Nachahmer finden werde. Ich will der Welt einen Menschen in seiner ganzen Naturwahrheit zeigen, und dieser Mensch werde ich selber sein«, hatte

Rousseau großspurig verkündet, und auf diese Weise ganz gegen seine Prognose viele Nachahmer gefunden. Und waren Bekenntnisse nicht der richtige, vielleicht sogar der einzige Weg, von sich selbst so aufrichtig, so authentisch wie nur möglich zu berichten – und zwar nicht religiöse Bekenntnisse, wie sie der Kirchenvater Augustinus einst abgelegt hatte, sondern psychologische Bekenntnisse, wie sie nun Rousseau vorlegte?

Goethes tiefsitzende Abneigung gegen Versuche wie den von Rousseau, die Beschäftigung mit dem eigenen Leben als Selbsterforschung, als Erkundung der Tiefenschichten des eigenen Ich anzulegen, hatte seine Übersetzung des Cellini nur noch bestärkt. »Jeder, der eine Confession schreibt, ist in einem gefährlichen Falle, lamentabel [klagewütig, wie man sagen könnte] zu werden«, notiert er in seinem Tagebuch unter dem Datum des 18. Mai 1810. Und in der Tat: Rousseau sind seine Bekenntnisse unter der Hand zu einer einzigen großen Klage geraten: gegen die schlechte Welt, die einen sensiblen, so begabten und phantasievollen Menschen wie ihn selbst fehlleitet und ins Elend stürzt. Aber auch gegen sich selbst, insofern ihn das mühsame, zu keinem Abschluss zu bringende Geschäft der Selbsterkenntnis zu endlosen Selbstbezichtigungen führt. Selten haben das sein Leben und seine Gesinnungen erforschende Ich und die Welt, mit der es dieses Ich zu tun bekommt, so schlecht zusammengepasst wie in Rousseaus *Bekenntnissen*.

Goethe hingegen muss bei der Übersetzung und Bearbeitung von *Cellinis Leben* klar geworden sein, dass der eigentliche Gegenstand einer Autobiographie gar nicht das eigene Ich ist – wovon Rousseau beinahe selbstverständlich auszugehen schien. Ihr Gegenstand waren vielmehr das eigene Ich in der Welt und die Umstände, unter denen es existierte. Es scheine »die Hauptaufgabe der Biographie zu sein, den Menschen in seinen Zeitverhältnissen darzustellen«, heißt es gleich im Vorwort von *Dichtung und Wahrheit.* Erst beides zusammen und ineinander verschränkt – sich wechselseitig bedingend – verdiente die Bezeichnung »eigenes Leben«. Anders als für Rousseau waren für Goethe die Schwierigkeiten mit der Autobiographie nur Spezialfälle jener Probleme, die sich dem Biographienschreiber überhaupt stellen.

WAS HEISST ES, SICH SELBST ZU KENNEN?

Den Zusammenhang von Ich und Welt, von Leben und Zeitumständen zum Ausgangspunkt einer Autobiographie, ja überhaupt des Nachdenkens über das eigene Leben zu machen, wirft jedoch auch Probleme auf. In *Bedeutende Fördernis durch ein einziges geistreiches Wort,* einem der zahlreichen, an Einsichten reichen Texte des späten Goethe über die Frage des eigenen Lebens, heißt es, dass der Mensch nur sich selbst kennt, »insofern er die Welt kennt, die er nur in sich und sich nur in ihr gewahr wird«. Der Umweg über die Welt ist danach der einzige Weg, sich selbst kennenzulernen. Nur durch die Dinge, die mir im Leben widerfahren, weiß ich, wer ich bin. Noch anders gesagt: Das Leben, das wir führen, ist ungeheuer voraussetzungsreich. Was aber kann *eigenes* Leben unter diesen Umständen überhaupt heißen? Goethe hat über diese Frage gründlich nachgedacht und gibt in *Dichtung und Wahrheit* eine überraschende Antwort darauf: Das eigene Leben ist selbst ein historisches und soziales, ja sogar ein biologisches Phänomen. Es lässt sich nur unter Bedingungen führen, die sich weitgehend der eigenen Kontrolle entziehen. Und diese Bedingungen sind nicht individueller, sondern allgemeiner, eben teils biologischer, teils historischer, teils sozialer Natur.

Die biologischen Bedingungen sind die grundsätzlichsten. Unser Lebensweg ist aufgespannt zwischen Geburt und Tod. Wenn Goethe seine Geburt und die damit verbundenen Komplikationen an den Anfang seiner Lebenserzählung stellt, dann berichtet er natürlich nicht über ein Geschehen, das er aus eigener Erinnerung kennt. Vielmehr weiß er davon aus den Erzählungen anderer, etwa seiner Eltern, die ihm nachträglich darüber berichtet haben. Die Geburt ist ein Extrembeispiel für das Problem, mit dem man es zu tun bekommt, wenn man darüber nachzudenken beginnt, inwieweit man sich selbst kennt. Obwohl sie unzweifelhaft zum eigenen Leben gehört, ja an seinem Anfang steht, entzieht sie sich der unmittelbaren Kenntnis vollständig: Das Eigenste ist in diesem Fall das Fremdeste. Und dieses Problem verringert sich auch dann nicht, wenn man statt auf den physiologischen Prozess auf den Planetenstand im Moment der Geburt schaut, was Goethe ja ebenfalls, wenn auch ironisch, zu Anfang seiner Autobiographie tut. Oder wenn man, was uns heute viel näherliegt, eine Genanalyse oder einen Hirnscan machen lässt.

Goethe war der Ansicht, dass sich viele Vorgänge im Leben nach Art biologischer Prozesse abspielen, etwa auch die leidenschaftliche Anziehung zwischen Menschen, wie wir gesehen haben. Eine Zeit lang hat er sogar mit dem Gedanken gespielt, seine Autobiographie nach dem Vorbild zu strukturieren, das er als Entwicklungsgesetz der Pflanzen und Tiere erkannt zu haben meinte und das er »Metamorphose« nannte. Der eigene Werdegang hätte dadurch die Gestalt eines vollständig determinierten Prozesses angenommen, in dem sich auch die letzten und am höchsten entwickelten Teile durch Umwandlung der jeweils früheren Stufen entfalten. Was einmal aus ihr werden soll, ist bereits im Samen der Pflanze angelegt. Bezogen auf den Menschen sprach Goethe mit einem von dem griechischen Philosophen Aristoteles stammenden Begriff von Entelechie, was so viel meint wie die Vollendung, das Ziel in sich zu tragen. In der gegenwärtigen Wissenschaft kehrt dieser Determinismus etwa in der umstrittenen Annahme wieder, dass die Entwicklung aller Lebewesen, auch des Menschen, in strenger Notwendigkeit der Steuerung des genetischen Codes folgt.

Die biologischen werden indes überlagert von anderen Schichten von Voraussetzungen. Eine wesentliche davon ist die Familie, in der wir aufwachsen, die sogenannte Herkunftsfamilie. Dass wir überhaupt Familie haben und dass wir genau diese haben, gehört neben den Anlagen ebenfalls zu den Dingen, die wir in unserem Leben nicht frei wählen können, heute so wenig wie damals. Für einen, der nach seinem Aufbruch mit sechsundzwanzig aus seiner Vaterstadt die Schwester gar nicht, den Vater nur einmal und die Mutter ganze vier Mal wiedergesehen hat, der sich also von seiner Herkunftsfamilie beinahe vollständig abgenabelt zu haben scheint, verwendet Goethe in seiner Autobiographie ziemlich viel Zeit und Tinte auf die Beschreibung, wie ihn seine Familienverhältnisse und die Auseinandersetzung mit ihnen geprägt haben. Wenn wir nicht annehmen wollen, dass der Grund dafür bis dahin gut verborgener Familiensinn war, so liegt die Vermutung nahe, dass sich Goethe dabei von der

Einsicht leiten ließ, es hier mit einer der zentralen Determinanten seines Lebenswegs zu tun zu haben.

Dinge wie Herkunft und Familie jedenfalls sind es, von denen es in *Dichtung und Wahrheit* heißt, dass sie uns »als Menschen« widerfahren, »und nicht als einem besonders Glücklichen oder Unglücklichen«. Deshalb könne ihre Mitteilung auch lehrreich für andere sein, indem er erfährt, »wie es andern ergangen und was auch er vom Leben zu erwarten habe«. Und selbst wenn ein solches Wissen nicht dazu nutze sei, »die Übel zu vermeiden, so ist es doch sehr dienlich, dass wir uns in die Zustände finden, sie ertragen, ja sie überwinden lernen«.

Eine weitere Determinante, die vorgibt, wie das eigene Leben aussieht, ist die durch den Zeitpunkt der Geburt bestimmte Zugehörigkeit zu einer historischen Generation. Auf den ersten Blick scheint es sich um eine weniger starke Bindung als die an die Herkunftsfamilie zu handeln. Goethe war da aus eigener Erfahrung anderer Meinung. Die »Zeitverhältnisse«, wie er das nannte, können schon früh dafür sorgen, dass sich die Heranwachsenden noch auf anderen Achsen verorten als der ihrer Herkunft. So trägt die Verbundenheit mit einer bestimmten Generation zugleich dazu bei, dass sich familiäre Bindungen lockern. Zudem gibt das schon bei Goethe ausgeprägte Gefühl der Zugehörigkeit zu einer Generation, die einen historischen Bruch verursacht hat, dem Selbstwertgefühl enormen Auftrieb und setzt Energien frei, die in die Gestaltung eines eigenen Lebens führen.

Dennoch gibt es in der Tat die Möglichkeit, *Dichtung und Wahrheit* als die Darstellung einer deterministischen Sicht auf das Leben zu lesen. Selbst ein so außerordentlicher Mensch wie Goethe ist danach das Produkt aus Erbanlage und Umwelt, aus Herkunft und Sozialisation, bereichert noch um ein drittes Element, den Zufall. Wie Goethe am Beispiel einer Begebenheit aus dem Leben seines Zeitgenossen Johann Heinrich Jung-Stilling zeigt, spielt letzterer gerade jenen die übelsten Streiche, die nicht an ihn glauben, weil sie Schicksal für Vorsehung halten. Goethe tat das nicht. Sein Begriff von Schicksal kommt ohne Vorsehung aus.

Selbst wenn aber niemand dem entgehen kann, wozu Anlage und Umwelt, Herkunft und Zeitverhältnisse ihn gemacht haben, wäre es trotzdem falsch, dies als das letzte Wort von *Dichtung und Wahrheit* zur Frage des eigenen Lebens zu betrachten. Die Determinanten mögen jenen Bereich abdecken, der mit dem Wort Wahrheit bezeichnet ist, aber das ist nur die eine Hälfte des Titels, dessen beide Bestandteile ursprünglich die umgekehrte Reihenfolge besaßen: Wahrheit und Dichtung. Was Goethes Autobiographie bis heute lesenswert macht, ist die andere Hälfte und mit ihm der Versuch, diesem Gemisch aus Anlage, Sozialisation und Zufall, aus dem unser Leben besteht, eine Dynamik und einen Sinn abzugewinnen, der mehr ist als ein metaphysischer oder religiöser Trost; der dem Leben nicht übergestülpt ist, sondern sich aus ihm heraus entwickeln lässt.

DIE SUCHE NACH EINEM ZUSAMMENHANG

Goethe hat seiner Autobiographie einen fiktiven Brief vorangestellt. Der als Freund bezeichnete Schreiber bezieht sich auf die zwischen 1806 und 1808 erschienenen *Gesammelten Werke* Goethes in zwölf Bänden und meint: Das sei ja alles schön und gut, vielleicht ein bisschen wenig für die lange

Schaffenszeit, und die einzelne Arbeit habe, soweit man sehen könne, in der Regel wohl ein äußerer Anlass oder ein inneres Bedürfnis hervorgebracht. Aber wo, bitte, finde sich der Zusammenhang? »Im Ganzen«, so meint er, »bleiben diese Produktionen immer unzusammenhängend; ja oft sollte man kaum glauben, dass sie von demselben Schriftsteller entsprungen seien«.

Der fiktive Freund ist von ausgesuchter Höflichkeit. Goethes Unbehagen angesichts der Disparatheit des Geschaffenen konnte sich auch ganz anders Ausdruck verschaffen. Gegenüber Friedrich Wilhelm Riemer, damals noch Hauslehrer seines Sohnes, hat er am 18. April 1808 seine Schriften mit einer Lumpensammlung verglichen: »Es seien dies alles nur Fetzen und Lappen von seiner Existenz; da einmal ein alter Hut, und dort ein paar Schuhe, und dort ein Lappen von einem Rock, den er einmal getragen.«

Man muss nicht Schriftsteller sein, um dieses Gefühl zu teilen, vielleicht in der Tat angesichts der melancholischen Besichtigung des seit Jahren nicht mehr ausgemisteten Kleiderschranks. Die vormals modischen Stücke führen dort das traurige Dasein abgelegter Lumpen, die einst heiß begehrt zu haben man sich nicht mehr vorstellen kann. So mag es einem auch beim Betrachten alter Fotos und Briefe aus längst vergangenen Zeiten gehen: Oft fragt man sich, um Goethes fiktiven Freund abzuwandeln, ob sie sich überhaupt auf dasselbe Leben, auf dasselbe Ich beziehen. Goethe hat das »Lebenszerstreuung« genannt. Deutlich wurde sie ihm etwa bei der Sichtung und Redaktion von Manuskripten, die sich im Laufe der Jahre angesammelt hatten, »beinahe zum Entsetzen, wie wir von den disparatesten Gegenständen affiziert, aufgeregt, hingerissen werden können«, wie er am 1. Juni

1817 gegenüber Friedrich Rochlitz beklagt. »Lebenszerstreuung« meint aber nicht nur jene Ablenkungen, die durch die Vielfältigkeit unserer Alltagsbeschäftigungen entstehen. Sie scheint eine dem menschlichen Leben überhaupt innewohnende Tendenz zu sein; noch dem aufmerksamsten, dem mit größter Achtsamkeit für sich selbst und seine Umgebung vorgehenden Menschen ist sie bekannt.

Das Bedürfnis nach Zusammenhang ist da nur allzu verständlich. Und je länger, vielfältiger und vielseitiger unsere Leben werden, desto stärker dürfte es werden. Was können wir tun? Der fiktive Freund empfiehlt Goethe, die Dinge in eine »chronologische Folge« zu bringen, und das Dazugehörige »in einem gewissen Zusammenhange« darzustellen: die damit verbundenen »Lebens- und Gemütszustände«, die Vorbilder, die auf einen gewirkt haben, sowie auch die Grundsätze, denen man gefolgt ist. Fast lässt er sich ein wenig mitreißen von seiner Idee und nimmt dabei vorweg, was uns heute die Neurowissenschaft über das alternde Gehirn lehrt: Möge »in gewissen Jahren«, wie er mit äußerster Zurückhaltung meint, die Produktivität nachlassen, so würde in dieser Zeit die Erkenntnis immerhin »vollständiger, das Bewusstsein deutlicher«. Oder wie es etwa der niederländische Hirnforscher André Aleman sagt: Die Kraft des älteren Gehirns liegt in dem »auf Lebenserfahrung gegründeten Verständnis für Emotionen und soziale Situationen«. Da sei es bestimmt, so erneut der Freund, »sehr unterhaltend und neubelebend«, das einst Hervorgebrachte »wieder als Stoff zu behandeln und zu einem Letzten zu bearbeiten«. Wie stets bei Goethe geht es nicht um Erinnerung, geschweige denn um das süße Gefühl der Nostalgie; vielmehr um ein produktives Verhältnis zur Vergangenheit, geleitet von dem

Wunsch einer gewissen Endgültigkeit. Wem nicht mehr viel Zeit bleibt, der möchte sich nicht mit Halbherzigem begnügen.

Gesagt, getan. Den Rest des Vorworts verwendet Goethe darauf, zu beschreiben, wie ihn diese Aussicht zuerst gelockt, später aber vor neue Schwierigkeiten gestellt habe. Er begann damit, sich »Zeit und Umstände« zu vergegenwärtigen, unter denen er seine Werke hervorgebracht hatte. Dabei stieß er ständig auf Lücken; manches war in der Ausgabe seiner *Gesammelten Werke* gar nicht vorhanden, anderes nur in einer späteren Fassung, nachdem er es, was andauernd vorkam, völlig umgearbeitet hatte. Von Gedächtnislücken spricht er in diesem Zusammenhang nicht, aber sie haben natürlich auch ihn beschäftigt, weshalb er systematisch auf Zeitzeugen und schriftliche Quellen zurückgriff. Schließlich trieb Goethe der Versuch, sein Leben und Schaffen der Reihe nach darzustellen, unaufhaltsam und unabsehbar ins Weite: »So ward ich aus meinem engen Privatleben in die weite Welt gerückt, die Gestalten von hundert bedeutenden Menschen, welche näher oder entfernter auf mich eingewirkt, traten hervor; ja die ungeheuren Bewegungen des allgemeinen politischen Weltlaufs, die auf mich, wie auf die ganze Masse der Gleichzeitigen, den größten Einfluss gehabt, mussten vorzüglich beachtet werden.«

Goethe beschreibt hier Erfahrungen und Probleme, mit denen damals wie heute jeder Biograph konfrontiert ist, auch der des eigenen Lebens. Und nicht nur das: Es sind genauso Erfahrungen und Probleme bei der Suche nach einem Zusammenhang des eigenen Lebens angesichts des Gefühls der »Lebenszerstreuung«. Veranschaulichen lässt sich das mit einer Metapher, die Goethe in den *Wahlverwandtschaf-*

ten populär gemacht hat. »Wir hören von einer besondern Einrichtung bei der englischen Marine«, berichtet dort der Erzähler. »Sämtliche Tauwerke der königlichen Flotte, vom stärksten bis zum schwächsten, sind dergestalt gesponnen, dass ein roter Faden durch das Ganze durchgeht, den man nicht herauswinden kann, ohne alles aufzulösen, und woran auch die kleinsten Stücke kenntlich sind, dass sie der Krone gehören.« Welcher rote Faden, »den man nicht herauswinden kann, ohne alles aufzulösen«, zieht sich durch das eigene Leben?

DEM PFAD DER EIGENEN KREATIVITÄT FOLGEN

»So nach und nach vorschreitend, ging ich in meiner natürlichen Entwickelung fort und bildete mich nach und nach zu den Produktionen heran, die mir von Epoche zu Epoche gelangen. Und meine Idee vom Vortrefflichen war auf jeder meiner Lebens- und Entwickelungsstufen nie viel größer, als was ich auch auf jeder Stufe zu *machen* imstande war«, teilt uns Johann Peter Eckermann unter dem Datum des 2. Januar 1824 als eine Äußerung Goethes über seinen Werdegang mit. Wie fast immer bei Goethe ist die Aussage über das eigene Leben mit einer Reflexion auf die Literatur verknüpft. Es geht um Shakespeare, auf den sich Goethe schon in seiner Unabhängigkeitserklärung zu Anfang seines schriftstellerischen Lebens berufen hatte. Allerdings hat sich der Aspekt seitdem vom Idol auf die Ungnade der späten Geburt verschoben; wie Goethe nun zu bedenken gibt, kann es äußerst unvorteilhaft sein, sich ständig an einem »poetischen Riesen«

abarbeiten zu müssen. »Wäre ich als Engländer geboren«, so überlegt er an jenem 2. Januar, »und wären alle jene vielfältigen Meisterwerke bei meinem ersten jugendlichen Erwachen mit all ihrer Gewalt auf mich eingedrungen, es hätte mich überwältigt, und ich hätte nicht gewusst, was ich hätte tun wollen. Ich hätte nicht so leichten frischen Mutes vorschreiten können, sondern mich sicher erst lange besinnen und umsehen müssen, um irgendwo einen neuen Ausweg zu finden.«

Da habe er es vor fünfzig Jahren, in der »nullen Epoche«, wie sie in *Dichtung und Wahrheit* genannt wird, besser gehabt. Das Vorhandene stand ihm weder im Weg, noch hatte es Maßstäbe gesetzt. Er konnte in einer Zeit produktiv werden und ein eigenes Leben zu führen beginnen, in der ihn keine Autoritäten und Traditionen um den Elan des Anfangens brachten. So vermochte er das Studium der deutschen Literatur bald hinter sich zu lassen und sich »zum Leben und zur Produktion« zu wenden. Und danach fallen die eingangs zitierten, auf den ersten Blick unscheinbaren Sätze. Wenn irgendwo aber, dann hat Goethe hier das Geheimnis seines erfolgreichen Lebens benannt, jenen roten Faden, der sich durch alles hindurchwindet. Sagen wir es ein wenig anders, unserer Sprache näher: Goethe ist dem Pfad der eigenen Kreativität gefolgt.

Worin diese im Kern besteht, wird in demselben siebten Buch von *Dichtung und Wahrheit* beschrieben, in dem Goethe auf die Anfänge seines literarischen Schaffens zu sprechen kommt. Dort schildert er den »chaotischen Zustand«, in dem sich damals angesichts der Entwertung aller Autoritäten und grassierender Orientierungslosigkeit sein »armes Gehirn« befand. Ohne hilfreiche Außenlenkung sei er

»genötigt« gewesen, »alles in mir selbst zu suchen«, schreibt er. »Und so begann diejenige Richtung, von der ich mein ganzes Leben über nicht abweichen konnte, nämlich dasjenige, was mich erfreute oder quälte, oder sonst beschäftigte, in ein Bild, ein Gedicht zu verwandeln und darüber mit mir selbst abzuschließen, um sowohl meine Begriffe von den äußeren Dingen zu berichtigen, als mich im Innern deshalb zu beruhigen.«

Goethe hat diesen Sachverhalt vielfältig variiert. So spricht er in seiner Autobiographie auch von der Verwandlung der Wirklichkeit in Poesie oder davon, dass er sich hinter ein Bild flüchtete. Er bezeichnet dieses Verhalten als »Gewohnheit«, als »altes Hausmittel«, als sein »Bestreben« oder als »seine unablenkbare Richtung«. Es ist der gesuchte Zusammenhang, der sich durch sein Leben zieht und es zum eigenen Leben macht.

KREATIVITÄT IST TRANSFORMATION

Unter Kreativität verstehen wir gewöhnlich die Fähigkeit, etwas bislang nicht Vorhandenes, Neues, Originelles zu schaffen. Der Umstand, dass Goethe in seinen jungen Jahren eine Zeit lang der Genieästhetik anhing, scheint darauf hinzudeuten, dass dieses Verständnis von Kreativität auch für ihn gilt. Doch das ist zu kurz gegriffen. Wer die Keimzelle seines künstlerischen Tuns darin sieht, das Leben in ein Bild zu verwandeln, ihm eine poetische Gestalt zu geben, der hat es nicht in erster Linie auf Neuheit und Originalität abgesehen. Goethe jedenfalls ging es weniger um Innovation als um Transformation.

Was das heißen kann, veranschaulicht Goethe ebenfalls in dem bereits erwähnten Gespräch mit Eckermann. Modell ist einmal mehr Werther. Neben dem Lebensunternehmer Faust ist der junge Selbstmörder die andere der beiden Gestalten, die Goethe ein Leben lang nicht mehr losgelassen hat. Das sei so ein Geschöpf, sagt er nun, »das ich gleich dem Pelikan mit dem Blut meines eigenen Herzens gefüttert habe. Es ist darin so viel Innerliches aus meiner eigenen Brust, so viel von Empfindungen und Gedanken, um damit wohl einen Roman von zehn solcher Bändchen auszustatten.« Goethe weiß sehr gut: Er ist nicht Werther. Aber auch der arme Juristenkollege Jerusalem, der in jungen Jahren seinem Leben ein Ende gesetzt hat, war nicht Werther. Werther ist eine poetische Gestalt, genährt vom Herzblut des Autors und von Geschichten, die das Leben schrieb. Goethe hat ihn und seine Geschichte nicht erfunden, ebenso wenig einfach vorgefunden. Er hat sie nicht erschaffen, sondern aus Vorhandenem geschaffen. Werther ist das Ergebnis einer Transformation: der Verwandlung von Wirklichkeitsbruchstücken in eine poetische Gestalt, die – einmal gebildet – in der Lage ist, aus sich heraus zu existieren.

Goethe hat sich die Stoffe seiner Kunst nicht ausgedacht, sondern aufgefunden und sie zu seinen Zwecken umgeformt. Das ist beim *Faust* so, dessen Geschichte auf das Volksbuch zurückgeht, und es gilt auch für den zweiten Teil der Tragödie, der eigentlich ein Kompendium der Weltliteratur ist. Das gilt für Götz von Berlichingen und für Egmont, für Tasso und für Iphigenie. Es gilt zumal für seine autobiographischen Schriften, am wenigsten noch für die Wilhelm-Meister-Romane und *Die Wahlverwandtschaften*. Doch auch dort bildet die Lebenserfahrung das Grundsubstrat, und die

Figuren und die erzählten Begebenheiten sind wie Spiegel (teilweise wie Brennspiegel), die die Lebenswirklichkeit reflektieren. Goethes kreative Leistung als Schriftsteller besteht nicht in der Neuentwicklung von Stoffen, sondern in ihrer Transformation zu dem Zweck, ihnen bislang unbekannte Aspekte abzugewinnen.

Transformation ist aber nicht nur das Geheimnis von Goethes literarischer Produktivität, sondern auch das Erfolgsrezept seines Lebens. Schon den Zeitgenossen ist Goethes immense Wandlungsfähigkeit aufgefallen und zuweilen unheimlich gewesen. Goethe gefiel sich nicht nur in vielen Rollen, die vom Dichter der Leidenschaft über den pingeligen Verwaltungsmann und den streitbaren Naturforscher bis zum Weisheitslehrer reichten. Er machte im Laufe seines langen Schriftstellerlebens erstaunliche Wandlungen durch: vom Stürmer und Dränger der literarischen Anfänge über den Gelegenheits- und Verlegenheitsliteraten der ersten Weimarer Zeit, den Travel Writer der italienischen Reise, den Erotomanen der *Römischen Elegien* und *Venezianischen Epigramme*, den Klassiker in den Jahren der freundschaftlichen Verbundenheit mit Friedrich Schiller, den schreibenden Naturforscher der *Farbenlehre*, den literarischen Experimentator der *Wahlverwandtschaften*, den Entsagungsschriftsteller der *Wanderjahre*, den Weltliteraten des *West-östlichen Divans* und des *Fausts* bis hin zum in der Tat innovativen Autobiographen. Schon der Vierzehnjährige hat sich mit einem Chamäleon verglichen. Später hat Goethe den für seine schier unbegrenzte Wandlungsfähigkeit berühmten griechischen Gott oder Dämon Proteus als eine Figur der Selbstdeutung eingesetzt.

An dem Vergleich mit einem Chamäleon irritiert, dass dessen Farbwechsel in erster Linie äußeren Gegebenheiten geschuldet ist. Goethe selbst hat offen gelassen, wie groß er seinen Freiheitsspielraum in dieser Hinsicht eingeschätzt hat: in welchem Ausmaß seine erstaunliche Wandlungsfähigkeit und Verwandlungsfreude Anpassung war, um mit den Gegebenheiten zurechtzukommen, und inwieweit dahinter auch die Lust steckte, der Welt und sich selbst zu beweisen, *was* er alles draufhatte, und vor allem, *dass* er es draufhatte.

Der Begriff der Metamorphose, den er in diesem Zusammenhang gerne gebrauchte, meint jedenfalls kein Geschehen aus eigener Kraft. Noch bevor Goethe ihn für seine botanischen Studien verwendete, hatte er mit ihm als Jugendlicher Bekanntschaft gemacht – durch die Lektüre der *Metamorphosen* des römischen Schriftstellers Ovid. Sie zählten damals neben der Bibel zum engsten Bildungskanon. Hinter den Verwandlungen, von denen Ovid so eindringlich, mit bemerkenswertem Sinn für ihr physisches Erleben erzählt, steckt oftmals pure existenzielle Not: Sie sind Kunstgriffe, um einem übermächtigen Verfolger zu entkommen, oder gehen auf Bestrafungen zurück. Leicht nachvollziehbar bilden sie Gefühlsdramen ab, die die elementaren Übergänge und Grenzüberschreitungen im Leben symbolisieren: Pubertät, Schwangerschaft, Krankheiten, seelische Störungen wie Depressionen und Phobien, Alterungsprozesse, die Nähe des Todes, aber auch Traumzustände. Solche Schwellensituationen sind die Einfallstore für die wirklichen Transformationen im Leben eines Menschen. Sie bilden so etwas wie die Tiefenstruktur des eigenen Lebens.

Tiefgreifende Lebenskrisen sind mit dem Risiko verbunden, an ihnen zugrunde zu gehen, sie beinhalten aber auch die Chance, über sich hinauszuwachsen. In vielen Fällen ist sogar unvorhersagbar, ob eher das eine oder das andere eintritt. Das vor allem hat Goethe daran interessiert und fasziniert. Seine literarischen Werke schildern mit großer Aufmerksamkeit und Empathie Übergangszustände, in denen sich entscheidet, welche Richtung das Leben nimmt: ob es verglüht wie das Leben des Götz von Berlichingen, mit einem Suizid endet wie das Leben Werthers oder ob ihm aus einem Scheitern neue Energien zuwachsen wie im Fall von Faust und nicht zuletzt im Fall des eigenen Lebens.

Eine der ergreifendsten Schilderungen dieser Art ist in *Wilhelm Meisters Lehrjahren* zu finden: der bewaffnete Raubüberfall auf die umherziehende Theatertruppe, bei dem der Titelheld von einer Kugel getroffen und so schwer verletzt wird, dass er das Bewusstsein verliert. Als Wilhelm die Augen wieder aufschlägt, findet er sich zuerst im Schoß der leichtlebigen Philine. Die eigentliche Rettung kommt jedoch von einer vorbeireitenden unbekannten Dame, in deren Gefolge sich ein Arzt befindet. Und während dieser Anstalten macht, ihm die Kugel aus der Wunde herauszuoperieren, kommt es Wilhelm so vor, als breite sich über das Bild der schönen Frau, die sanft den Rock über ihn gelegt hat, »nach und nach ein glänzendes Licht«. Beides zusammen rettet ihn, der Eingriff des Arztes wie das halluzinierte Bild dieser Frau, »die einen unauslöschlichen Eindruck auf sein Gemüt« macht.

Wie der Autor so sein Held: Auch Wilhelm flüchtet sich in einer schwer erträglichen Situation hinter ein Bild. Und das nicht nur wegen der Schmerzen der Operation, wie damals üblich ohne Narkose, sondern weil er mit dem Überfall auch auf dem Tiefpunkt einer Entwicklung angelangt ist, die zu einem eigenen Leben führen sollte, schon eine Zeit lang aber unübersehbar nach unten zeigt. Nicht irgendwelche rationalen Erwägungen und Entscheidungen, sondern genau dieses nahe der Ohnmacht und der Sinnestäuschung entstandene Bild, an das sich »alle seine Jugendträume« knüpfen, weist ihm schließlich den Weg aus der biographischen Sackgasse hin zu einem Leben, das seinen wirklichen Präferenzen und Wünschen entspricht. »Die Angelegenheiten unseres Lebens haben einen geheimnisvollen Gang, der sich nicht berechnen lässt«, wird Wilhelm schließlich seiner Retterin und späteren Frau schreiben. Von solcher Art sind die Verwandlungen, von denen Goethe erzählt.

Für die Betroffenen vollziehen sich diese Prozesse weitgehend unbewusst. Das erklärt den großen Reiz, den sie auf Schriftsteller und Dichter ausüben. Sie finden Symbole und Sinnbilder dafür, was sich gewöhnlich unserem Bewusstsein entzieht, nichtsdestotrotz darüber entscheidet, wie und zuweilen sogar ob es mit unserem Leben weitergeht. Indem die Literatur sich mit den großen Transformationen unseres Lebens befasst, kann sie uns die Augen öffnen für den Proteus, der in uns wirkt: wie plastisch und wandelbar unsere Identität ist und wie es uns gelingen kann, in entscheidenden Situationen über uns hinauszuwachsen.

In *Dichtung und Wahrheit* hat Goethe die Frage der Transformation mit der Frage nach der Rolle verknüpft, die wir in der Welt zu spielen haben. »Alle Menschen guter Art empfinden bei zunehmender Bildung, dass sie auf der Welt eine doppelte Rolle zu spielen haben, eine wirkliche und eine ideelle«, heißt es an einer berühmten Stelle. »Was uns für eine wirkliche zugeteilt sei, erfahren wir nur allzu deutlich; was die zweite betrifft, darüber können wir selten ins klare kommen.«

Wer dem Pfad der eigenen Kreativität folgen will, der muss über die ihm zugewiesene »wirkliche Rolle« hinausdenken, daran bestand für Goethe kein Zweifel. Wem das nicht gelingt, wer in sich selbst keinen anderen Charakter als den findet, der ihm durch seine Sozialisation aufgeprägt wurde, dem ist nach Goethes Auffassung nicht zu helfen. Alles beginnt damit, dass wir den Kokon, den Erziehung, Unterricht und Konventionen um uns herum gesponnen haben, durchbrechen, um ins Freie zu gelangen. Besser, wir irren uns über unsere höhere Bestimmung, als »dass durchs Reale das Ideelle gleichsam aufgehoben wird«, wie Goethe in einem Brief an Zelter aus dem Oktober 1829 mit Bezug auf Tendenzen seiner Zeit sagt, die uns allzu bekannt vorkommen dürften. Die Apologeten des Realen haben in Goethe jedenfalls genauso wenig einen Fürsprecher wie diejenigen, die sich ins Ideelle etwa einer Religion flüchten und dabei von allem Realem absehen.

Goethe hatte die Erfahrung gemacht, dass die Kunst bei der Ergründung unserer ideellen Rolle die entscheidenden Dienste leisten kann. Deshalb empfiehlt er in *Dichtung und Wahrheit* als ersten Schritt zur Überschreitung der realen Rolle – Romanlektüre. Es ist die Minimallösung für alle, die mehr im Leben suchen als fremdbestimmte Normalität. Den »Trieb, sich mit Romanfiguren zu vergleichen«, schildert er dort als den »lässlichsten«, sprich zugänglichsten Versuch, »sich etwas Höheres anzubilden, sich einem Höheren gleichzustellen«. Er sei »höchst unschuldig« und »höchst unschädlich«. Das ist in einer Zeit gesagt, in der intensive

Romanlektüre in vielen Kreisen als so gefährlich galt wie heute Onlinesucht.

Die Maximallösung besteht hingegen darin, das eigene Leben in all seinen Facetten der Kunst unterzuordnen. Diesen Weg hat Goethe vorgezeichnet; zu Ende gegangen ist er ihn nicht. Das haben erst die Romantiker und dann die Bohème des 19. Jahrhunderts getan. Während für Goethe das Bohèmeleben unter römischem Licht eine wohl folgenreiche Episode, aber doch eine Episode seines Lebens blieb, haben die, die nach ihm kamen, in viel radikalerer Weise mit einem Außenseiterleben Ernst gemacht. Dennoch bewahrten sich viele von ihnen ein untrügliches Gefühl dafür, wer ihr wirkliches Vorbild war, wenn sie dem Pfad der eigenen Kreativität folgten. So etwa der französische Schriftsteller Gérard de Nerval, der sich nach einem abgebrochenen Medizinstudium der Pariser Bohème anschloss. Mit großer Lakonie berief er sich auf Goethe, als er 1850 zu einem entscheidenden Schlag gegen ein Leben ausholte, das zusehends auf Effizienz getrimmt war. Er legte sich einen Hummer als Haustier zu und promenierte mit ihm durch die Tuilerien: »Ich habe eine Schwäche für Hummer«, verkündete er. »Sie sind friedliche, ernste Kreaturen. Sie kennen die Geheimnisse des Meers, sie bellen nicht, und sie nagen nicht an der Monadenexistenz, wie es Hunde tun. Auch Goethe hatte eine Abneigung gegen Hunde, und er war nicht verrückt.«

Auch Ralph Waldo Emerson, der 1803 geborene amerikanische Prediger des Nonkonformismus, hat aus seiner Schwäche für Goethe keinen Hehl gemacht. »Er hat unser modernes Leben in Poesie gehüllt«, fasste er seine Bewunderung zusammen. »In der belanglosesten Einzelheit entdeckte er den Genius des Lebens, den alten, schlauen Proteus, der sich dicht an uns schmiegt.« Wir mögen ihn nicht sofort erkennen, meinte Emerson vor einhundertfünfzig Jahren, weil er sein farbenfrohes Outfit mit Arbeitskleidung vertauscht habe, doch sei der Genius des Lebens heute in Liverpool oder Den Haag nicht weniger lebendig und fruchtbar als einst im alten Rom oder Antiochia oder auch, wie wir ergänzen dürfen, in Weimar. Goethe habe diesen Genius des Lebens auf öffentlichen Plätzen, den Boulevards und Gasthäusern aufgespürt und dabei gezeigt, »dass sich selbst durch die alltäglichsten Verrichtungen ein Faden von Mythologie und Fabel spinnt«.

Wir müssen uns also keineswegs nach Weimar aufmachen und dort auf Goethes Spuren wandeln, um seinem Geist und dem Genius des Lebens zu begegnen. Ansonsten ergeht es uns schnell wie Goethe selbst, als er endlich Rom, seinen großen Sehnsuchtsort, erreichte und anfangs die Enttäuschung seines Lebens erlebte: »Alles ist nur Trümmer«, gestand er deprimiert seinem Freund Knebel. Statt uns an die Gegenstände und Orte zu heften, mit denen Goethe einst in Berührung kam, sollten wir uns an seinen aufmerksamen Blick halten, mit dem er sie betrachtete, und mit diesem Blick unsere Welt auf neue Weise entdecken. Statt in seinen Fußstapfen zu gehen und uns vorzunehmen, so zu leben wie er, sollten wir sein Experiment aufgreifen, ein eigenes Leben zu führen, ohne uns von Namen blenden und von Dogmen beschränken zu lassen, ohne auf Status und Business allzu viel zu geben und uns bei der ersten Enttäuschung die Maske der Heuchelei überzustreifen. In einem Gespräch mit Eckermann zwei Jahre vor seinem Tod hat Goethe in dieser Hinsicht von der »Hartnäckigkeit des Individuums« gesprochen, »und dass der Mensch abschüttelt, was ihm nicht gemäß ist«.

Wie Goethe in *Dichtung und Wahrheit* schildert, wurde für ihn die Enttäuschung über die Literatur, die er als junger Mann vorfand, zum Auslöser dafür, sich seine eigene zu schaffen. Wenn Tradition und Markt die Mittel dafür nicht hergeben, mich selbst kennenzulernen, muss ich sie mir selbst verschaffen. Auch in dieser Hinsicht war Goethe ein Selbsthelfer in Zeiten des Umbruchs. Verse wie »Wen du nicht verlässest Genius / Nicht der Regen nicht der Sturm / Haucht ihm Schauer übers Herz« oder »Als ich ein Kind war / Nicht wusste wo aus wo ein / Kehrt mein verirrtes Aug / Zur Sonne als wenn drüber wär / Ein Ohr zu hören meine Klage« hatte vor ihm noch keiner zu dichten und als Literatur auszugeben gewagt. Wir erweisen ihnen heute vielleicht die beste Reverenz, wenn wir sie als Popsongs betrachten, die ihrer Zeit voraus waren. Die Generationen nach Goethe haben in der von ihm geschaffenen Literatur zeitweise das eigene Leben wiedergefunden. Sollte uns das heute nicht mehr gelingen, so müssen wir, nach Goethes eigener Einsicht, auf andere Quellen zurückgreifen oder die Mittel dafür selbst hervorbringen. Es kann durchaus in Goethes Sinn sein, Goethe nicht zu lesen.

AUSGANG: GOETHE, DER BEFREIER

Im Nachlass Goethes fand sich ein kurzer Text von zwei Seiten aus seinen letzten Lebensjahren. Er stellt dort die eigene Entwicklung dar, analysiert seine Wirkung auf die Zeitgenossen und leitet daraus gewisse Maximen ab, die in einen Appell münden. Wirtschaftsleute würden heute so etwas als »Mission Statement« bezeichnen. Goethe resümiert die Mission, unter der er angetreten ist, und macht sich Gedanken darüber, was daran für nachfolgende Generationen noch verbindlich sein kann. Johann Peter Eckermann hat den Text im Jahr nach Goethes Tod in Band fünf seiner nachgelassenen Werke unter der Überschrift »Noch ein Wort für junge Dichter« veröffentlicht. Vielleicht lag es an diesem Titel, dass er lange Zeit nicht die ihm zustehende Beachtung gefunden hat.

Der Text beginnt mit einer Definition des »Meisters« – eines Begriffes, den viele Generationen von Verehrern und Forschern wie selbstverständlich auf Goethe angewendet haben und der auch in anderen literarischen Kreisen, etwa dem um Stefan George, eine entscheidende Rolle spielte. »Unser Meister ist derjenige, unter dessen Anleitung wir uns in einer Kunst fortwährend üben und welcher uns, wie wir nach und nach zur Fertigkeit gelangen, stufenweise die Grundsätze mitteilt, nach welchen handelnd wir das ersehnte Ziel am sichersten erreichen«, so lautet Goethes umständliche

Erklärung, die dem gewundenen Altersstil des »Meisters« Tribut zollt.

Die erste Überraschung, die der kleine Text noch dem heutigen Leser bereitet, ist die Erklärung, die unmittelbar darauf folgt. Sie lautet: »In solchem Sinne war ich Meister von niemand.« Wie das? Goethe scheint es regelrecht Freude bereitet zu haben, den Leser anfangs auf eine falsche Fährte zu locken. Er beginnt mit einer altmeisterlichen Definition von Meister, als den seine Verehrer den Autor etwa des *Wilhelm Meisters* schon zu Lebzeiten betrachteten. Und enttäuscht sie dann auf beinah hinterlistig zu nennende Weise.

Was aber dann? Wenn er aussprechen solle, »was ich den Deutschen überhaupt, besonders den jungen Dichtern geworden bin, so darf ich mich wohl ihren Befreier nennen«, fährt Goethe fort. »Ihren Befreier«, denn an seiner Person sei ihnen aufgegangen, »wie der Mensch von innen heraus leben, der Künstler von innen heraus wirken müsse.« Übrigens aber könne er sich so verhalten, wie er wolle, er werde sowieso »immer nur sein Individuum zutage fördern«.

Das ist der ganze Goethe, für den Literatur und eigenes Leben zwei Seiten einer Medaille sind. »Von innen heraus leben und wirken«, das meint hier gerade nicht die Kultivierung von Innerlichkeit, die Thomas Mann später als »machtgeschützt« kritisiert hat. Es meint, aus sich selbst heraus zu leben, ohne Rücksicht auf die Ansichten anderer, ohne Rücksicht auf Namen, Dogmen und Statusfragen.

Auch wenn es laut Goethe zu der skizzierten Lebensweise eigentlich keine Alternative gibt, rechnet er es sich als Verdienst an, hier als »Role Model« gewirkt zu haben. Noch diese Vorbildfunktion aber bürstet er gegen den Strich. Die Jüngeren, so sagt er, hätten an ihm bemerkt, was ein eigenes

Leben sei. Nur in diesem Sinne will er als Leitbild verstanden werden. Und er verdeutlicht das noch einmal, indem er auf den Schriftsteller bezogen feststellt: »Poetischer Gehalt aber ist Gehalt des eigenen Lebens; den kann uns niemand geben, vielleicht verdüstern, aber nicht verkümmern.«

Wer ein eigenes Leben führen will, dem ist die Zuflucht zu unhinterfragten Sicherheiten verbaut. Jeder muss »sich selbst kennenlernen, sich selbst zu beurteilen wissen, weil hier kein fremder äußerer Maßstab zu Hilfe zu nehmen ist«, erklärt Goethe. Trotzdem begegnet er den Bestrebungen, sich deshalb für »frei zu erklären«, mit dem Misstrauen des Realisten. Von »einer großen Anmaßung« spricht sein nachgelassener Text. »Denn man erklärt zugleich, dass man sich selbst beherrschen wolle, und wer vermag das? Zu meinen Freunden, den jungen Dichtern, sprech' ich hierüber folgendermaßen: Ihr habt jetzt eigentlich keine Norm, und die müsst ihr euch selbst geben.« Ob eine Regel oder ein Wert zum eigenen Leben passt, erweist sich letztlich daran, ob es der eigenen Entwicklung nützt. So wie ein Dichter sich laut Goethe bei jedem Gedicht fragen sollte, »ob es ein Erlebtes enthalte, und ob dies Erlebte ihn gefördert habe«, so muss sich jeder Mensch fragen, ob sein Tun und Lassen dem Wunsch nach einem eigenen Leben entspricht oder ihm zuwiderläuft.

Goethes kleiner Text, der es in sich hat, schließt mit Überlegungen dazu, was dem eigenen Leben förderlich ist und was nicht. Sie entstammen seiner eigenen Lebenserfahrung und führen den Bogen des Gedankens zurück zum Ausgangspunkt der Betrachtung: der Befreiung von falschen Vorstellungen. »Ihr seid nicht gefördert, wenn ihr eine Geliebte, die ihr durch Entfernung, Untreue, Tod verloren habt, immerfort betrauert. Das ist gar nichts wert, und wenn ihr noch so viel Geschick und Talent dabei aufopfert. Man halte sich ans fortschreitende Leben und prüfe sich bei Gelegenheiten, denn da beweist sich's im Augenblick, ob wir lebendig sind, und bei späterer Betrachtung, ob wir lebendig waren.«

ANHANG

LITERATURHINWEISE

Die Werke Goethes werden nach der Münchner, seine Briefe, Tagebücher und Gespräche hingegen nach der Frankfurter Ausgabe zitiert. In Ausnahmefällen habe ich auch die Weimarer Ausgabe herangezogen. Für Johann Peter Eckermanns *Gespräche mit Goethe in den letzten Jahren seines Lebens* wurde die von Fritz Bergemann herausgegebene Ausgabe, Frankfurt am Main 1955, verwendet. Zeugnisse Dritter über Goethe zitiere ich in der Regel nach der Ausgabe *Goethe in vertraulichen Briefen seiner Zeitgenossen*, zusammengestellt von Wilhelm Bode, drei Bände, Berlin und Weimar 1979. Ich habe aber auch die in den Kommentarteilen der Münchner Ausgabe abgedruckten Dokumente verwendet. Dabei wurden Orthographie und Zeichensetzung in den meisten Fällen um der besseren Lesbarkeit willen behutsam modernisiert.

Von den zahlreichen Goethe-Biographien kann ich empfehlen: Nicholas Boyle, *Goethe. Der Dichter in seiner Zeit*, bislang erschienen Band 1 (1749–1790) und Band 2 (1790–1803), München 1995 und 1999. – Barker Fairley, *A Study of Goethe*. Oxford 1947, dt. Übers. München 1953. – Rüdiger Safranski, *Goethe. Kunstwerk des Lebens*, München 2013.

Das Motto von Albert von Schirnding stammt aus seinem Buch *Jugend, gestern*, München 2015, S. 122. – Das Motto von Bob Dylan fand ich in dem Buch von Heinrich Detering *Die Stimmen aus der Unterwelt. Bob Dylans Mysterienspiele,* München 2016, S. 33.

Im Folgenden ist die darüber hinaus verwendete und zu empfehlende Literatur, geordnet nach Kapiteln, aufgeführt.

I. Kapitel

Eigenes Leben: Ulrich Beck, »Skizzen zu einer biographischen Gesellschaftsanalyse«. In: *Eigenes Leben. Ausflüge in die unbekannte Gesellschaft, in der wir leben.* München 1995. – *Goethes Vater:* Doris Hopp, *»Goethe Pater«. Johann Caspar Goethe (1710–1782).* Frankfurt a. M. 2010. – Johann Gottfried Herder, *Journal meiner Reise im Jahr 1769.* Stuttgart 1986. – *Einem wie Karl Philipp Moritz:* Willi Winkler, *Karl Philipp Moritz.* Hamburg 2006. – *Der Siebenjährige Krieg und sein Einfluss auf die deutsche Intelligenz:* Steffen Martus, *Aufklärung. Das deutsche 18. Jahrhundert – ein Epochenbild.* Berlin 2015, S. 632 ff. – *Sturm und Drang:* Ulrich Karthaus, *Sturm und Drang. Epoche – Werke – Wirkung.* München 2000. – *»Handbuch in Gefühlswirren«:* Ian Bostridge, *Schuberts Winterreise. Lieder von Liebe und Schmerz.* München 2015, S. 47. – *»Permanenter Samenstau«:* Thomas Glavinic, *Wie man leben soll.* Roman. München 2004. – *»Ein Herz mit einem Hodensack«:* Georg Christoph Lichtenberg, *Sudelbuch F 342.*

II. Kapitel

Die Christus-Imitatio Werthers hat als Erster und bis heute einschlägig beschrieben: Herbert Schöffler, »Die Leiden des jungen Werther. Ihr geistesgeschichtlicher Hintergrund.« In: *Deutscher Geist im 18. Jahrhundert.* Göttingen 1956, S. 155 ff. – *Goethes religiöses Charisma:* Katharina Mommsen, *Goethe und der Islam.* Frankfurt a. M. 2001, S. 68 ff. – *Drei Stadien suizidaler Dynamik:* Walter Pöldinger, »Erkennung und Beurteilung der Suizidalität«. In: Christian Reimer (Hg.), *Suizid. Ergebnisse und*

Therapie. Berlin 1982. – *Werther-Effekt:* David P. Phillips, »The Influence of Suggestion on Suicide: Substantive and Theoretical Implications of the Werther Effect.« In: *American Sociological Review* 39, 1974, S. 340 ff. – *Katharsis:* Konrad Stauss, *Bonding Psychotherapie. Grundlagen und Methoden.* München 2006. – *»Weder Alter noch Bildung«:* Ernst Jünger, *Autor und Autorschaft.* Stuttgart 1984, S. 127. – Hans-Ulrich Treichel, *Der Entwurf des Autors.* Frankfurter Poetikvorlesungen. Frankfurt a. M. 2000. – *Aufschreiben als Therapie:* David Althaus, *Zeig mir deine Wunde. Geschichten von Verlust und Trauer.* München 2015. – *Werther-Rezension Blanckenburgs:* Georg Jäger, *Die Leiden des alten und neuen Werther. Kommentare, Abbildungen, Materialien.* München 1984.

III. Kapitel

Haruki Murakami, *Die Pilgerjahre des farblosen Herrn Tazaki.* Köln 2014. – *Goethe und Amerika:* Gero von Wilpert, *Die 101 wichtigsten Fragen. Goethe.* München 2007, S. 128 ff. – *Goethe und Karl August:* Friedrich Sengle, *Das Genie und sein Fürst. Die Geschichte der Lebensgemeinschaft Goethes mit dem Herzog Carl August.* Stuttgart 1993. – *Goethes Beamtenlaufbahn:* Jutta Linder, *»Falsche Tendenzen«. Der Staatsdiener Goethe und der Dichter.* Soveria Mannelli 2001. – *Gräfin von Wartensleben:* Sabine Appel, *Im Feengarten. Goethe und die Frauen.* München 1998, S. 236. – *Lenz' Ausweisung aus Weimar:* Sigrid Damm, *Vögel, die verkünden Land. Das Leben des Jakob Michael Reinhold Lenz.* Frankfurt a. M. 1989. – *Johann Friedrich Krafft:* Albrecht Schöne, *Der Briefschreiber Goethe.* München 2015, S. 123 ff. – David Riesman, *Die einsame Masse.* Darmstadt 1956. – *»Filtriertrichter der Expeditionen«:* Ernst Robert Curtius, »Goethes Aktenführung«. In: *Kritische Essays zur europäischen Literatur.* Bern 1950.

Goethes ungeschriebene Lehre vom Glück

Empirische Glücksforschung: Daniel Kahneman, u. a. (Hg.), *Well-Being. The Foundations of Hedonic Psychology.* New York 1999. – Richard Layard, *Die glückliche Gesellschaft.* Frankfurt a. M. 2005. – *Glück ist nicht das Wichtigste im Leben:* Wilhelm Schmid, *Glück. Alles, was Sie darüber wissen müssen, und warum es nicht das Wichtigste im Leben ist.* Frankfurt a. M. 2007. – *Spinoza:* Martin Bollacher, *Der junge Goethe und Spinoza.* Tübingen 1969.

IV. Kapitel

Norbert Miller, *Der Wanderer. Goethe in Italien.* München 2002. – Roberto Zapperi, *Das Inkognito. Goethes ganz andere Existenz in Rom.* München 1999. – *Goethe und Tischbein:* Petra Maisak (Hg.), *Goethe und Tischbein in Rom. Bilder und Texte.* Frankfurt a. M. 2004. – *»Ich häng mit Künstlern rum«:* Die Ärzte, »Freundschaft ist Kunst«, von dem Album *auch*, 2012. – *Bohème als Geisteshaltung:* Alain de Botton, *Statusangst.* Frankfurt a. M. 2004, S. 291 ff. – *Sex ist gut fürs Denken:* Robert Darnton, *Denkende Wollust oder Die sexuelle Aufklärung der Aufklärung.* Frankfurt a. M. 1996, S. 7. – *Über die bildende Nachahmung des Schönen:* Karl Philipp Moritz, *Schriften zur Ästhetik und Poetik.* Tübingen 1962. – *»Vielleicht der einzige Mann, dem er sich geistig unterlegen fühlte«:* Otto Krätz, »Alexander von Humboldt«. In: *Goethe und die Naturwissenschaften*, München 1998, S. 114 ff. – *Eines Morgens:* Andrea Wulf, *The Invention of Nature. Alexander von Humboldt's New World.* New York, 2015, S. 34 und 336. – *In Luigi Galvanis berühmten Experimenten:* George Johnson, *Die zehn schönsten Experimente der Welt. Von Galilei bis Pawlow.* München 2009, S. 70 ff. – *»So gehe er naturgemäßer«:* Karl August Böttiger, *Literarische Zustände und Zeitgenossen. Begegnungen und Gespräche im klassischen Weimar.* Berlin 1998, S. 69.

v. Kapitel

Christiane Vulpius: Sigrid Damm, *Christiane und Goethe. Eine Recherche.* Frankfurt a. M. 1998. – *U-Kurve des Glücks:* Hannes Schwandt, *Unmet Aspirations as an Explanation for the Age U-shape in Human Wellbeing*, CEP (Center für Economic Performance), Discussion Paper 1229, Juli 2013. – *Für eine bessere Pornographie:* Alain de Botton, *Wie man richtig an Sex denkt.* München 2012. – *Venezianische Epigramme:* Stephan Oswald, *Früchte einer großen Stadt.* Heidelberg 2014. – *»Gerade weil er homosexuell war«:* Paul Derks, *Die Schande der heiligen Päderastie. Homosequalität und Öffentlichkeit in der deutschen Literatur 1750–1850.* Berlin 1990, S. 208. – *Zensur:* W. Daniel Wilson, *Goethes Erotica und die Weimarer ›Zensoren‹.* Hannover 2015.

Vom Auskosten des Augenblicks

Max Frisch, *Tagebuch 1*, S. 99 f. – *Emma Hart:* Gilbert Sinoué, *Emma. Das Leben der Lady Hamilton.* München 2003. – *Savoring:* Barbara Fredrickson, »Positive emotions broaden and build«. In: Patricia Devine u. a. (Hg.), *Advances in Experimental Social Psychology* 47, 2013, S. 1 ff.

vi. Kapitel

Haus am Frauenplan: Gisela Maul, Margarete Oppel, *Goethes Wohnhaus.* Stiftung Weimarer Klassik. München, Wien 1996. – *Besuch von Kugler:* Erich Trunz, »Das Haus am Frauenplan in Goethes Alter«. In: *Ein Tag aus Goethes Leben.* München 1990, S. 42 ff. – *Geschichte des Hauses am Frauenplan nach Goethes Tod:* Paul Kahl, *Die Erfindung des Dichterhauses. Das Goethe-Nationalmuseum in Weimar. Eine Kulturgeschichte.* Göttingen 2015. – *Goethes Kunstbetrachtung:* Johannes Grave, »Schule des Sehens«.

In: *Weimarer Klassik. Kultur des Sinnlichen.* München 2012, S. 96 ff. – *Goethes Arbeitsweisen:* Christiane Holm, »Goethes Gewohnheiten.« In: Ebd., S. 116 ff. – »So wie wir schreiben, bauen wir auch«: Alain de Botton, *Glück und Architektur. Von der Kunst, daheim zu Hause zu sein.* Frankfurt a. M. 2008, S. 123. – *Eine Schreckensnacht und ihre Folgen:* Gustav Seibt, *Goethe und Napoleon. Eine historische Begegnung.* München 2008, S. 7 ff. – Wolfgang Frühwald, *Goethes Hochzeit.* Frankfurt a. M. 2007. – *Billet von Georg Friedrich Dentzel:* Sigrid Damm, *Christiane und Goethe*, S. 330.

VII. Kapitel

Goethe und die Chemie: Otto Krätz, *Goethe und die Naturwissenschaften.* München 1998, S. 140 ff. – *Ehelabor von John Gottman und Choreographie der Liebe:* Bas Kast, *Die Liebe und Wie sich Leidenschaft erklärt.* Frankfurt a. M. 2004, S. 28 ff. und 119 ff. – *Elektrochemie und Mesmerismus:* Peter von Matt, »Versuch, den Himmel auf der Erde einzurichten. Der Absolutismus der Liebe in Goethes *Wahlverwandtschaften*«. In: Heinrich Meier, Gerhard Neumann (Hg.), *Über die Liebe. Ein Symposion.* München 2001, S. 263 ff. – *Verliebtheit als Hypnose:* Sigmund Freud, »Massenpsychologie und Ich-Analyse«. In: *Studienausgabe*, Bd. 11, S. 107 – *Chemie der Leidenschaft:* Helen Fisher, »Lust, Anziehung und Verbundenheit. Biologie und Evolution der menschlichen Liebe«. In: *Über die Liebe*, a. a. O., S. 81 ff. – *»Keine Vier- und Fünfjahrespläne«:* Sándor Márai, *Wandlungen einer Ehe* [1941–48], München 2003, S. 284. – *»Im Grunde unseres Herzens Naturwesen«:* Thomas Junker, *Die verborgene Natur der Liebe. Sex, Leidenschaft und wie wir die Richtigen finden.* München 2016.

VIII. Kapitel

Goethes Schwester: Sigrid Damm, *Cornelia Goethe.* Frankfurt a.M. 1992. – *»Garantiertes Unglück«:* »Der weite Weg zum Glück. Interview mit George Vaillant.« In: *Süddeutsche Zeitung Magazin* 13, 2013. – George Vaillant, *Triumphs of Experience. The Men of the Harvard Grant Study.* Cambridge, Mass. 2012. – Joshua Wolf Shenk, »What Makes Us Happy?« In: *The Atlantic*, Juni 2009. – *»Ich beginne ein Unternehmen«:* Jean-Jacques Rousseau, *Die Bekenntnisse.* München 1978, S. 9 – *Zusammenhangbedürfnis:* Carsten Rohde, *Spiegeln und Schweben. Goethes autobiographisches Schreiben.* Göttingen 2006, S. 207 ff. – *Die Kraft des älteren Gehirns:* André Aleman, *Wenn das Gehirn älter wird.* München 2013. – *Begriff der Metamorphose:* Ovid, *Metamorphosen.* Lateinisch / Deutsch. Stuttgart 1994. – *Gefühlsdramen:* Gundel Mattenklott, »Literatur als Bildung der Gefühle«. In: *Zeitschrift Ästhetische Bildung*, Nr. 1, 2011. – *Eine der ergreifendsten Schilderungen dieser Art:* Hans-Jürgen Schings, »Wilhelm Meisters schöne Amazone.« In: *Jahrbuch der Deutschen Schillergesellschaft*, 1985, S. 141 ff. – Ralph Waldo Emerson, »Goethe oder der Schriftsteller«. In: *Repräsentanten der Menschheit.* Zürich 1987, S. 237 ff.

Goethe, der Befreier

Thomas Mann, »Leiden und Größe Richard Wagners«, Vortrag gehalten am 10. Februar 1933 im Auditorium Maximum der Universität München.

DANK

Ich danke Thomas Rathnow für die Idee und Marion Kohler für ihre »bedeutende Fördernis« durch viele geistreiche Worte und Widerworte.

MIX
Papier aus verantwortungsvollen Quellen
FSC® C014889
FSC www.fsc.org

Verlagsgruppe Random House FSC® N001967

2. Auflage, 2016

Umschlaggestaltung: Lübbeke Naumann Thoben, Köln,
unter Verwendung des Gemäldes *Goethe in der Campagna*
von Johann Heinrich Wilhelm Tischbein
Umschlagmotiv: © akg-images, Inv. Nr. 1157
Illustration im Vor- und Nachsatz: Rüdiger Trebels
Gestaltung und Herstellung: DVA/Andrea Mogwitz
Satz: GGP Media GmbH, Pößneck
Gesetzt aus der Galliard
Druck und Bindung: Friedrich Pustet, Regensburg
Printed in Germany
ISBN 978-3-421-04680-2

www.dva.de

Dieses Buch ist auch als E-Book erhältlich.

Stefan Bollmann

FRAUEN UND BÜCHER

Eine Leidenschaft mit Folgen

448 Seiten, gebunden
978-3-421-04561-4
Auch als E-Book erhältlich

**»LIES, UM ZU LEBEN!«
FASZINIERENDE BEGEGNUNGEN MIT BERÜHMTEN LESERINNEN**

Wussten Sie, dass Marilyn Monroe eine passionierte Leserin war und eines ihrer Lieblingsbücher der *Ulysses* von James Joyce? Dass der Studienabbrecher Friedrich Gottlieb Klopstock 1750 die Dichterlesung erfand, als er einer Schar junger Frauen seine Oden vortrug und dafür Küsse kassierte? Dass Jane Austen nur Frauen für voll nahm, die Romane lieben? Temperamentvoll und mit einem Sinn für ungewöhnliche Liebes- und Lebensgeschichten erzählt Stefan Bollmann die Geschichte des weiblichen Lesens.

»Was für ein Geschenk. Stefan Bollmann führt in die Welt des Lesens. Überraschend und unterhaltsam.« Brigitte

»Stefan Bollmann schildert kenntnisreich und klug, wie sie anfing und wohin sie führte: die weibliche Leselust.«

Deutschlandradio Kultur

DVA

GOETHE-PARK

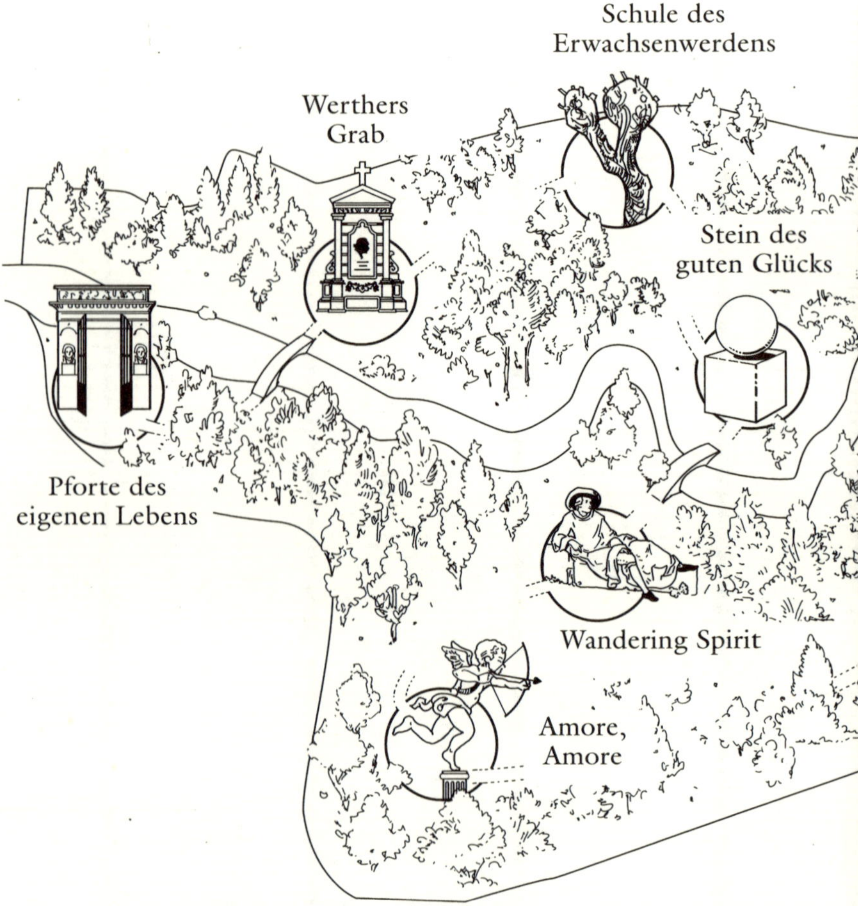
Schule des
Erwachsenwerdens
Werthers
Grab
Stein des
guten Glücks
Pforte des
eigenen Lebens
Wandering Spirit
Amore,
Amore